Word 2016
Grundlagen

Thomas Alker, Charlotte von Braunschweig

1. Ausgabe, 2. Aktualisierung, August 2017

ISBN 978-3-86249-457-6

WW2016

Plus+

HERDT

Bevor Sie beginnen ...

HERDT BuchPlus – unser Konzept:

Problemlos einsteigen – Effizient lernen – Zielgerichtet nachschlagen

(weitere Infos unter *www.herdt.com/BuchPlus*)

Nutzen Sie dabei unsere maßgeschneiderten, im Internet frei verfügbaren Medien:

Plus

- Lernvideos
- Beispieldateien
- Übungs- und Ergebnisdateien
- ... noch mehr Übungen
- Schnellübersichten
- Ergänzende Lerninhalte
- Wissenstest
- Glossar

So können Sie schnell auf die BuchPlus-Medien zugreifen:

- Rufen Sie im Browser die Internetadresse *www.herdt.com* auf.

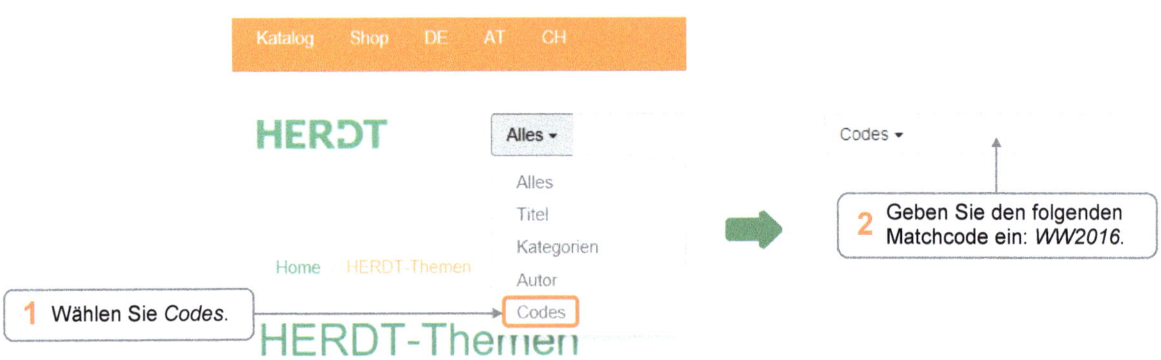

Um die Lerninhalte des Buches praktisch nachzuvollziehen, benötigen Sie:

- Windows 10
- Word 2016

! Haben Sie eine andere Bildschirmauflösung als 1280 x 1024 Pixel festgelegt, kann das Aussehen des Menübands und des Word-Fensters von den Abbildungen im Buch abweichen.

1

Word kennenlernen

Plus **Beispieldatei:** *Willkommen.docx*

1.1 Was ist Word?

Word ist eine Textverarbeitungs-App, mit der Sie **Textdokumente** jeder Art an Ihrem Computer erstellen können. Hierzu bietet Ihnen Word nützliche Werkzeuge und Hilfsmittel an:

- Schon während des Schreibens wird der Text auf mögliche Fehler überprüft.
- Gestaltungsmerkmale wie Schrift oder Textausrichtung lassen sich einfach ändern.
- Texte können mit Bildern, Tabellen und Blickfängern aufgewertet werden.
- Oft benötigte Text- und Gestaltungselemente können beliebig wiederverwendet werden.
- Fertige Vorlagen ermöglichen auch Laien die Gestaltung ansprechender Dokumente.

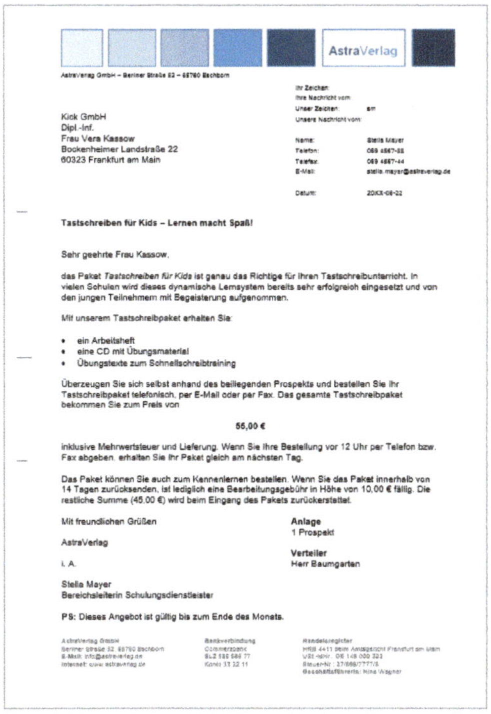
AstraVerlag

AstraVerlag GmbH – Berliner Straße 52 – 65760 Eschborn

Ihr Zeichen:
Ihre Nachricht vom:
Unser Zeichen: sm
Unsere Nachricht vom:

Kiok GmbH
Dipl.-Inf.
Frau Vera Kassow
Bockenheimer Landstraße 22
60323 Frankfurt am Main

Name: Stella Mayer
Telefon: 069 4567-55
Telefax: 069 4567-44
E-Mail: stella.mayer@astraverlag.de

Datum: 20XX-06-22

Tastschreiben für Kids – Lernen macht Spaß!

Sehr geehrte Frau Kassow,

das Paket *Tastschreiben für Kids* ist genau das Richtige für Ihren Tastschreibunterricht. In vielen Schulen wird dieses dynamische Lernsystem bereits sehr erfolgreich eingesetzt und von den jungen Teilnehmern mit Begeisterung aufgenommen.

Mit unserem Tastschreibpaket erhalten Sie:

- ein Arbeitsheft
- eine CD mit Übungsmaterial
- Übungstexte zum Schnellschreibtraining

Überzeugen Sie sich selbst anhand des beiliegenden Prospekts und bestellen Sie Ihr Tastschreibpaket telefonisch, per E-Mail oder per Fax. Das gesamte Tastschreibpaket bekommen Sie zum Preis von

55,00 €

inklusive Mehrwertsteuer und Lieferung. Wenn Sie Ihre Bestellung vor 12 Uhr per Telefon bzw. Fax abgeben, erhalten Sie Ihr Paket gleich am nächsten Tag.

Das Paket können Sie auch zum Kennenlernen bestellen. Wenn Sie das Paket innerhalb von 14 Tagen zurücksenden, ist lediglich eine Bearbeitungsgebühr in Höhe von 10,00 € fällig. Die restliche Summe (45,00 €) wird beim Eingang des Pakets zurückerstattet.

Mit freundlichen Grüßen

AstraVerlag

i. A.

Stella Mayer
Bereichsleiterin Schulungsdienstleister

Anlage
1 Prospekt

Verteiler
Herr Baumgarten

PS: Dieses Angebot ist gültig bis zum Ende des Monats.

AstraVerlag GmbH
Bankverbindung
Commerzbank
Handelsregister

In Word erstellter Geschäftsbrief

Fertige Vorlage für eine Einladung

Sie erlernen nun anhand des folgenden Beispiels, wie Sie

- Word starten und beenden,
- Text eingeben, ändern und gestalten,
- Dokumente öffnen, speichern und drucken.

Willkommen zu Word

Ob Brief, Einladung, Handzettel oder ein ganzes Buch: Welche Art von Text Sie mit Word verfassen, bleibt Ihnen überlassen. Die grundlegenden Aufgaben einer Textverarbeitungssoftware wie Word lassen sich wie folgt unterteilen:

1. Schnelles Erfassen und Bearbeiten von Texten
2. Ansprechendes Gestalten von Dokumenten
3. Weitergabe der Dokumente auf Papier oder in digitaler Form

Für jedes dieser Aufgabengebiete stellt Ihnen Word viele praktische Werkzeuge und Optionen zur Verfügung. Diese werden Sie nach und nach kennenlernen. Ungeachtet der vielfältigen Möglichkeiten sollten Sie sich aber immer zuerst auf den Inhalt Ihrer Dokumente konzentrieren.

1.2 Word starten

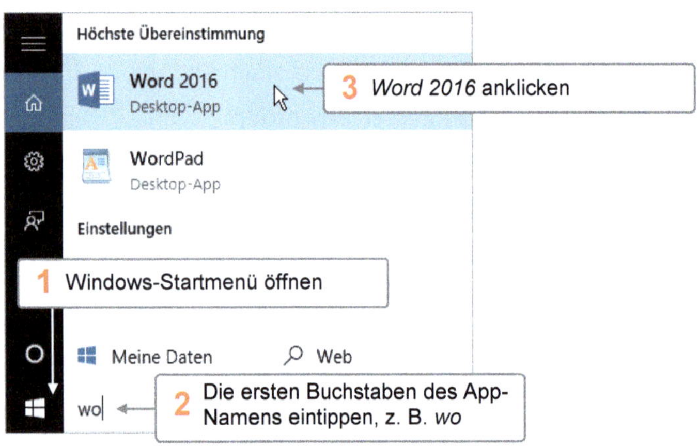

Falls sich das Symbol von Word auf dem Windows-Desktop befindet, können Sie die App auch mit einem Doppelklick auf das Symbol starten.

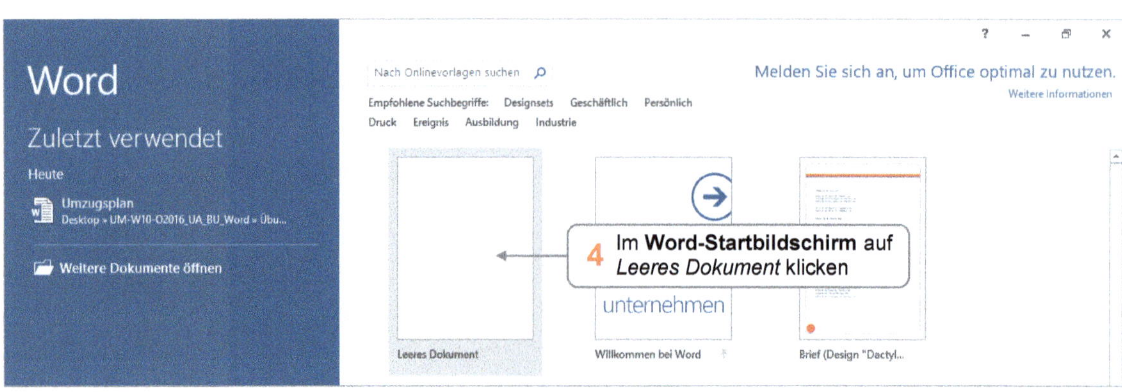

Im **Word-Fenster** wird ein leeres **Dokument** angezeigt. Der blinkende **Cursor** signalisiert, dass Word zur Eingabe von Text bereit ist.

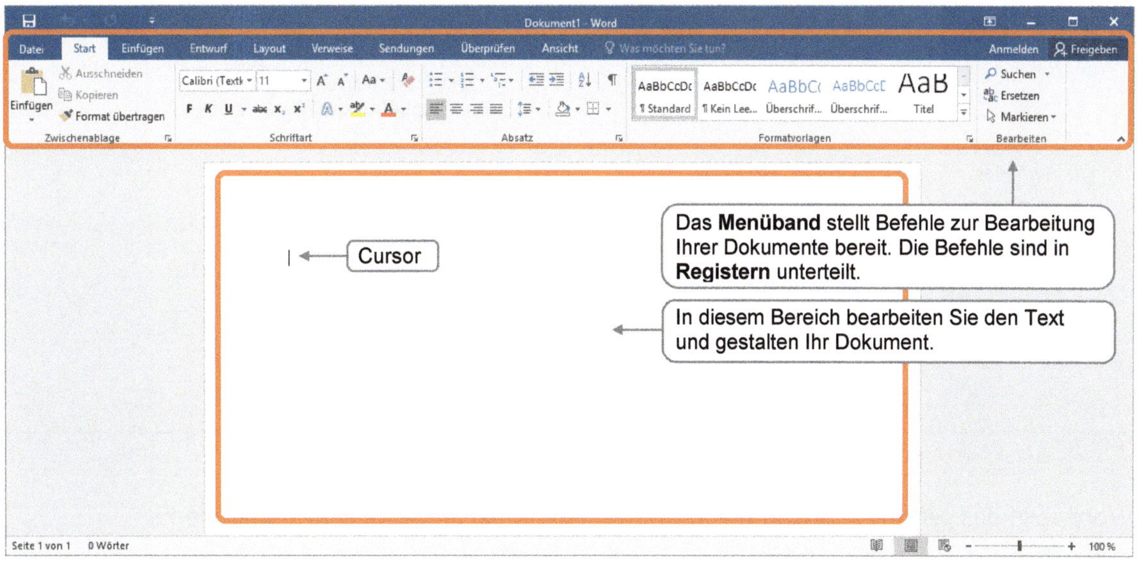

Falls das Menüband nicht vollständig angezeigt wird, klicken Sie rechts oberhalb vom Menüband auf bzw. und wählen *Registerkarten und Befehle anzeigen*.

1.3 Inhalte bearbeiten

Dokument öffnen

Damit Sie die ersten Word-Funktionen ohne mühsames Eintippen von Text schnell ausprobieren können, **öffnen** Sie eine Beispieldatei, die einen Übungstext enthält.

- Klicken Sie im Menüband auf das Register *Datei*, um die **Backstage-Ansicht** zu öffnen.

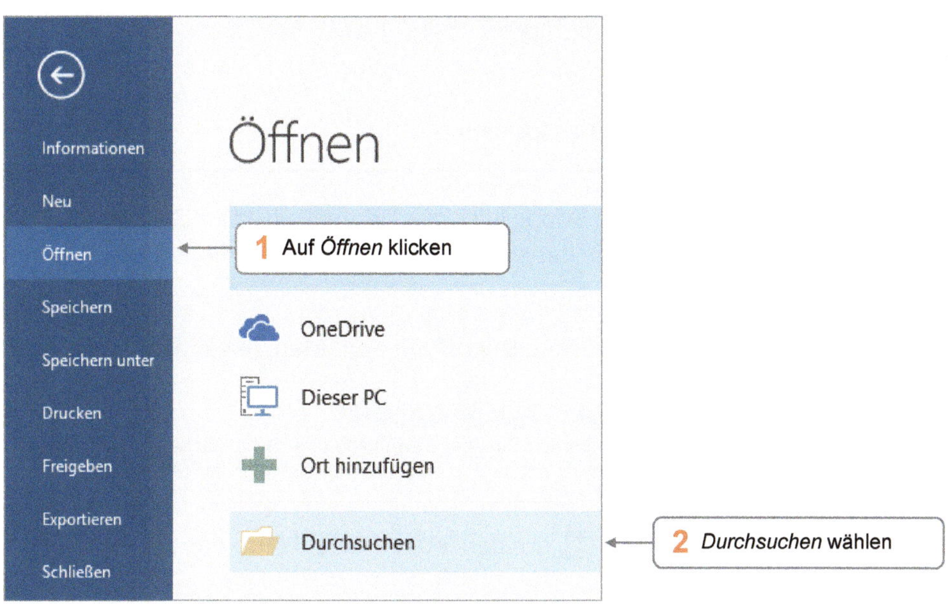

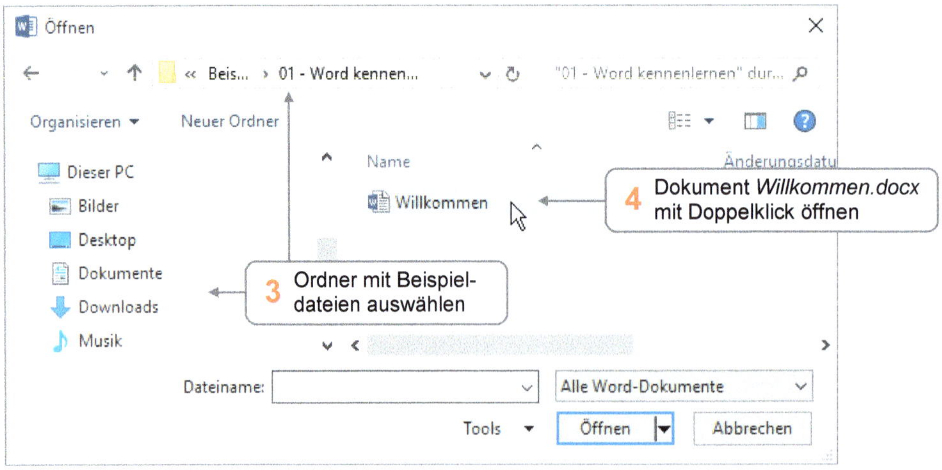

Text eingeben, markieren, löschen

Word zeigt das geöffnete Dokument an. Der Cursor blinkt am Anfang des Dokuments.

- Geben Sie die Überschrift *Willkommen zu Word* ein.
- Drücken Sie [↵], um einen neuen **Absatz** zu erzeugen. Als Absatz bezeichnet man einen inhaltlich zusammenhängenden Abschnitt, der sich über eine oder mehrere Zeilen erstreckt.

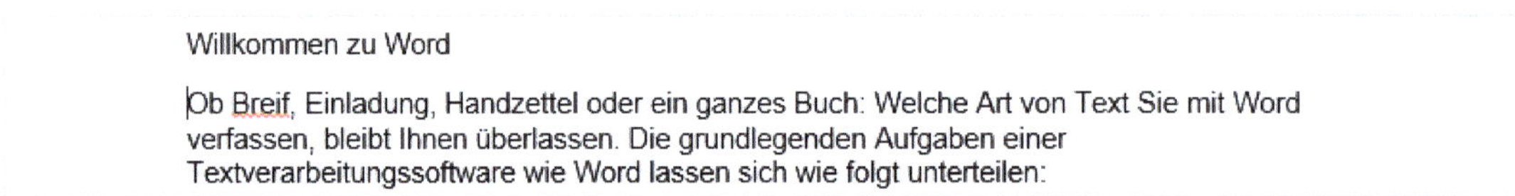
Willkommen zu Word

Ob Breif, Einladung, Handzettel oder ein ganzes Buch: Welche Art von Text Sie mit Word verfassen, bleibt Ihnen überlassen. Die grundlegenden Aufgaben einer Textverarbeitungssoftware wie Word lassen sich wie folgt unterteilen:

- Klicken Sie im letzten Satz an den Anfang des Wortes *aber*, halten Sie die Maustaste gedrückt und bewegen Sie den Mauszeiger an das Ende des Wortes *immer*.

Die beiden Wörter sind nun **markiert**:

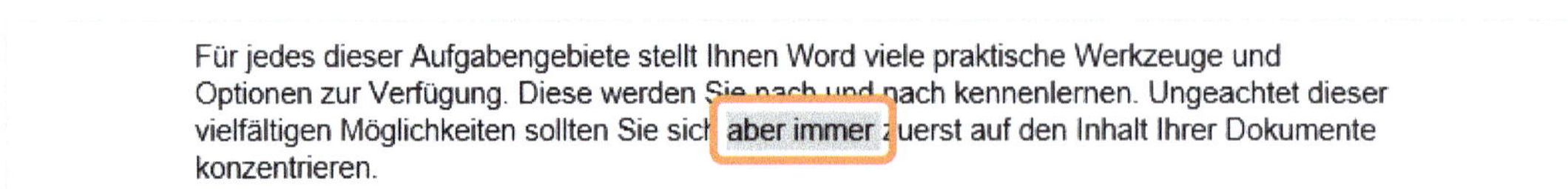
Für jedes dieser Aufgabengebiete stellt Ihnen Word viele praktische Werkzeuge und Optionen zur Verfügung. Diese werden Sie nach und nach kennenlernen. Ungeachtet dieser vielfältigen Möglichkeiten sollten Sie sich aber immer zuerst auf den Inhalt Ihrer Dokumente konzentrieren.

- Drücken Sie [Entf], um den markierten Text zu **löschen**.

Ein einzelnes Wort lässt sich schnell mit einem Doppelklick markieren. Falls keine Zeichen markiert sind, löschen Sie mit [Entf] das Zeichen, das sich rechts vom Cursor befindet.

- Verweilen Sie in der Symbolleiste für den Schnellzugriff mit dem Mauszeiger auf [↶].

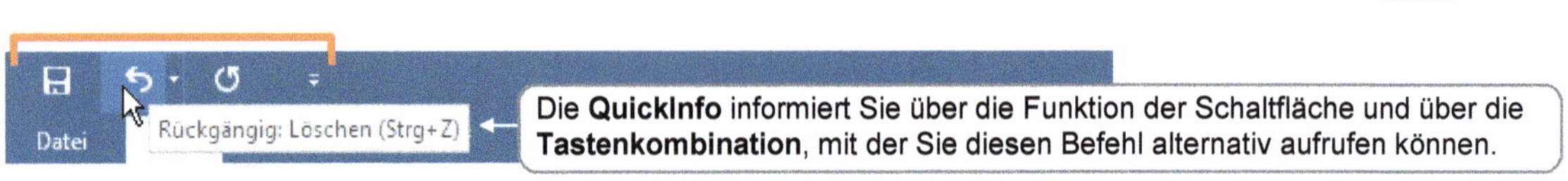

- Klicken Sie auf [↶] oder drücken Sie [Strg] [Z], um den letzten Befehl (also das Löschen der beiden Wörter) **rückgängig** zu machen.

- Markieren Sie im letzten Satz das Wort *dieser*:

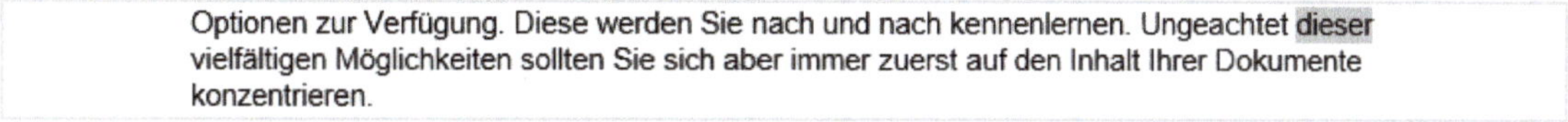
Optionen zur Verfügung. Diese werden Sie nach und nach kennenlernen. Ungeachtet dieser vielfältigen Möglichkeiten sollten Sie sich aber immer zuerst auf den Inhalt Ihrer Dokumente konzentrieren.

- **Überschreiben** Sie den markierten Text, indem Sie das Wort *der* eingeben.

Wörter trennen

- **Positionieren** Sie den Cursor durch Klicken mit der linken Maustaste in die Mitte des Wortes *Textverarbeitungssoftware*:

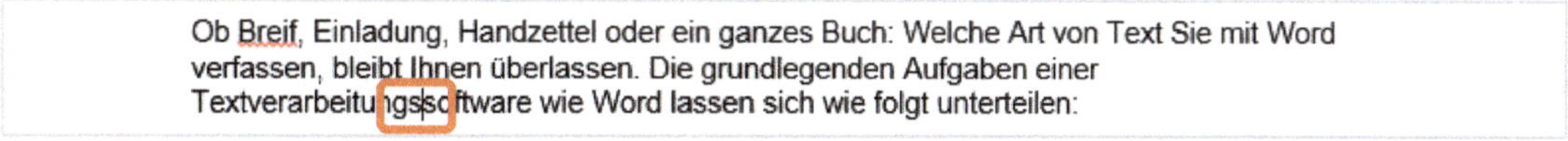
Ob Breif, Einladung, Handzettel oder ein ganzes Buch: Welche Art von Text Sie mit Word verfassen, bleibt Ihnen überlassen. Die grundlegenden Aufgaben einer Textverarbeitungssoftware wie Word lassen sich wie folgt unterteilen:

- Drücken Sie [Strg] [-], um das Wort an der Cursorposition zu trennen.

Mit den Pfeiltasten [←] [→] [↑] [↓] bewegen Sie den Cursor schrittweise.

Textteile verschieben

- Klicken Sie links neben die Zeile *Schnelles Erfassen und Bearbeiten von Texten*, um die **gesamte Zeile** zu markieren:

Schnelles Erfassen und Bearbeiten von Texten

- **Verschieben** Sie den markierten Text durch Ziehen mit gedrückter Maustaste an die folgende Position:

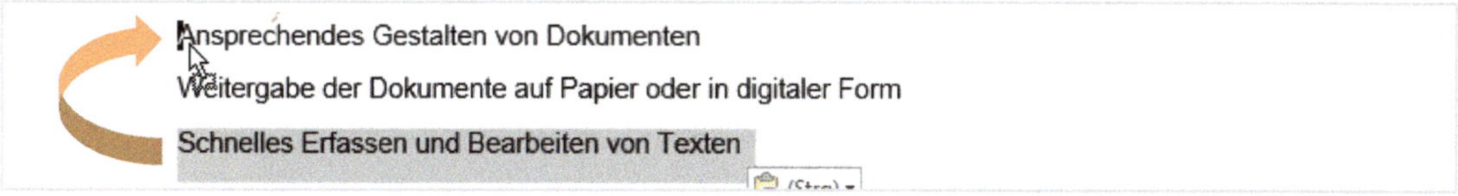
Ansprechendes Gestalten von Dokumenten

Weitergabe der Dokumente auf Papier oder in digitaler Form

Schnelles Erfassen und Bearbeiten von Texten

Wenn Sie beim Ziehen mit der Maus zusätzlich [Strg] gedrückt halten, wird der Text nicht verschoben, sondern **kopiert**.

Fehler korrigieren

Word erkennt viele Fehler automatisch und kennzeichnet diese dann mit einer roten Wellenlinie (Rechtschreibfehler) bzw. mit einer blauen Wellenlinie (Grammatikfehler):

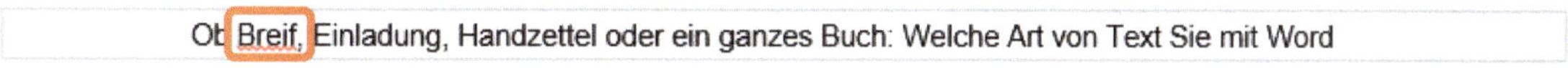
Ob Breif, Einladung, Handzettel oder ein ganzes Buch: Welche Art von Text Sie mit Word

- Klicken Sie mit der rechten Maustaste in das als fehlerhaft markierte Wort *Breif*.

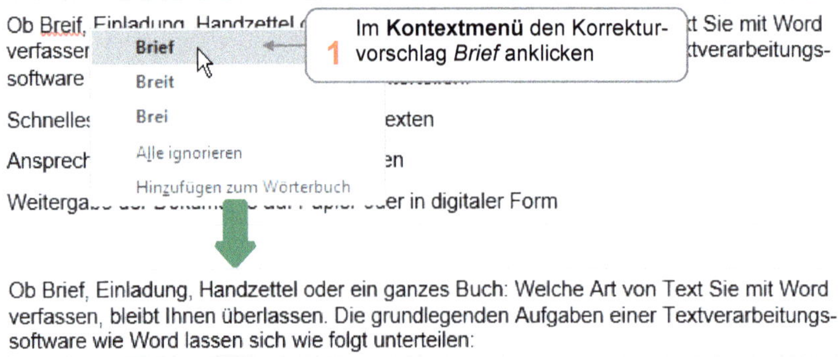

Es kommt vor, dass Text während der Eingabe automatisch verändert wird. Etwa, wenn die Zeichenfolge *1/2* in das Zeichen ½ umgewandelt wird. Durch Anklicken von ↶ können Sie eine ungewollte **AutoKorrektur** schnell rückgängig machen.

Wenn Sie alle Arbeitsschritte richtig durchgeführt haben, sieht das Dokument jetzt so aus:

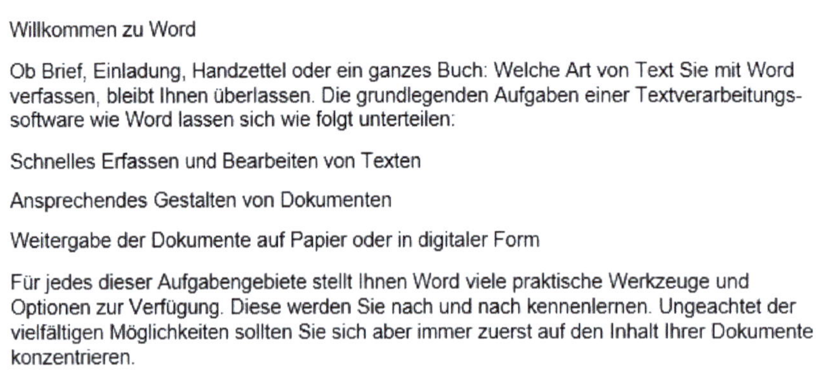

Willkommen zu Word

Ob Brief, Einladung, Handzettel oder ein ganzes Buch: Welche Art von Text Sie mit Word verfassen, bleibt Ihnen überlassen. Die grundlegenden Aufgaben einer Textverarbeitungs-software wie Word lassen sich wie folgt unterteilen:

Schnelles Erfassen und Bearbeiten von Texten

Ansprechendes Gestalten von Dokumenten

Weitergabe der Dokumente auf Papier oder in digitaler Form

Für jedes dieser Aufgabengebiete stellt Ihnen Word viele praktische Werkzeuge und Optionen zur Verfügung. Diese werden Sie nach und nach kennenlernen. Ungeachtet der vielfältigen Möglichkeiten sollten Sie sich aber immer zuerst auf den Inhalt Ihrer Dokumente konzentrieren.

Dokument speichern

Damit die Übungsdatei im Originalzustand erhalten bleibt, speichern Sie das von Ihnen bearbeitete Dokument unter einem neuen Namen.

- Klicken Sie im Menüband auf das Register *Datei*.

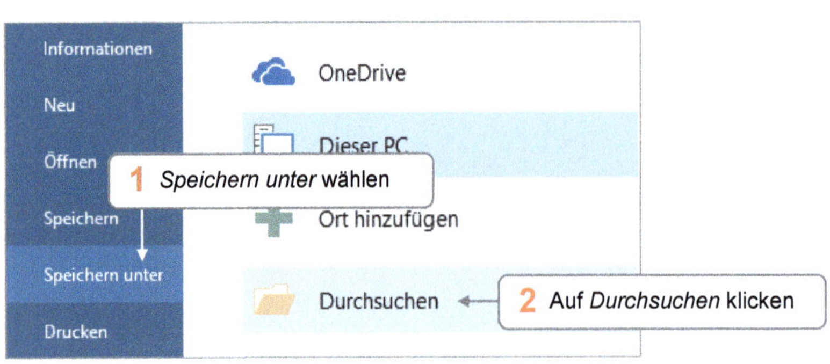

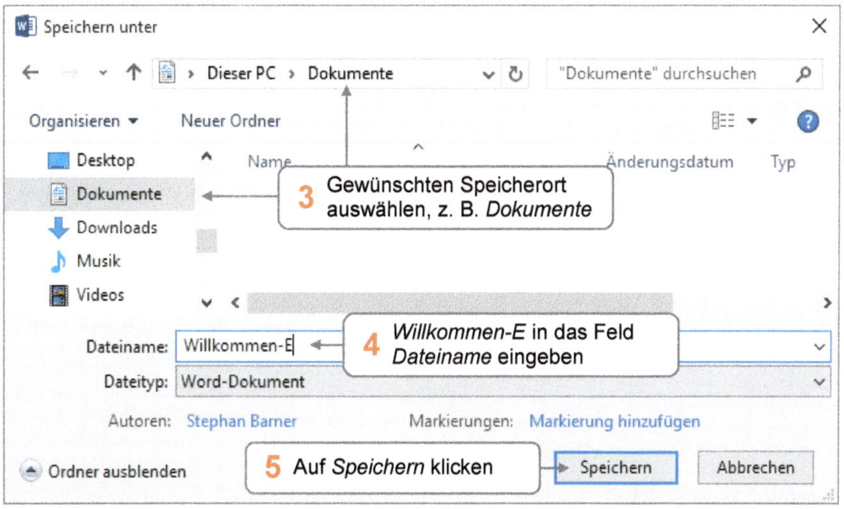

Die gleichen Schritte nehmen Sie vor, wenn Sie ein leeres Dokument zum ersten Mal speichern.

Ist das Dokument unter dem gewünschten Namen gespeichert, klicken Sie in der Symbolleiste auf [Speichern-Symbol] bzw. drücken Strg S, um künftige Änderungen ohne weitere Rückfrage schnell zu speichern.

1.4 Dokument gestalten

Zeichen formatieren

Über die **Zeichenformatierung** bestimmen Sie das Aussehen der Schrift.

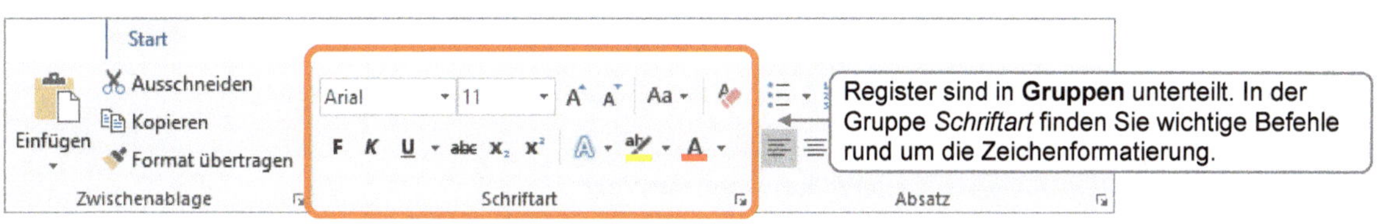

- Drücken Sie Strg A, um schnell den **gesamten Inhalt** des Dokuments zu markieren.
- Klicken Sie im Register *Start* in der Gruppe *Schriftart* auf das Dreieck im Feld Arial, um die verfügbaren **Schriftarten** anzuzeigen:

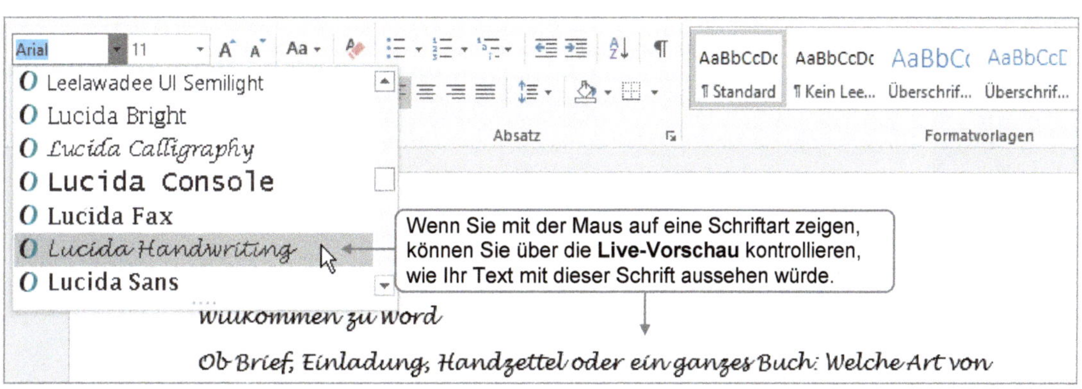

- Wählen Sie die Schriftart *Candara* durch Anklicken aus.
- Markieren Sie die Überschrift *Willkommen zu Word* und nehmen Sie in der Gruppe *Schriftart* folgende Einstellungen vor:

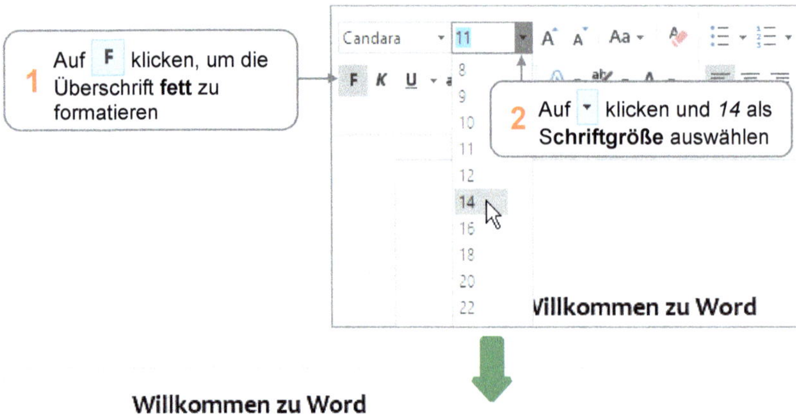

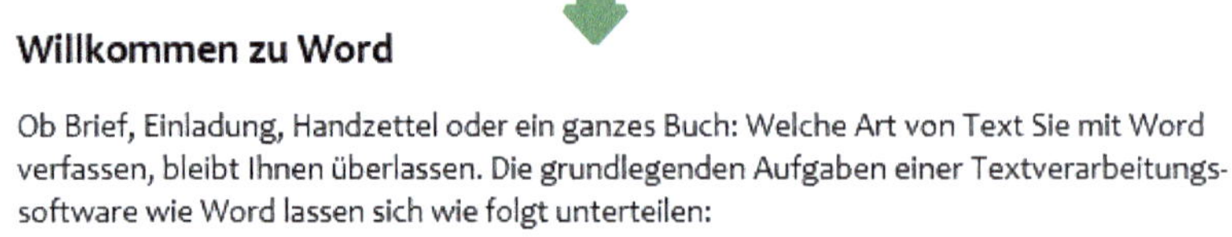
Willkommen zu Word

Ob Brief, Einladung, Handzettel oder ein ganzes Buch: Welche Art von Text Sie mit Word verfassen, bleibt Ihnen überlassen. Die grundlegenden Aufgaben einer Textverarbeitungssoftware wie Word lassen sich wie folgt unterteilen:

Absätze formatieren

Zur **Absatzformatierung** gehört unter anderem die Ausrichtung und Anordnung von Text.

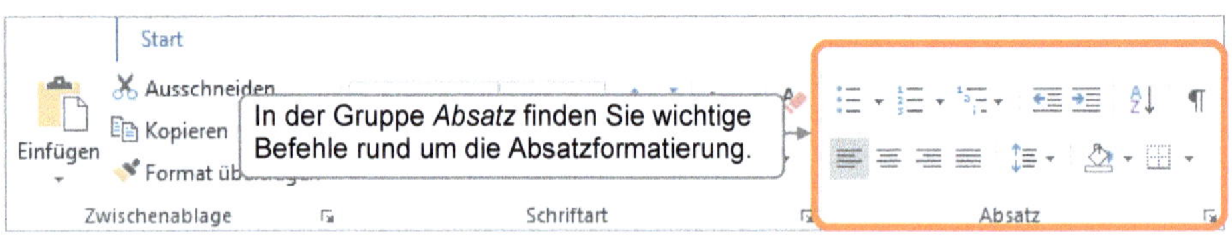

- Setzen Sie den Cursor in den Absatz mit der Überschrift.
- Klicken Sie in der Gruppe *Absatz* auf ☰, um die Überschrift zu **zentrieren**:

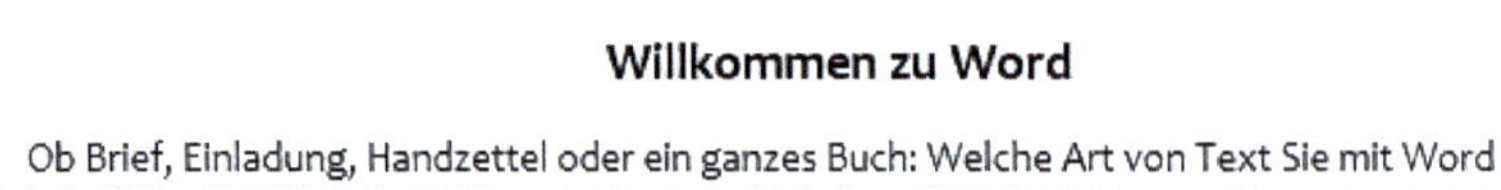
Willkommen zu Word

Ob Brief, Einladung, Handzettel oder ein ganzes Buch: Welche Art von Text Sie mit Word

- Markieren Sie nun den restlichen Text (ohne die Überschrift).
- Klicken Sie in der Gruppe *Absatz* auf ☰, um den Text im **Blocksatz** zu formatieren:

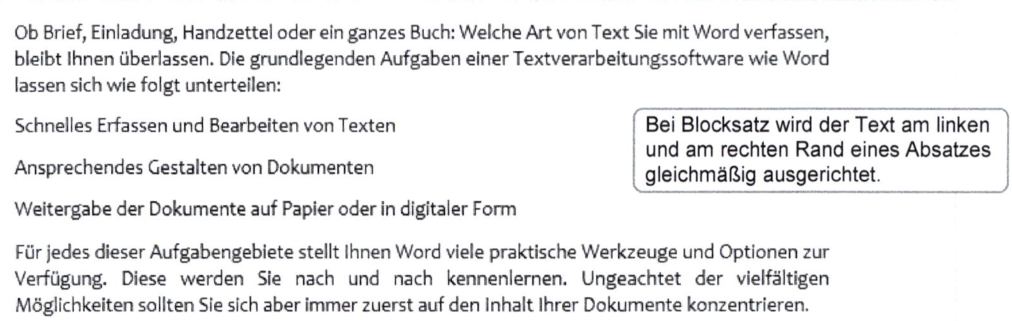
Ob Brief, Einladung, Handzettel oder ein ganzes Buch: Welche Art von Text Sie mit Word verfassen, bleibt Ihnen überlassen. Die grundlegenden Aufgaben einer Textverarbeitungssoftware wie Word lassen sich wie folgt unterteilen:

Schnelles Erfassen und Bearbeiten von Texten

Ansprechendes Gestalten von Dokumenten

Weitergabe der Dokumente auf Papier oder in digitaler Form

Für jedes dieser Aufgabengebiete stellt Ihnen Word viele praktische Werkzeuge und Optionen zur Verfügung. Diese werden Sie nach und nach kennenlernen. Ungeachtet der vielfältigen Möglichkeiten sollten Sie sich aber immer zuerst auf den Inhalt Ihrer Dokumente konzentrieren.

- Markieren Sie die folgenden drei Absätze:

Schnelles Erfassen und Bearbeiten von Texten
Ansprechendes Gestalten von Dokumenten
Weitergabe der Dokumente auf Papier oder in digitaler Form

- Klicken Sie in der Gruppe *Absatz* auf ☰, um die Zeilen als **Aufzählung** zu formatieren:

  - Schnelles Erfassen und Bearbeiten von Texten
  - Ansprechendes Gestalten von Dokumenten
  - Weitergabe der Dokumente auf Papier oder in digitaler Form

- Klicken Sie auf ☰, um die Aufzählung in eine **nummerierte Liste** zu verwandeln:

  1. Schnelles Erfassen und Bearbeiten von Texten
  2. Ansprechendes Gestalten von Dokumenten
  3. Weitergabe der Dokumente auf Papier oder in digitaler Form

- Speichern Sie Ihre Änderungen am Dokument mit Strg S.

Wenn Sie mit der rechten Maustaste in den Text klicken, wird die **Minisymbolleiste** eingeblendet. Darin finden Sie die gebräuchlichsten Formatierungsbefehle „vor Ort“.

1.5 Dokument drucken

- Klicken Sie im Menüband auf das Register *Datei*.

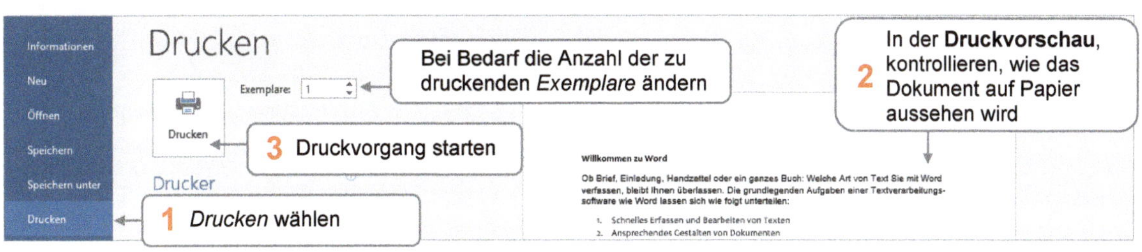

1.6 Word beenden

- Klicken Sie rechts oben im Word-Fenster auf ✕, um Word zu beenden.

Falls Sie das Dokument geändert und noch nicht gespeichert haben, wird beim Beenden von Word ein Hinweis angezeigt. Sie haben dann die Möglichkeit, Ihr Dokument zu speichern oder die Änderungen durch Anklicken der Schaltfläche *Nicht speichern* zu verwerfen.

Plus+ **Glossar:** *Glossar.pdf*
Hier finden Sie prägnante Erläuterungen wichtiger Begriffe rund um Word.

2

Grundlegende Techniken

2.1 Word-Fenster im Überblick

Symbolleiste für den Schnellzugriff	Hier können Sie oft benötigte Befehle (z. B. Speichern) aufrufen. Die Auswahl der enthaltenen Schaltflächen lässt sich ändern.
Menüband	Alle wichtigen Befehle lassen sich über das Menüband aufrufen. Das Menüband ist in **Register** (bzw. Registerkarten) unterteilt, in denen die Befehle nach Kategorien geordnet sind.
Statusleiste	Mit einem Rechtsklick auf die Statusleiste bestimmen Sie, welche Informationen dort angezeigt werden. 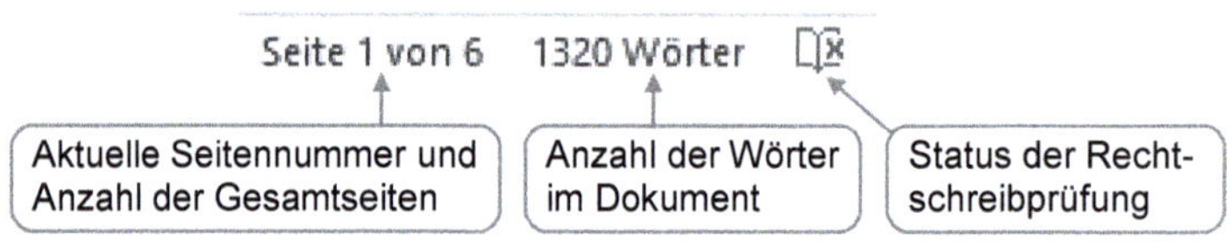
Ansichtssteuerung	Hier wechseln Sie zwischen den Ansichten (Lesemodus, Seitenlayoutansicht, Weblayoutansicht). Für die Bearbeitung von Texten empfiehlt es sich, in der Ansicht *Seitenlayout* zu arbeiten.

2.2 Menüband nutzen

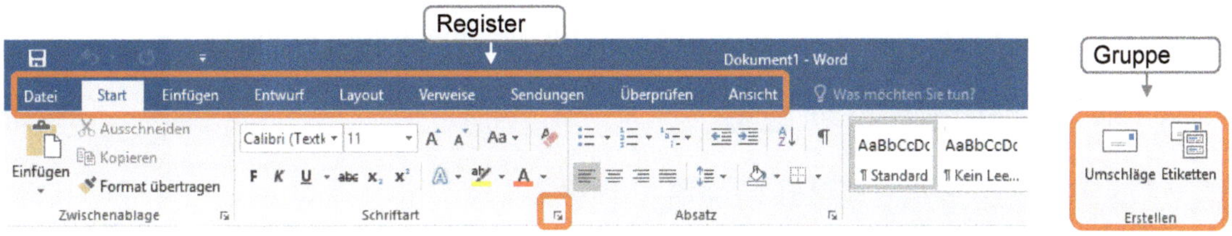

- Die in den Registern enthaltenen Befehle sind in **Gruppen** zusammengefasst. Einige Gruppen besitzen die Schaltfläche, mit der Sie Zugang zu weiteren Befehlen erhalten.
- Klicken Sie auf das Register *Datei*, wird die **Backstage-Ansicht** geöffnet. Hier stehen Befehle zum Erstellen, Speichern oder Drucken von Dokumenten bereit. Um die Backstage-Ansicht zu verlassen, klicken Sie auf oder drücken Esc.
- Bei bestimmten Aufgaben, etwa während der Bearbeitung von Tabellen, werden am rechten Rand des Menübands **Kontexttools** mit zusätzlichen Registern eingeblendet.

- Abhängig von der Größe des Word-Fensters, werden Gruppen als Schaltflächen angezeigt:

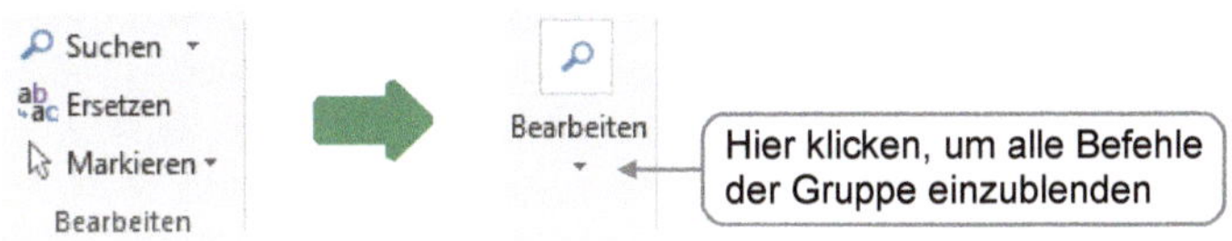

Plus **Ergänzende Lerninhalte:** *Word mit Gesten steuern.pdf*
Wie Sie Word auf einem Gerät mit Touchscreen (z. B. einem Tablet-PC) bedienen, erfahren Sie im oben angegebenen BuchPlus-Dokument.

2.3 Darstellung anpassen

Zoomfunktion nutzen

Mit der Zoomfunktion zeigen Sie den Seiteninhalt vergrößert oder verkleinert an.

▶ Ziehen Sie den Zoomregler nach links oder rechts.

oder Stellen Sie den Zoom schrittweise mit - bzw. + ein.

Im Register *Ansicht*, Gruppe *Zoom*, können Sie die Zoomstufe ebenfalls ändern:

Gewünschte Darstellung	Schaltfläche
Vollständige Seite	*Eine Seite*
Zwei Seiten nebeneinander	*Mehrere Seiten*
Größtmögliche Breite	*Seitenbreite*

Dokumente im Lesemodus anzeigen

Möchten Sie ein Dokument nicht bearbeiten, sondern betrachten, empfiehlt sich der **Lesemodus**. Er erleichtert das Lesen am Bildschirm, da mehr Platz für die Inhalte zur Verfügung steht.

- Klicken Sie in der Statusleiste auf .

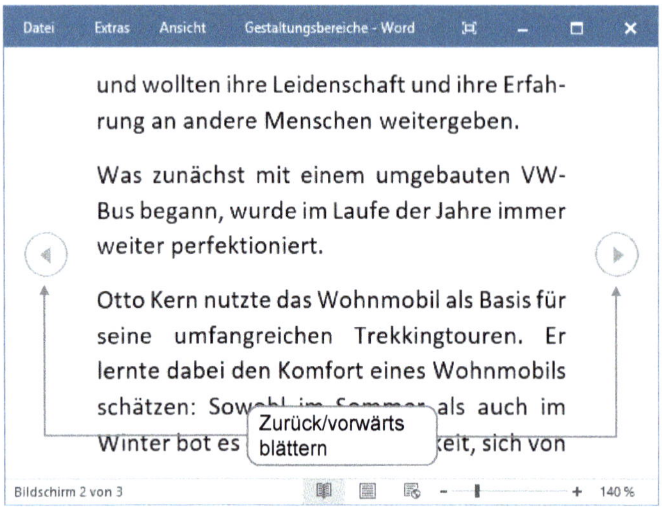

- Mit Esc verlassen Sie den Lesemodus.

2.4 Hilfe zu Word

Feld *Was möchten Sie tun?* nutzen

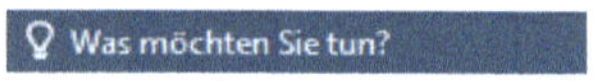

Mithilfe des Feldes *Was möchten Sie tun?* erhalten Sie Unterstützung und Informationen rund um die Bedienung von Word.

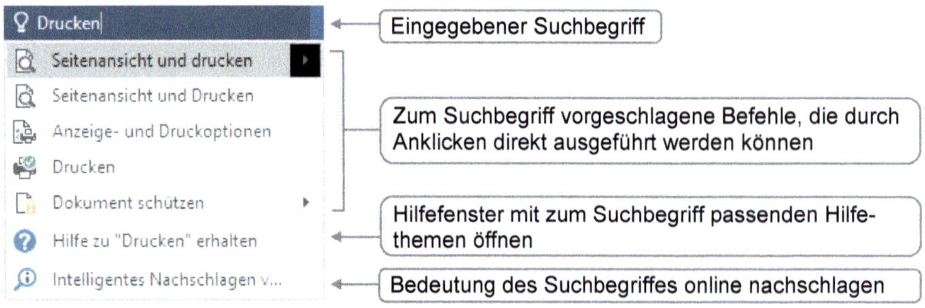

Hilfefenster öffnen und bedienen

- Klicken Sie im Menüband auf 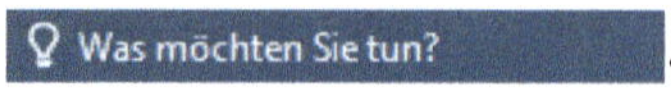.

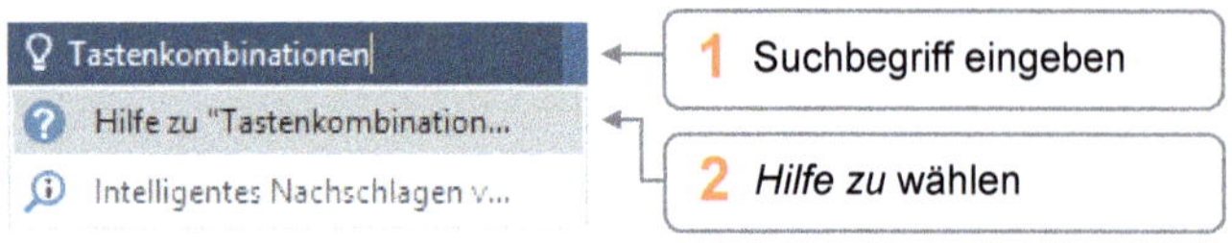

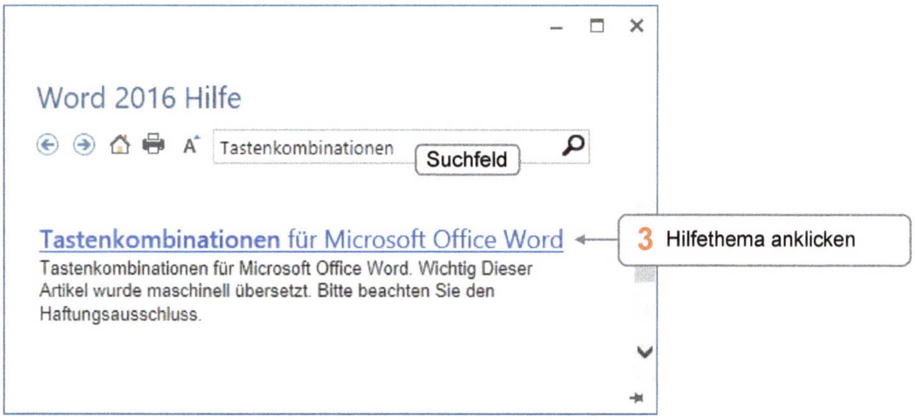

Mit F1 können Sie das Hilfefenster direkt öffnen.

Sie möchten ...	
zwischen aufgerufenen Hilfethemen wechseln	▶ Klicken Sie auf (Zurück), um zum vorherigen, oder auf (Weiter), um zum nächsten Hilfethema zu wechseln.
die Startseite der Hilfe anzeigen	▶ Klicken Sie auf (Startseite).
den Hilfetext drucken	▶ Klicken Sie auf (Drucken).

- Das Hilfefenster wird ausgeblendet, sobald Sie außerhalb des Fensters klicken. Klicken Sie in der Taskleiste auf (?), um es erneut einzublenden.
- Möchten Sie, dass das Hilfefenster immer im Vordergrund angezeigt wird, klicken Sie rechts unten im Fenster auf (Pin). Über (Pin) lässt sich dies wieder rückgängig machen.

Falls Sie in der Word-Hilfe keinen geeigneten Hilfetext für Ihr Problem finden, empfiehlt sich eine Recherche im Internet. Versuchen Sie, Ihr Problem über geeignete Suchbegriffe zu umschreiben und geben Sie diese in die Suchmaschine Ihrer Wahl ein. Ergänzen Sie Ihre Suchbegriffe mit *Word 2016*, um die Suche weiter einzugrenzen.

Hilfe zu Bedienelementen erhalten

- Wenn Sie mit der Maus auf einem Bedienelement verweilen, bekommen Sie eine kurze Erläuterung (**QuickInfo**) angezeigt.
- In einigen Dialogfenstern erhalten Sie Hilfe zu den Einstellungen, indem Sie in der Titelleiste des Dialogfensters auf ? klicken.

2.5 Text eingeben

Der Cursor wandert beim Schreiben in Word mit und zeigt Ihnen die Position, an der die Eingabe des nächsten Zeichens erfolgt.

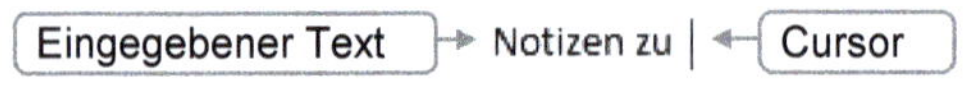

Am Ende einer Zeile setzt Word den Text automatisch in der nächsten Zeile fort (**automatischer Zeilenumbruch**). Sie schreiben in Ihrem Dokument so lange weiter, bis Sie einen neuen **Absatz** erzeugen möchten. Als **Absatz** bezeichnet man einen inhaltlich zusammenhängenden Abschnitt, der sich über eine oder mehrere Zeilen erstreckt.

- Möchten Sie einen Absatz erzeugen, drücken Sie ↵.
- Eine **Leerzeile** erzeugen Sie, indem Sie zweimal ↵ drücken.

! Erscheint der gesamte eingegebene Text ungewollt in Großbuchstaben, haben Sie versehentlich die **Feststelltaste** ⇪ betätigt. Drücken Sie nochmals ⇪, um zum normalen Schreibmodus zurückzukehren.

2.6 Text ändern

Um geschriebenen Text zu ergänzen oder zu verändern, setzen Sie den Cursor mit einem Mausklick an die entsprechende Position und geben die gewünschten Zeichen ein.

Falls Sie sich vertippt haben, setzen Sie den Cursor an die fehlerhafte Stelle, löschen die falschen Zeichen mit Entf bzw. ⇐ und geben anschließend die korrekten Zeichen ein.

Alternativ zum Klicken mit der Maus können Sie den Cursor auch mit der Tastatur positionieren:

Wohin möchten Sie den Cursor setzen?	
Zeichen nach links/rechts	←/→
Zeilenanfang	Pos 1
Textanfang	Strg Pos 1
Wortweise nach links/rechts	Strg ←/Strg →
Bildschirmseite nach oben/unten	Bild ↑/Bild ↓

Wohin möchten Sie den Cursor setzen?	
Zeile nach oben/unten	↑/↓
Zeilenende	Ende
Textende	Strg Ende
Absatz nach oben/unten	Strg ↑/Strg ↓
Seite vor/zurück	Strg Bild ↑/ Strg Bild ↓

Plus+ **Ergänzende Lerninhalte:** *Nützliche Tastenkombinationen.pdf*
Hier finden Sie weitere Tastenkombinationen, die das Arbeiten deutlich beschleunigen.

2.7 Formatierungszeichen einblenden

Zur Kontrolle des eingegebenen Textes kann es hilfreich sein, die normalerweise verborgenen **Formatierungszeichen** anzuzeigen. So können Sie z. B. erkennen, wo Absätze enden oder ob Sie versehentlich mehrere Leerzeichen hintereinander eingegeben haben:

- Klicken Sie im Register *Start* in der Gruppe *Absatz* auf ¶, um die Formatierungszeichen ein- oder auszublenden.

Formatierungszeichen werden **nur** auf dem Bildschirm angezeigt und erscheinen nicht auf dem Ausdruck. Sie lernen später noch weitere Formatierungszeichen kennen.

2.8 Text markieren

Um Word mitzuteilen, welche Textteile Sie bearbeiten möchten, markieren Sie sie wie folgt:

Markierung	Vorgehensweise	Beispiel
Wort	▶ Klicken Sie doppelt **in** das Wort.	Regeln des Wettbewerbs
Satz	▶ Halten Sie Strg gedrückt und klicken Sie **in** den Satz.	Zunächst treten zwanzig Kandidatinnen und Kandidaten an. Dabei gilt es, verschiedene
Zeile	▶ Klicken Sie links **neben** die Zeile.	Zunächst treten zwanzig Kandidatinnen und Kandidaten an. Dabei gilt es, verschiedene
Absatz	▶ Klicken Sie doppelt links **neben** dem Absatz.	Regeln des Wettbewerbs Zunächst treten zwanzig Kandidatinnen und Kandidaten an. Dabei gilt es, verschiedene Aufgaben zu lösen.
Zusammenhängende Textteile	▶ Zeigen Sie mit der Maus auf den Anfang des Bereichs und ziehen Sie die Maus mit gedrückter Maustaste zum Ende des Bereichs. *oder* Klicken Sie an den Anfang des Bereichs. Halten Sie ⇧ gedrückt und klicken Sie an das Ende des Bereichs.	Regeln des Wettbewerbs Zunächst treten zwanzig Kandidatinnen und Kandidaten an. Dabei gilt es, verschiedene Aufgaben zu lösen.
Vertikaler Bereich	▶ Halten Sie Alt gedrückt und ziehen Sie die Maus bei gedrückter Maustaste über den Bereich.	Vorname Nachname Abteilung Maren Schubert Vertrieb Isolde Kemptner Call Center Marcus Will Lager
Nicht zusammenhängende Textteile	▶ Markieren Sie den ersten Bereich. ▶ Halten Sie Strg gedrückt und markieren Sie den nächsten Textteil.	Regeln des Wettbewerbs Zunächst treten zwanzig Kandidatinnen und Kandidaten an. Dabei gilt es, verschiedene

- Markierungen werden grau hinterlegt dargestellt. Um eine Markierung aufzuheben, drücken Sie eine der Pfeiltasten (z. B. →) oder klicken an eine beliebige Stelle im Text.
- Wenn Sie einen Bereich per Maus markieren, werden immer ganze Wörter markiert. Halten Sie am Ende der Markierung die Maustaste weiter gedrückt und bewegen Sie die Maus nach links oder rechts, um die Markierung **zeichenweise** zurückzunehmen oder auszuweiten.

Alternativ zur Maus können Sie Text auch mit der Tastatur markieren:

- Den **gesamten Inhalt** markieren Sie, indem Sie Strg A drücken.
- Zum Markieren von **Textteilen** verwenden Sie die gleichen Tasten, die Sie auch zur Positionierung des Cursors verwenden, halten zusätzlich aber ⇧ gedrückt.

  Um etwa den Text von der Cursorposition bis zum Textende zu markieren, drücken Sie Strg ⇧ Ende; das Wort links vom Cursor markieren Sie mit Strg ⇧ ←.

2.9 Arbeiten rückgängig machen

Letzte Aktion rückgängig machen

Word ermöglicht es, die zuletzt durchgeführten Aktionen (Bedienschritte) zu widerrufen. Sollten Sie z. B. Text versehentlich gelöscht haben, können Sie dies schnell rückgängig machen:

- Klicken Sie in der Symbolleiste für den Schnellzugriff auf .
  Alternative: Strg Z

Mehrere Aktionen rückgängig machen

- Klicken Sie mehrfach auf oder drücken Sie mehrmals Strg Z.

  oder Klicken Sie auf den Pfeil neben und markieren Sie die Aktionen, die rückgängig gemacht werden sollen.

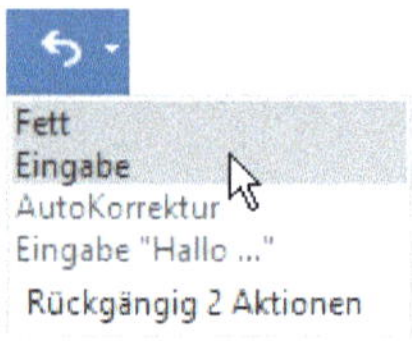

Rückgängig gemachte Aktion wiederherstellen

- Klicken Sie in der Symbolleiste für den Schnellzugriff (bedarfsweise mehrfach) auf .
  Alternative: (bedarfsweise mehrfach) Strg Y

Die Wiederherstellen-Funktion steht nur zur Verfügung, wenn nach der Zurücknahme von Aktionen keine Eingabe erfolgte oder kein weiterer Befehl ausgeführt wurde.

Letzten Befehl wiederholen

- Positionieren Sie den Cursor oder markieren Sie den Text, auf den Sie den zuletzt ausgeführten Befehl anwenden möchten.
- Klicken Sie in der Symbolleiste für den Schnellzugriff auf oder drücken Sie Strg Y.

Wurde zuvor eine Aktion rückgängig gemacht, erscheint statt die Schaltfläche .
Sie dient bis zur Eingabe eines anderen Befehls zum Wiederherstellen der rückgängig gemachten Aktionen.

2.10 Besonderheiten bei der Texteingabe

Automatisches Ersetzen während der Eingabe

Word unterstützt Sie bei der Eingabe und Formatierung von Texten durch zwei Automatismen:

- **AutoFormat**: automatische Korrektur der Formatierung
- **AutoKorrektur**: automatische Berichtigung von Eingaben

Beispiel für AutoFormat

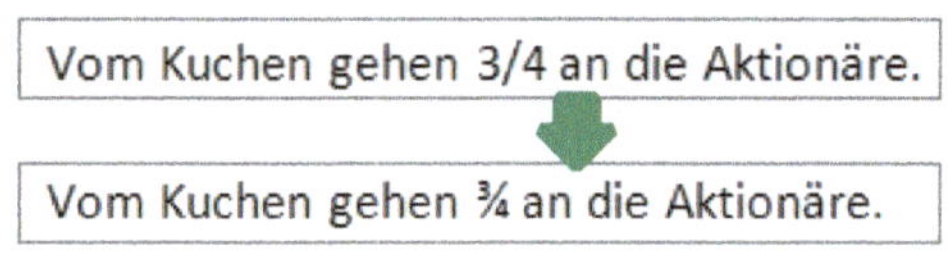

- Geben Sie Bruchzahlen wie 1/2 ein, werden diese in die Formatierung ½ umgewandelt.

Beispiele für AutoKorrektur

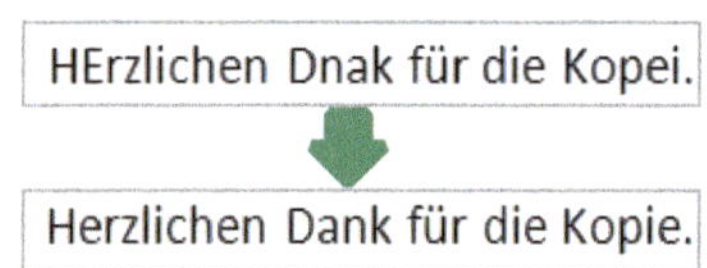

- Zwei Großbuchstaben am Wortanfang werden korrigiert.
- Häufige Tippfehler werden erkannt und berichtigt.

So können Sie **ungewollte** Ersetzungen oder Korrekturen schnell rückgängig machen:

- Zeigen Sie auf das automatisch geänderte Wort.
- Zeigen Sie auf den Anzeiger ( ) und klicken Sie auf .
- Wählen Sie, ob Sie die Korrektur **einmalig** zurücknehmen ① oder **dauerhaft** deaktivieren ② möchten.

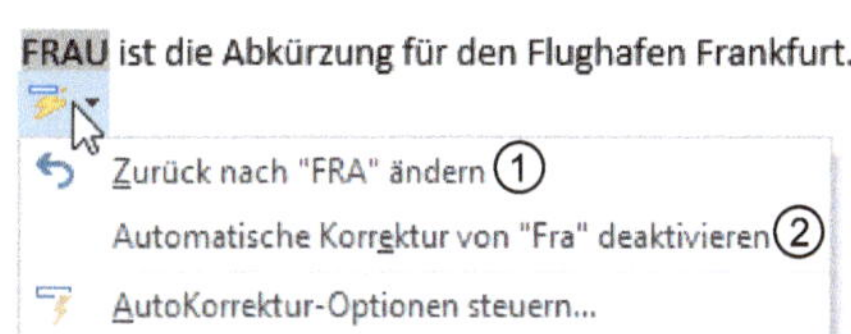

Seitenumbruch manuell einfügen

Möchten Sie eine neue Seite beginnen, ohne dass bereits das Seitenende erreicht wurde, sollten Sie dies **nicht** durch mehrmaliges Drücken von [↵] erledigen, sondern stattdessen einen **Seitenumbruch** einfügen:

- Platzieren Sie den Cursor an der Stelle, nach der eine neue Seite beginnen soll.
- Drücken Sie [Strg] [↵].

2.11 Dokumente speichern und schließen

Dokumente erstmalig speichern

- Klicken Sie auf das Register *Datei* und wählen Sie *Speichern unter*.
  Alternativen: (Symbolleiste für den Schnellzugriff) oder [Strg] [S]

Beim erstmaligen Speichern müssen Sie angeben, an welchem Speicherort das Dokument abgelegt werden soll:

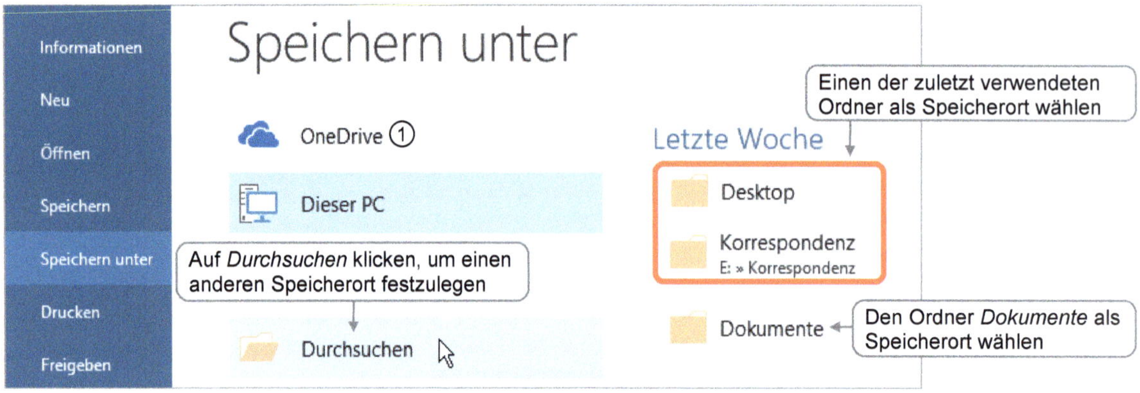

Plus **Ergänzende Lerninhalte:** *Microsoft-Konto anlegen.pdf*
Mit OneDrive auf Dateien zugreifen.pdf

Über *OneDrive* ① können Sie Ihre Dokumente im Internet beim Microsoft-Onlinedienst **OneDrive** speichern. Welche Voraussetzungen hierfür nötig sind, wird in den oben angegebenen BuchPlus-Dokumenten erläutert.

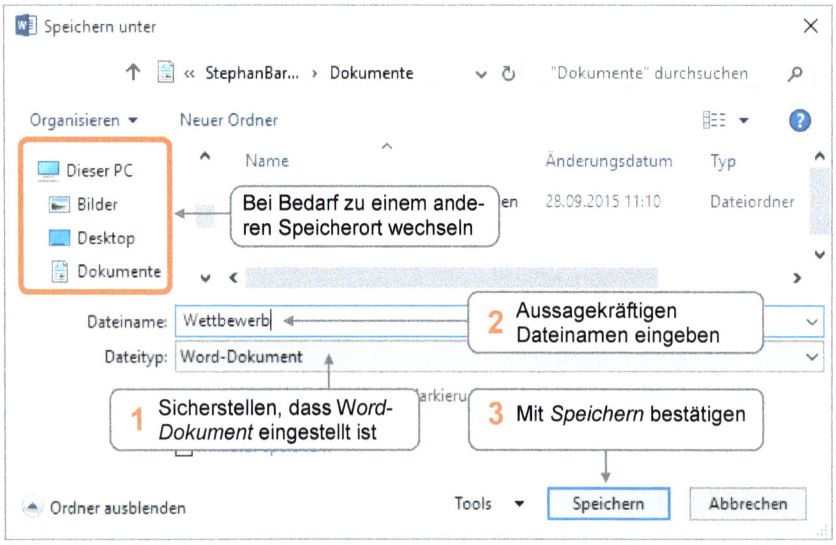

- Der Name kann 255 Zeichen lang sein und darf diese Zeichen nicht enthalten: / \ : * ? „ | < >
- Falls Sie einen Namen eingeben, der bereits vergeben ist, erscheint ein Dialogfenster. Wenn Sie das Dokument **nicht** überschreiben möchten, aktivieren Sie darin die Option *Änderungen unter anderem Namen speichern* und klicken auf *OK*.

Geänderte Dokumente überschreiben

- Um Änderungen an einem bereits gespeicherten Dokument zu speichern, klicken Sie in der Symbolleiste auf [Speichern-Symbol] oder drücken Strg S.

! Beachten Sie, dass das Überschreiben eines Dokuments nicht rückgängig gemacht werden kann.

Dokumente unter neuem Namen speichern

Möchten Sie ein Dokument in seiner bisherigen Fassung erhalten, speichern Sie die geänderte Version als Kopie unter einem neuen Namen.

- Wechseln Sie zum Register *Datei* und klicken Sie auf *Speichern unter*.
- Klicken Sie auf *Durchsuchen*.
- Ändern Sie bei Bedarf im Dialogfenster *Speichern unter* den Speicherort.
- Vergeben Sie im Feld *Dateiname* einen anderen Namen und klicken Sie auf *Speichern.*

Alternativ können Sie das Dialogfenster *Speichern unter* mit F12 öffnen.

Dokumente schließen

- Klicken Sie im Word-Fenster auf ×.

- ✔ Ist nur ein einziges Dokument geöffnet, wird hierdurch auch Word beendet.
- ✔ Wurde das Dokument noch nicht gespeichert, können Sie es auf Rückfrage speichern.

2.12 Dokumente erzeugen und öffnen

Neue Dokumente erzeugen

- Klicken Sie auf das Register *Datei*.

Alternativ dazu können Sie auch mit Strg N ein neues leeres Dokument erzeugen.

Zuletzt verwendete Dokumente öffnen

▶ Klicken Sie auf das Register *Datei*.

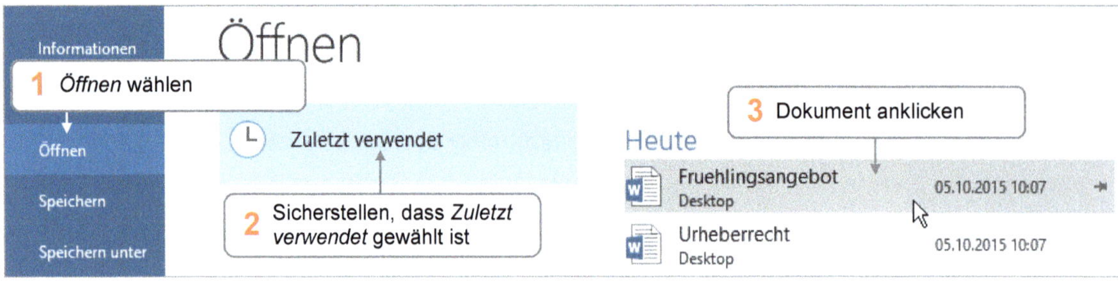

- Möchten Sie, dass ein Dokument in der Liste *Zuletzt verwendet* verbleibt, zeigen Sie auf den Eintrag und klicken auf ⇥. Um die Fixierung aufzuheben, klicken Sie auf ⊤.
- Mit dem Kontextmenüpunkt *Aus Liste entfernen* können Sie Einträge entfernen.
- Sie können eines der zuletzt verwendeten Dokumente auch öffnen, indem Sie es auf dem Word-Startbildschirm im Bereich *Zuletzt verwendet* anklicken.

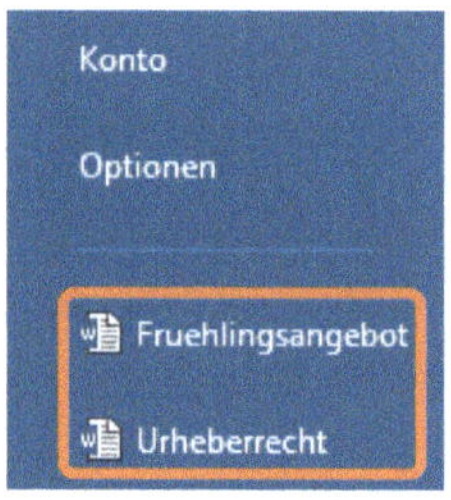

Die zuletzt bearbeiteten Dokumente lassen sich auch im linken Fensterbereich der Backstage-Ansicht anzeigen.

▶ Klicken Sie hierzu im Register *Datei* auf *Optionen* und wechseln Sie zur Kategorie *Erweitert*. Aktivieren Sie unter *Anzeigen* die folgende Option:

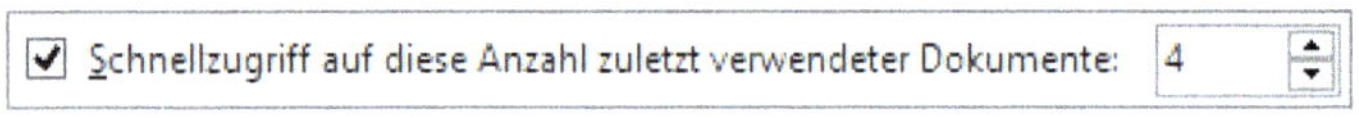

Zur letzten Bearbeitungsposition navigieren

Wenn Sie ein mehrseitiges, kürzlich bearbeitetes Dokument öffnen, wird am rechten Fensterrand zuerst ein Hinweistext und dann die Schaltfläche angezeigt.

▶ Klicken Sie auf , um schnell zur zuletzt bearbeiteten Stelle im Dokument zu navigieren.

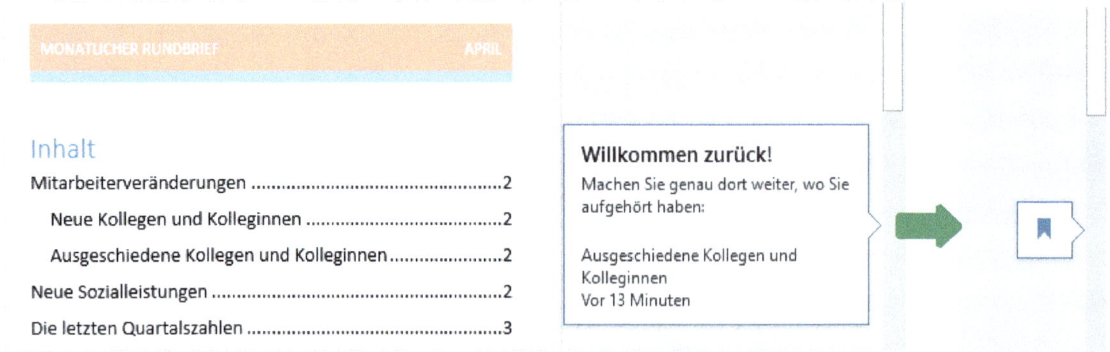

Früher bearbeitete Dokumente öffnen

Falls ein Dokument nicht in der Liste der zuletzt verwendeten Dokumente enthalten ist, öffnen Sie es wie folgt:

- Wechseln Sie zum Register *Datei*.

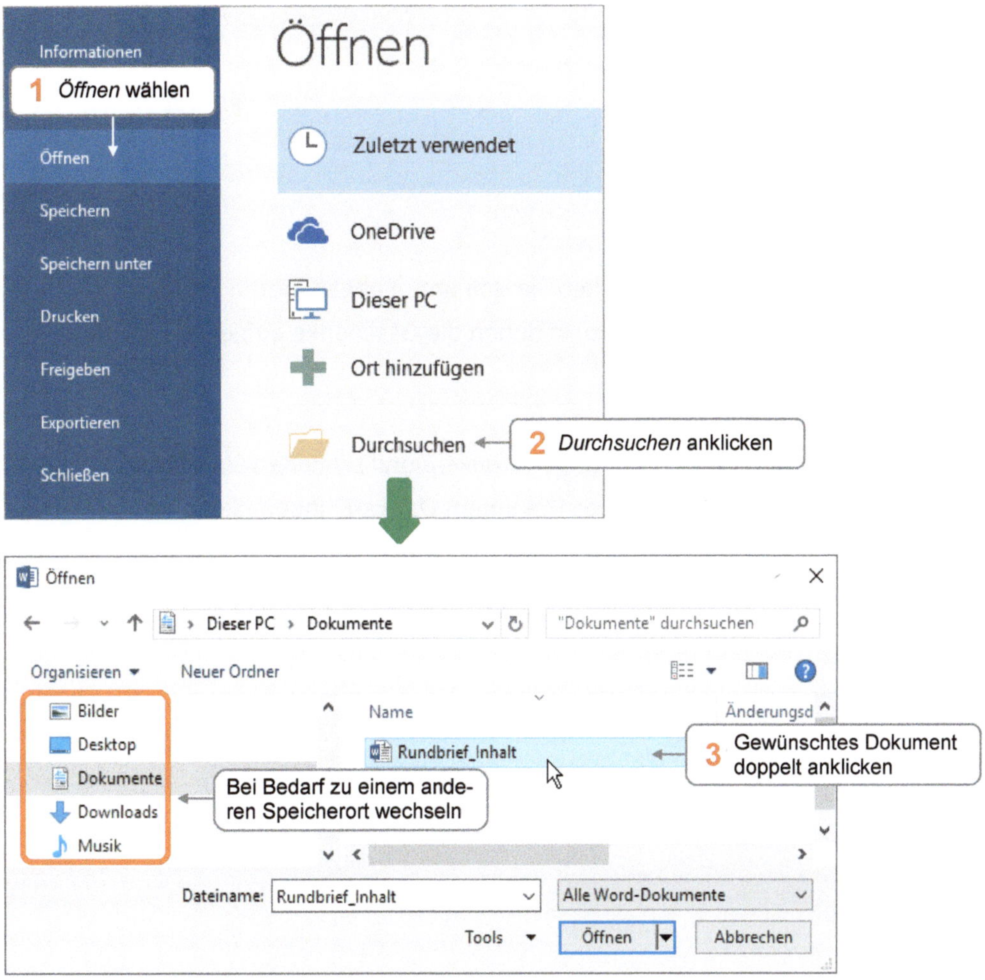

- ✓ Wenn Sie in der Backstage-Ansicht auf *Dieser PC* klicken, bekommen Sie eine Liste der zuletzt verwendeten Ordner angezeigt.
- ✓ Sie können bestehende Dokumente auch öffnen, indem Sie auf dem Word-Startbildschirm Weitere Dokumente öffnen anklicken.

Alternativ können Sie bestehende Dokumente auch über Strg O öffnen.

Wenn Sie ein Dokument öffnen, das von an einem vermeintlich unsicheren Speicherort stammt (etwa von einer Webseite), zeigt die **Dokumentationsleiste** eine Warnung an:

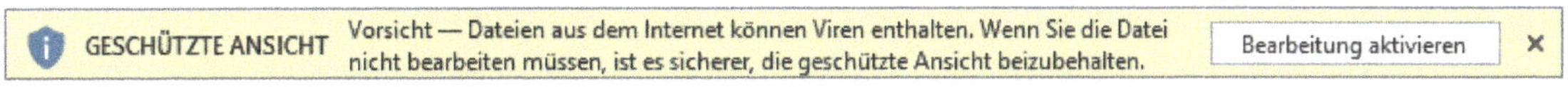

Das Dokument wird in der **geschützten Ansicht** geöffnet, in der Inhalte zwar gelesen, aber nicht bearbeitet werden können. Um die Inhalte zu bearbeiten, klicken Sie auf *Bearbeitung aktivieren*.

2.13 Übung

Dankschreiben anfertigen

Level		Zeit	ca. 10 min
Übungsinhalte	✔ Dokumente erstellen, speichern, schließen und öffnen ✔ Text markieren und löschen		
Übungsdatei	--		
Ergebnisdatei	*Danke-E.docx*		

1. Erstellen Sie ein neues Dokument und geben Sie den unten abgebildeten Text ein.
2. Markieren Sie in einem Schritt die Absätze, in denen die Geschenke aufgelistet werden.
3. Löschen Sie die markierten Absätze.
4. Machen Sie das Löschen wieder rückgängig.
5. Speichern Sie das Dokument unter dem Namen *Danke-E* und schließen Sie Word.
6. Starten Sie Word erneut und öffnen Sie das Dokument *Danke-E*, indem Sie es aus der Liste der zuletzt geöffneten Dateien auswählen.

Unser Dankeschön für Ihre Treue!

Seit zehn Jahren sind Sie unser treuer Kunde, und das ist es uns wert, Sie mit einem kleinen Geschenk zu überraschen.

Sie haben die Wahl:

einen Gutschein über 20 Euro

den Bestseller Italienische Romanzen von Günter Winter

einen Artikel aus unserem vielfältigen Angebot mit einem Rabatt von 15 %

Wir freuen uns, Sie weiterhin zu unseren Kunden zählen zu dürfen.

Mit freundlichen Grüßen

Ihr Buchhändler von nebenan

Ergebnisdatei „Danke-E“

Plus+ **... noch mehr Übungen:**

Text überschreiben und löschen.pdf

Aushang für Städtepartnerschaft.pdf

Einladung zur Jubiläumsfeier bearbeiten.pdf

3

Text verschieben, kopieren, suchen

3.1 Textteile verschieben und kopieren

Sie können Textteile und auch andere Elemente (z. B. Abbildungen, Tabellen etc.) beliebig verschieben und kopieren, sowohl innerhalb eines Dokumentes, als auch dokumentübergreifend.

Textteile können Sie wahlweise per **Maus** (Drag & Drop) ...

Textteil verschieben	▶ Markieren Sie den Textteil. ▶ Ziehen Sie den markierten Textteil mit gedrückter Maustaste an die Einfügeposition. Der Mauszeiger ändert während des Vorgangs seine Form in .	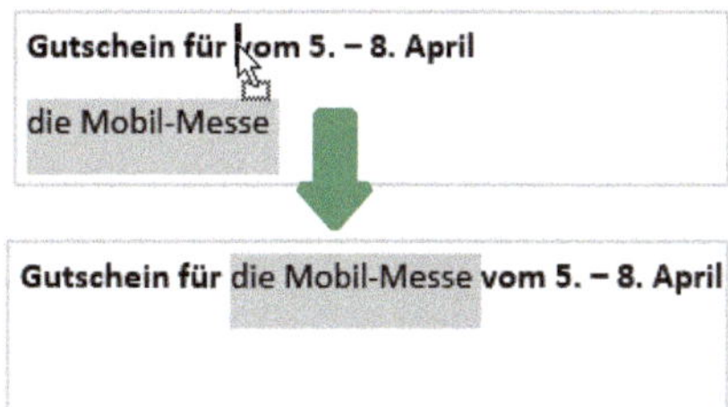
Textteil kopieren	▶ Gehen Sie analog zum Verschieben vor. Halten Sie jedoch Strg gedrückt. Der Mauszeiger ändert seine Form in . ▶ Lassen Sie an der Einfügeposition **zuerst** die Maustaste und dann Strg los.	

... oder über die **Zwischenablage** kopieren bzw. verschieben.

In der Zwischenablage werden Daten vorübergehend abgelegt, um sie an anderer Stelle wieder einzufügen. Das **zuletzt** abgelegte Element kann beliebig oft eingefügt werden, übrigens auch in anderen Programmen.

Im Register *Start* erhalten Sie mit den Schaltflächen der Gruppe *Zwischenablage* Zugriff auf die Befehle rund um die Zwischenablage. Schneller geht es aber mit Tastenkombinationen.

Aktion	Schaltfläche	Tastatur
In die Zwischenablage ausschneiden		Strg X
In die Zwischenablage kopieren		Strg C
Aus der Zwischenablage einfügen		Strg V

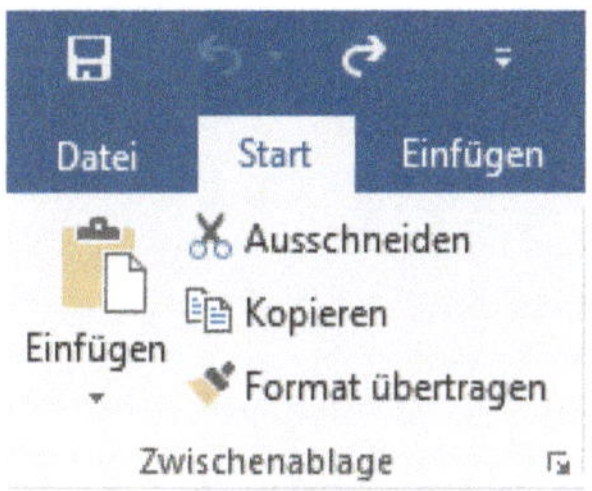

Textteil verschieben	▶ Markieren Sie den Text und schneiden Sie ihn z. B. mit Ausschneiden in die Zwischenablage aus. Der Text wird von seiner ursprünglichen Position entfernt. ▶ Setzen Sie den Cursor an die Einfügeposition und klicken Sie auf den oberen Bereich der Schaltfläche *Einfügen*.
Textteil kopieren	▶ Um einen markierten Textteil zu kopieren, übernehmen Sie ihn z. B. mit Kopieren in die Zwischenablage. ▶ Setzen Sie den Cursor an die Einfügeposition und klicken Sie auf den oberen Bereich der Schaltfläche *Einfügen*, um eine Kopie einzufügen.

3.2 Zwischen geöffneten Dokumenten wechseln

Um beispielsweise Text über die Zwischenablage in ein anderes Dokument zu kopieren, wechseln Sie wie folgt zwischen den in Word geöffneten Dokumenten:

▶ Öffnen Sie das Register *Ansicht*.

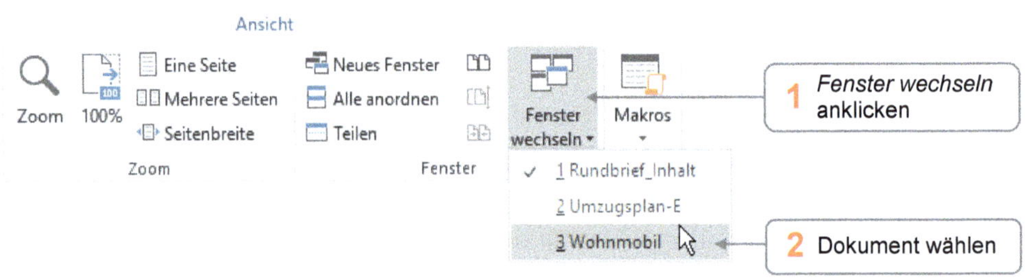

✓ Durch wiederholtes Drücken von Strg F6, können Sie ebenfalls zwischen allen geöffneten Word-Dokumenten wechseln.

✓ Auch über den Windows-Desktop können Sie zwischen Dokumenten wechseln:

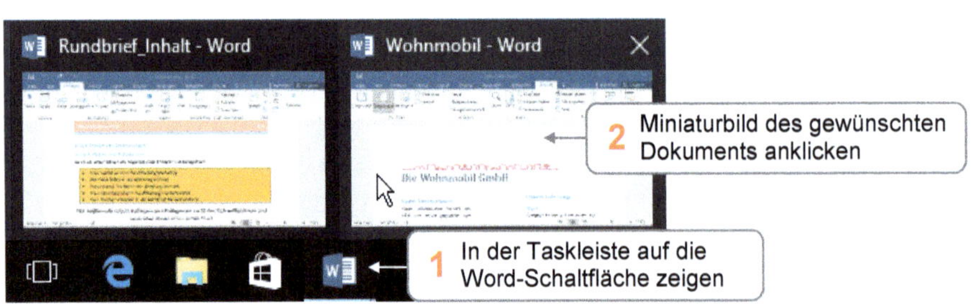

Um einen markierten Textteil in ein anderes Dokument zu kopieren, ziehen Sie den markierten Text mit gedrückter Maustaste über die Taskleiste auf das Miniaturbild des Zieldokumentes. Warten Sie, bis Word dieses Dokument anzeigt, und bewegen Sie den Textteil an die Zielposition.

3.3 Text suchen

Plus **Beispieldatei:** *Textelemente_suchen_und_ersetzen.docx*

- Klicken Sie im Register *Start,* Gruppe *Bearbeiten*, auf *Suchen*. Alternative: Strg F
- Geben Sie im Aufgabenbereich *Navigation* im Feld ① den Suchtext ein.

Findet Word den gesuchten Text, ...

- wird die Anzahl der Fundstellen angezeigt ②;
- wird für jede Fundstelle ein Eintrag im Aufgabenbereich angezeigt ③. Klicken Sie auf einen Eintrag, wird die Fundstelle im Dokument angezeigt;
- werden die Fundstellen im Dokument hervorgehoben ④;
- können Sie mit ▾ und ▴ zwischen den Fundstellen wechseln.

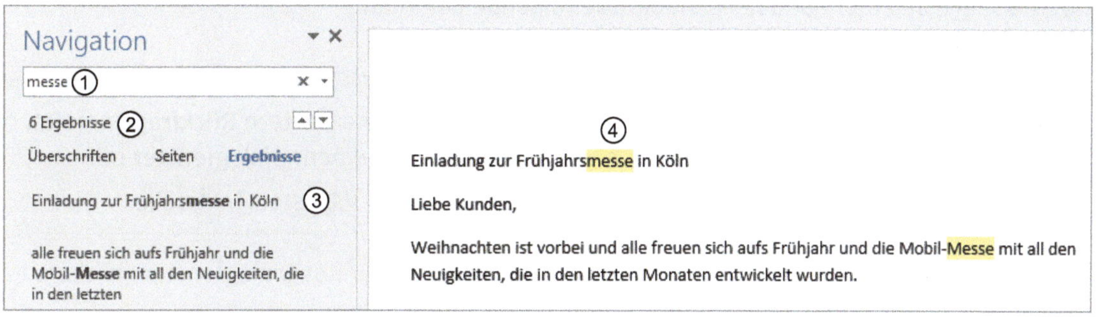

Möchten Sie die Suche weiter eingrenzen, nutzen Sie die Suchoptionen:

- Klicken Sie im Aufgabenbereich *Navigation* auf den Pfeil ▾ neben dem Suchfeld und wählen Sie *Optionen*.
  Das Dialogfenster *Suchoptionen* wird eingeblendet.

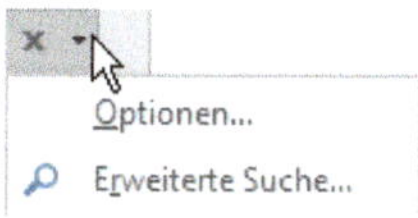

Sie möchten ...	
zwischen Groß- und Kleinschreibung unterscheiden	▸ Stellen Sie sicher, dass der Suchbegriff in der exakten Schreibweise eingegeben ist. ▸ Aktivieren Sie im Dialogfenster *Suchoptionen* die Option *Groß-/Kleinschreibung beachten*. Mit dieser Funktion lassen Sie z. B. nach dem Wort *Laut* suchen. Das Wort *laut* wird in diesem Fall nicht gefunden.
den Suchbegriff nur als vollständiges Wort suchen (nicht als Teil eines Wortes)	▸ Aktivieren Sie *Nur ganzes Wort suchen*.

- Bestätigen Sie mit *OK*.

Falls Sie nur einen bestimmten Bereich des Dokuments durchsuchen möchten, markieren Sie diesen vor dem Aufruf der Suchfunktion.

3.4 Text ersetzen

- Klicken Sie im Register *Start* in der Gruppe *Bearbeiten* auf *Ersetzen*.
  Alternative: Strg H
- Geben Sie im Feld *Suchen nach* das Suchwort ein.
- Tragen Sie im Feld *Ersetzen durch* das Ersatzwort ein.
- Klicken Sie auf *Weitersuchen,* um die Suche zu starten.

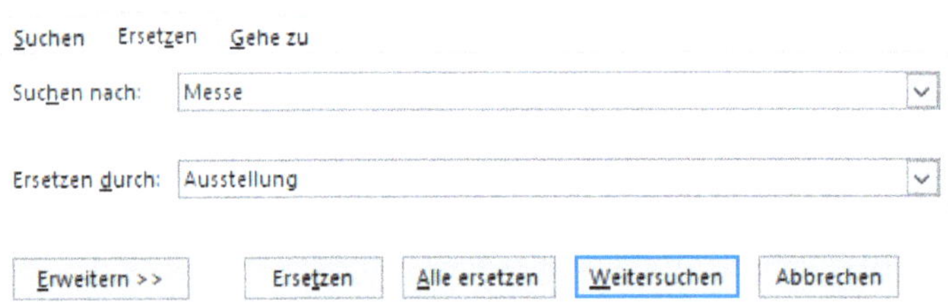

Stoppt die Suche an einer Fundstelle, haben Sie folgende Optionen:

- Bestätigen Sie das Ersetzen des ursprünglichen Begriffs mit *Ersetzen.*
- Mit *Alle ersetzen* wird der Suchbegriff an jeder Fundstelle **ohne weitere Rückfrage** ersetzt. Word teilt Ihnen anschließend die Anzahl der Ersetzungen in einem Dialogfenster mit.
- Durch erneutes Anklicken von *Weitersuchen* gelangen Sie zur nächsten Textstelle.

- Beenden Sie das Ersetzen, indem Sie auf das Schließfeld × des Dialogfensters klicken.

! Lassen Sie Text über *Alle ersetzen* ohne Rückfrage ersetzen, kann dies zu unerwünschten Ergebnissen führen, da Word nicht wissen kann, in welchem sprachlichen Kontext das zu ersetzende Wort steht. Nutzen Sie im Zweifelsfall den Rückgängig-Befehl ↶.

3.5 Übung

Protokoll überarbeiten

Level		Zeit	ca. 10 min
Übungsinhalte	✓ Text mit der Maus verschieben ✓ Zwischenablage nutzen ✓ Wörter automatisch ersetzen		
Übungsdatei	*Zusammenfassung.docx*		
Ergebnisdatei	*Zusammenfassung-E.docx*		

1. Öffnen Sie die Übungsdatei *Zusammenfassung*.
2. Verschieben Sie die Absätze, die sich mit der Konferenz am 9. Juli befassen, mit der Maus an das Ende des Dokumentes.
3. Schneiden Sie die beiden Absätze über die Konferenz am 6. Mai in die Zwischenablage aus und fügen Sie sie unterhalb der Überschrift *Zusammenfassung* ein.
4. Lassen Sie das Wort *Meeting* automatisch durch den Begriff *Konferenz* ersetzen.
5. Speichern Sie das Dokument unter dem Namen *Zusammenfassung-E*.

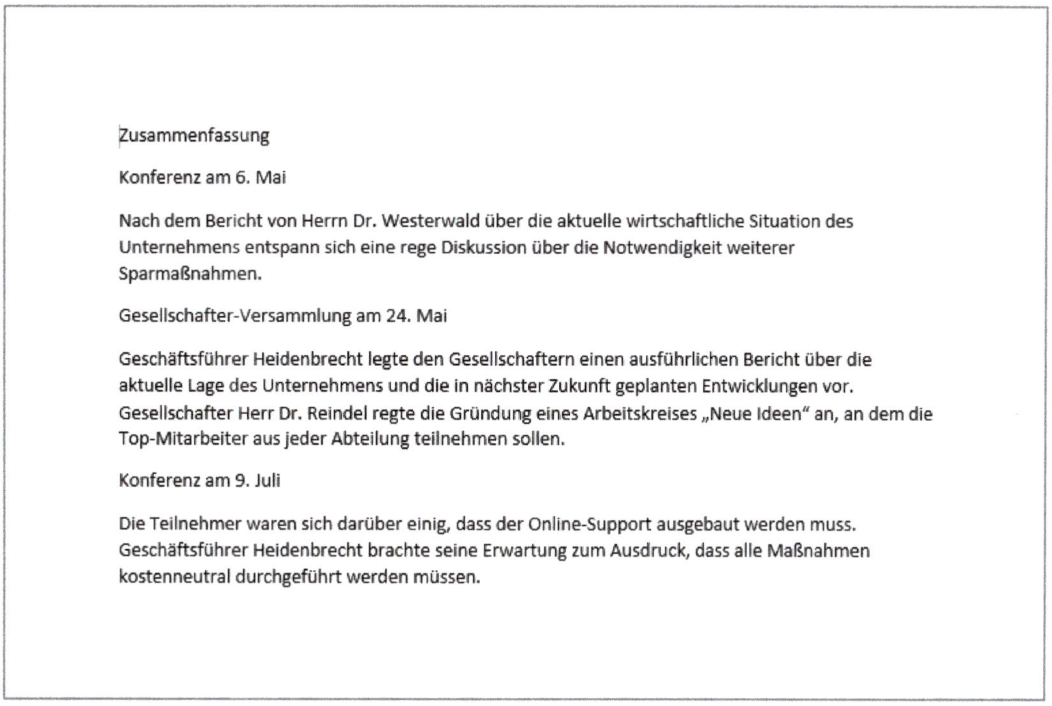

Zusammenfassung

Konferenz am 6. Mai

Nach dem Bericht von Herrn Dr. Westerwald über die aktuelle wirtschaftliche Situation des Unternehmens entspann sich eine rege Diskussion über die Notwendigkeit weiterer Sparmaßnahmen.

Gesellschafter-Versammlung am 24. Mai

Geschäftsführer Heidenbrecht legte den Gesellschaftern einen ausführlichen Bericht über die aktuelle Lage des Unternehmens und die in nächster Zukunft geplanten Entwicklungen vor. Gesellschafter Herr Dr. Reindel regte die Gründung eines Arbeitskreises „Neue Ideen“ an, an dem die Top-Mitarbeiter aus jeder Abteilung teilnehmen sollen.

Konferenz am 9. Juli

Die Teilnehmer waren sich darüber einig, dass der Online-Support ausgebaut werden muss. Geschäftsführer Heidenbrecht brachte seine Erwartung zum Ausdruck, dass alle Maßnahmen kostenneutral durchgeführt werden müssen.

Ergebnisdatei „Zusammenfassung-E“

Plus+ **... noch mehr Übungen:**

Absätze per Maus sortieren.pdf
Wort suchen.pdf

4

Zeichen formatieren

4.1 Basiswissen Zeichenformatierung

Die Zeichenformatierung beeinflusst maßgeblich das Aussehen Ihrer Dokumente und betrifft u. a. folgende Gestaltungsaspekte:

- **Schriftart:** Wählen Sie zwischen einer Vielzahl verschiedener Schriften.
- **Schriftgrad**: Schriften lassen sich vergrößern bzw. verkleinern. Als Einheit für die Angabe von Schriftgraden dient die Maßeinheit Punkt (pt).
- **Schriftfarbe:** Sie können die Farbe der Zeichen beliebig verändern.
- **Schriftschnitte** (z. B. **fett**, *kursiv*, unterstrichen) heben Wörter und Textteile hervor.

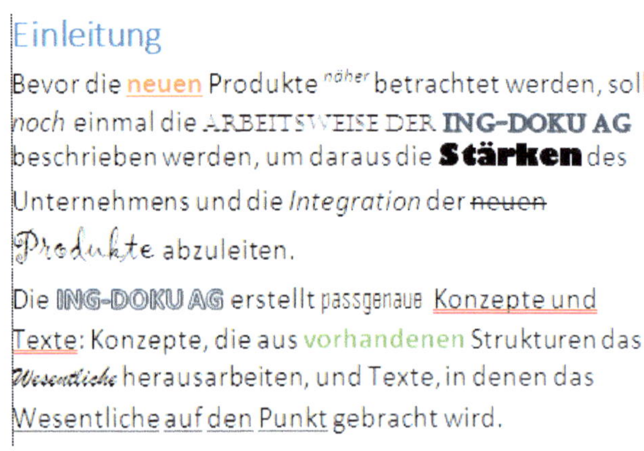

Einleitung

Bevor die neuen Produkte näher betrachtet werden, soll noch einmal die ARBEITSWEISE DER ING-DOKU AG beschrieben werden, um daraus die **Stärken** des Unternehmens und die *Integration* der ~~neuen~~ Produkte abzuleiten.

Die ING-DOKU AG erstellt passgenaue Konzepte und Texte: Konzepte, die aus vorhandenen Strukturen das Wesentliche herausarbeiten, und Texte, in denen das Wesentliche auf den Punkt gebracht wird.

Die Formatierung von Zeichen kann **nach** oder **während** der Texteingabe erfolgen:

Zeichenformatierung nach der Texteingabe	▸ Markieren Sie den Textbereich. Möchten Sie ein Wort formatieren, genügt es, den Cursor in das Wort zu setzen. ▸ Nehmen Sie die Formatierungen mithilfe der automatisch eingeblendeten Minisymbolleiste vor. *oder* Legen Sie im Register *Start* in der Gruppe *Schriftart* die Zeichenformatierung fest.
Zeichenformatierung während der Texteingabe	▸ Setzen Sie den Cursor an die Position, ab der Text in der neuen Formatierung eingegeben werden soll. ▸ Stellen Sie die gewünschte Zeichenformatierung ein. ▸ Geben Sie den Text ein.

Formatieren Sie Ihren Text möglichst erst **nach** der Eingabe – so können Sie sich besser auf die Inhalte Ihrer Dokumente konzentrieren.

4.2 Zeichen formatieren

Befehle rund um die Zeichenformatierung

Die Gruppe *Schriftart* (Register *Start*) und die Minisymbolleiste zeigen die aktuelle Formatierung an der Cursorposition an. Außerdem können Sie dort die Formatierung schnell ändern.

Die Minisymbolleiste wird angezeigt, wenn Sie auf einen markierten Text zeigen oder mit der rechten Maustaste in den Text klicken.

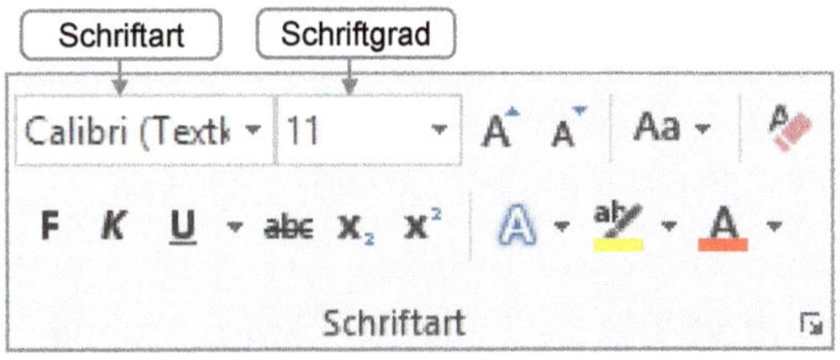

Gruppe „Schriftart"

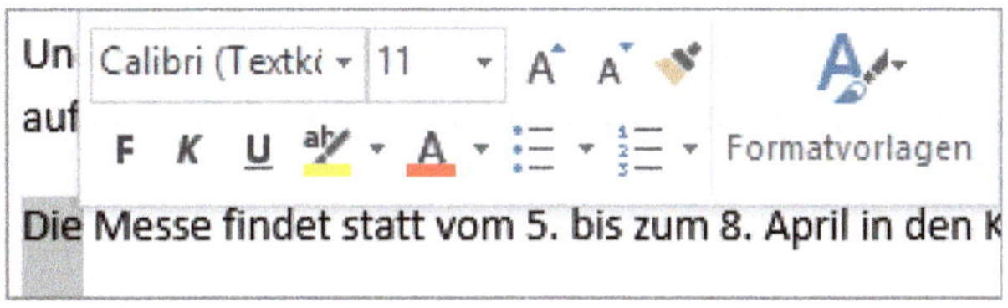

Text mit Minisymbolleiste

Bevor Sie eine Formatierung zuweisen, können Sie kontrollieren, wie das Dokument mit dieser Formatierung aussehen wird. Zeigen Sie etwa im Feld *Schriftart* auf eine Schriftart, wird der aktuell markierte Text in dieser Schriftart angezeigt (**Live-Vorschau**).

Schriftart bestimmen

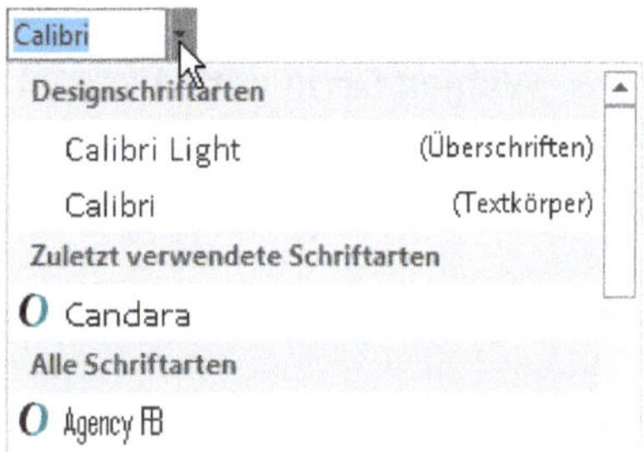

- Öffnen Sie in der Gruppe *Schriftart* oder in der Minisymbolleiste das Feld *Schriftart* durch Anklicken des Pfeils.
- Wählen Sie eine Schriftart durch Anklicken aus.

✔ Auf kürzlich zugewiesene Schriftarten können Sie im Feld *Schriftart* unter *Zuletzt verwendete Schriftarten* schnell zugreifen.

Falls viele Schriftarten auf Ihrem Computer installiert sind, ist das Scrollen durch die Liste zeitraubend. Um eine Schriftart schnell zu finden, geben Sie ihren Anfangsbuchstaben in das Feld ein.

Schriftgröße ändern

- Öffnen Sie das Feld *Schriftgrad* durch Anklicken des Pfeils und wählen Sie den Schriftgrad.

  oder Geben Sie im Feld ① einen Schriftgrad ein und drücken Sie ↵.

Schriftschnitt zuweisen

Sie können die oft benötigten Formatierungen Fett, Kursiv und Unterstrichen mit den Befehlen der Gruppe *Schriftart* zuweisen. Wenn eine Formatierung bereits zugewiesen ist, erkennen Sie dies an der Hervorhebung der jeweiligen Schaltfläche.

Gewünschte Formatierung	Schaltfläche
Fett	F
Kursiv	K
Unterstrichen	U
~~Durchgestrichen~~	abc
Tief$_{gestellt}$	x_2
Hoch^{gestellt}	x^2

Eine zugewiesene Formatierung entfernen Sie, indem Sie ihre Schaltfläche erneut anklicken.

Weitere Schriftschnitte finden Sie im Dialogfenster *Schriftart*, das Sie im Register *Start*, Gruppe *Schriftart*, durch Anklicken von ⧉ öffnen. Um zum Beispiel zuvor markierte Buchstaben in Großbuchstaben umzuwandeln, wechseln Sie im Dialogfenster in das Register *Schriftart* und aktivieren *Großbuchstaben*.

Schriftfarbe einstellen

- Klicken Sie im Register *Start*, Gruppe *Schriftart*, bzw. in der Minisymbolleiste auf den Pfeil der Schaltfläche A ▾.
- Wählen Sie in der Farbpalette eine Farbe.

Text farbig hervorheben

- Klicken Sie im Register *Start*, Gruppe *Schriftart*, auf den Pfeil von ab ▾ und wählen Sie eine Farbe.
- Ziehen Sie mit gedrückter Maustaste den Mauszeiger über den Text. Mit Esc schalten Sie die Textmarkerfunktion aus.

Die Hervorhebung ist auch im Ausdruck zu sehen. Sie können die Hervorhebung entfernen, indem Sie sie markieren und mit der Schaltfläche ab ▾ die Option *Keine Farbe* wählen.

Formatierung beim Einfügen bestimmen

Haben Sie einen Text kopiert oder verschoben, wird an der Einfügeposition unterhalb des eingefügten Textes die Optionsschaltfläche *Einfügeoptionen* (Strg) ▾ eingeblendet.

So legen Sie fest, wie der eingefügte Text formatiert werden soll:

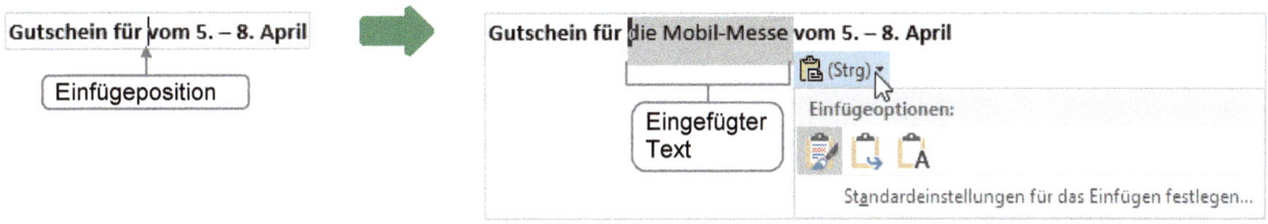

▶ Klicken Sie auf die Optionsschaltfläche und wählen Sie eine dieser Einfügeoptionen:

Wie soll der eingefügte Text formatiert werden?	
Die Formatierung des eingefügten Texts soll beibehalten werden.	▶ Klicken Sie auf .
Der eingefügte Text soll an die Formatierung der Cursorposition angepasst werden.	▶ Klicken Sie auf .
Beim Einfügen von Textpassagen, die formatierten Text und Tabellen enthalten, soll nur der unformatierte Text einfügt werden.	▶ Klicken Sie auf .

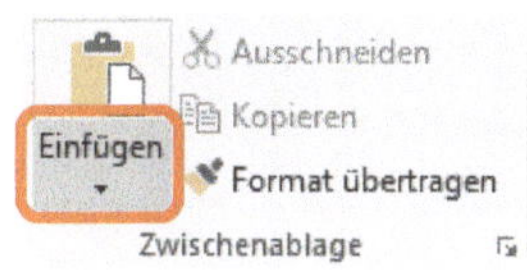

- ✔ Auch nach Anklicken des unteren Bereichs der Schaltfläche *Einfügen* (Register *Start*, Gruppe *Zwischenablage*) stehen Ihnen diese Optionen zur Verfügung.
- ✔ Wenn Sie Text über die Zwischenablage einfügen und dann mit der Maus auf eine der Schaltflächen zeigen, wird im Dokument eine Live-Vorschau angezeigt.
- ✔ Klicken Sie in der Liste der Optionsschaltfläche auf *Standardeinstellungen für das Einfügen festlegen*, um in den *Word-Optionen* im Bereich *Ausschneiden, Kopieren und Einfügen* einzustellen, wie sich Word beim Einfügen von Elementen generell verhalten soll:

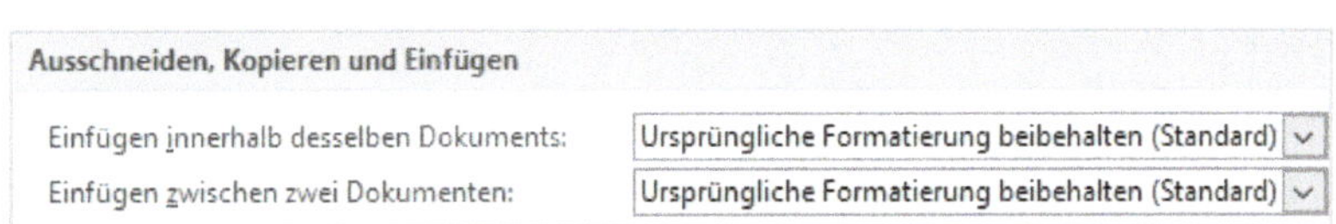

Plus+ **Wissenstest:** *Word 2016 – Basiskompetenzen*

Prüfen Sie mit unserem Wissenstest, ob Sie die wesentlichen Grundlagen von Word verstanden haben und fit für weiterführende Anwendungen und Techniken sind.

4.3 Übung

Aushang formatieren

Level		Zeit	ca. 10 min
Übungsinhalte	✔ Schriftart und -größe ändern ✔ Zeichen formatieren		
Übungsdatei	*Aushang.docx*		
Ergebnisdatei	*Aushang-E.docx*		

1. Öffnen Sie die Übungsdatei *Aushang*.
2. Formatieren Sie die Einladung entsprechend der folgenden Abbildung. Verwenden Sie die Schriftart Century Gothic (14 pt), außer bei:
   - ① Lucida Handwriting (24 pt)
   - ② Century Gothic (11 pt)
3. Speichern Sie das Dokument unter dem Namen *Aushang-E*.

① Einladung zum Sommerfest

Liebe Mitarbeiterinnen, liebe Mitarbeiter,

das erste Halbjahr liegt hinter uns – und damit jede Menge Arbeit.

Weil Sie sich nicht gescheut haben, Ihre Energie in unser Unternehmen zu stecken, möchten wir uns als Geschäftsführung auch nicht scheuen, gemeinsam mit **Ihnen und Ihren Familien** ein großes **Sommerfest** zu feiern.

Feiern Sie mit uns am **17. Juli ab 16:00 Uhr** auf dem **Winzerhof**.

② Damit Frau Klein das Fest organisieren kann, geben Sie ihr bitte bis zum 30. Juni Bescheid, ob und mit wieviel Personen Sie teilnehmen werden.

Ergebnisdatei „Aushang-E"

Plus **... noch mehr Übungen:**

Zeichenformatierung anwenden.pdf

Teambeschreibung formatieren.pdf

5

Absätze formatieren

5.1 Basiswissen Absatzformatierung

Als Absatz wird ein Bereich bezeichnet, der mit einer Absatzschaltung (↵) beendet wurde. Damit wird die Zeile umgebrochen und ein neuer Absatz beginnt. Die Absatzformatierung betrifft u. a. folgende Gestaltungsaspekte:

- **Ausrichtung**: Ein Absatz lässt sich linksbündig, rechtsbündig, zentriert oder im Blocksatz ausrichten.
- **Zeilenabstände** definieren den Abstand der Zeilen innerhalb des Absatzes.
- **Absatzabstände**: Vor und nach dem Absatz lassen sich feste Abstände definieren.
- **Absatzeinzüge**: Sie können Einzüge von links und rechts definieren. Auch können Sie Zeilen eines Absatzes einrücken.
- **Nummerierungen/Aufzählungen** ermöglichen das Erstellen strukturierter Listen.

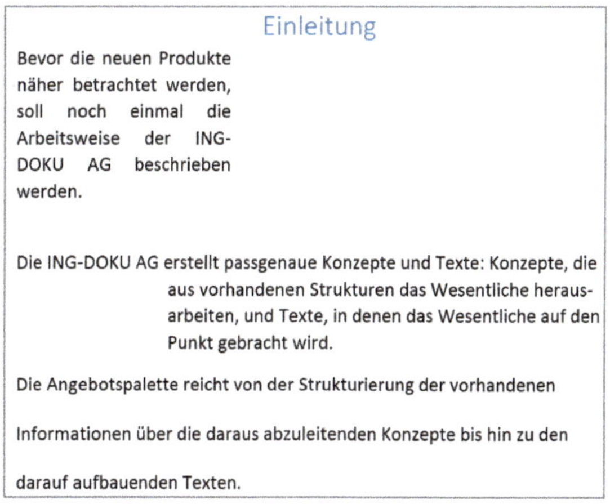
Einleitung

Bevor die neuen Produkte näher betrachtet werden, soll noch einmal die Arbeitsweise der ING-DOKU AG beschrieben werden.

Die ING-DOKU AG erstellt passgenaue Konzepte und Texte: Konzepte, die aus vorhandenen Strukturen das Wesentliche herausarbeiten, und Texte, in denen das Wesentliche auf den Punkt gebracht wird.

Die Angebotspalette reicht von der Strukturierung der vorhandenen

Informationen über die daraus abzuleitenden Konzepte bis hin zu den

darauf aufbauenden Texten.

Die Formatierung von Absätzen kann **nach** oder **während** der Texteingabe erfolgen:

Absatzformatierung nach der Texteingabe	▶ Setzen Sie den Cursor an eine beliebige Stelle im Absatz. Soll eine Absatzformatierung für mehrere Absätze gelten, ist es notwendig, diese zu markieren. ▶ Stellen Sie in den Registern *Start* und *Layout* in der Gruppe *Absatz* die Absatzformatierung ein. 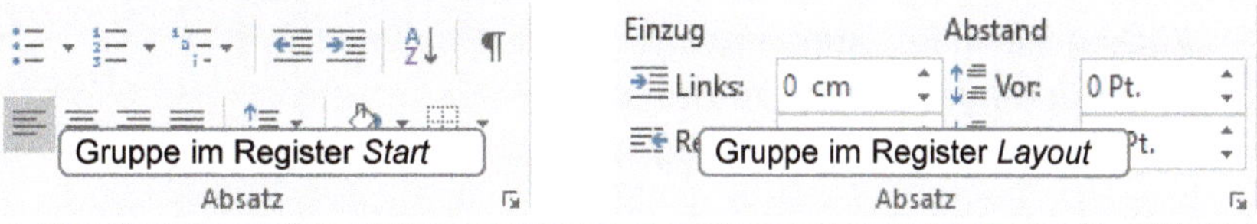
Absatzformatierung während der Texteingabe	▶ Legen Sie das Absatzformat fest. Das Absatzformat gilt für den aktuellen Absatz und alle Absätze, die ab der aktuellen Cursorposition eingegeben werden.

5.2 Absätze formatieren

Plus **Beispieldatei:** *Absätze ausrichten.docx*

Absätze ausrichten

Die Absatzausrichtung weisen Sie über das Register *Start*, Gruppe *Absatz* zu.

Ausrichtung	
Zentriert ①	
Linksbündig ②	
Rechtsbündig ③	
Blocksatz ④	

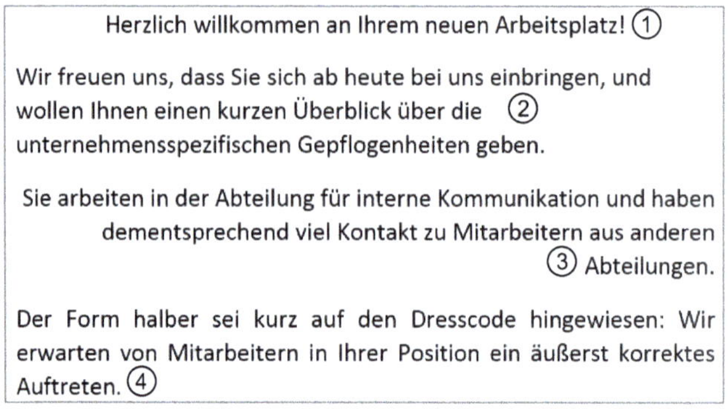
Herzlich willkommen an Ihrem neuen Arbeitsplatz! ①

Wir freuen uns, dass Sie sich ab heute bei uns einbringen, und wollen Ihnen einen kurzen Überblick über die ② unternehmensspezifischen Gepflogenheiten geben.

Sie arbeiten in der Abteilung für interne Kommunikation und haben dementsprechend viel Kontakt zu Mitarbeitern aus anderen ③ Abteilungen.

Der Form halber sei kurz auf den Dresscode hingewiesen: Wir erwarten von Mitarbeitern in Ihrer Position ein äußerst korrektes Auftreten. ④

Zeilenabstände einstellen

- Klicken Sie im Register *Start* in der Gruppe *Absatz* auf .
- Wählen Sie aus der Liste den Zeilenabstand.

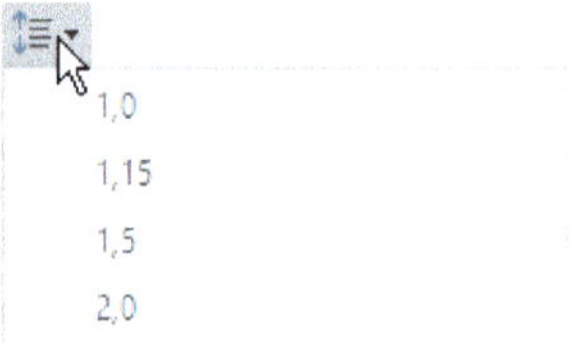

Absatzabstände erzeugen

- Wechseln Sie zum Register *Layout*.
- Stellen Sie in der Gruppe *Absatz* die Abstände vor und nach dem Absatz ein.

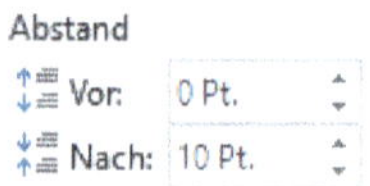

Der Abstand vor bzw. nach einem Absatz wird automatisch unterdrückt, sobald sich der Absatz am Seitenanfang bzw. -ende befindet.

Absatz- und Zeilenabstände im ganzen Dokument ändern

Um die Abstände im gesamten Dokument zu ändern, können Sie vordefinierte Einstellungen verwenden:

- Klicken Sie im Register *Entwurf*, Gruppe *Dokumentformatierung*, auf *Absatzabstand*.
- Wählen Sie in der Liste eine Einstellung.

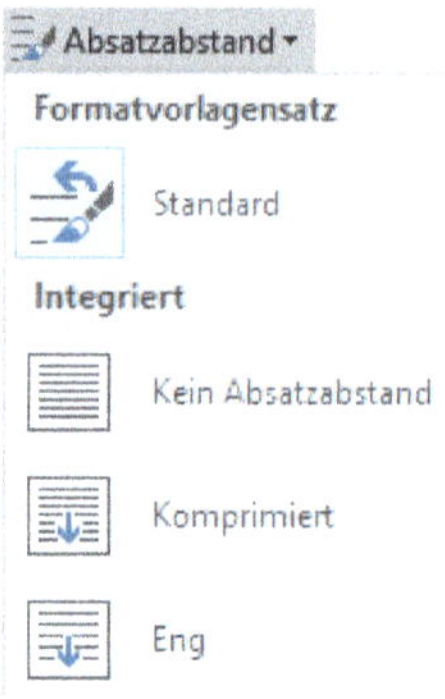

Absätze, denen Sie zuvor manuell oder mithilfe einer Formatvorlage individuelle Zeilen- und/oder Absatzabstände zugewiesen haben, behalten ihre Abstandseinstellungen bei.

Seitenumbruch an Absatz koppeln

Sie können einen Absatz so formatieren, dass vor diesem Absatz immer ein Seitenumbruch vorhanden ist. Der Seitenumbruch ist fest an den Absatz gekoppelt.

- Klicken Sie im Register *Start* in der Gruppe *Absatz* auf ⧉.
- Wechseln Sie zum Register *Zeilen- und Seitenumbruch*.
- Um einen Seitenumbruch vor dem Absatz einzufügen, schalten Sie die Option *Seitenumbruch oberhalb* ein und bestätigen Sie mit *OK*.

- ✓ Einen Seitenumbruch oberhalb können Sie nur entfernen, indem Sie das Dialogfenster erneut aufrufen und das Kontrollfeld wieder ausschalten.
- ✓ Haben Sie für einen Absatz einen Seitenumbruch oberhalb erzeugt und führen in diesem Absatz eine Absatzschaltung (↵) durch, wird auch für den neuen Absatz ein Seitenumbruch oberhalb erzeugt.

Absatzformatierungen löschen

Wenn Sie eine Absatzmarke ¶ löschen, wird die Formatierung auf den Folgeabsatz übertragen. Eine Absatzschaltung, einen Seitenumbruch bzw. einen Zeilenwechsel entfernen Sie, indem Sie den Cursor an den Anfang der Zeile nach dem Umbruch setzen und ⇦ drücken.

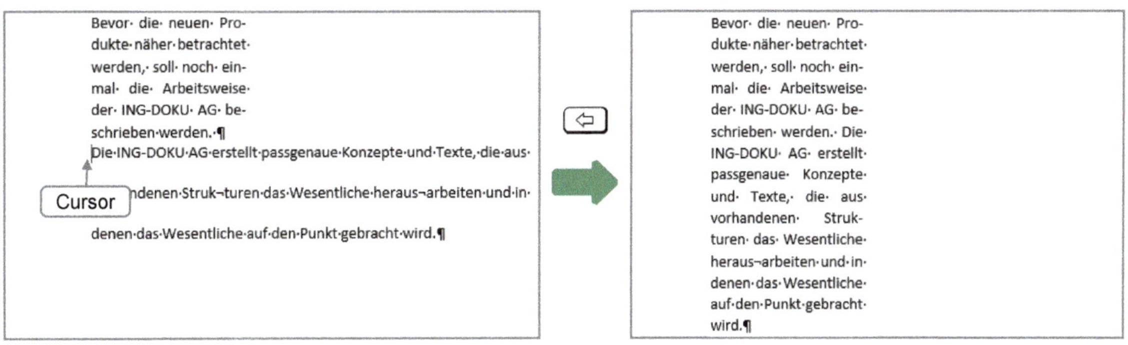

- ✓ Mit Strg Q können Sie alle Absatzformatierungen im Absatz entfernen und den Absatz auf die Standardformatierung zurücksetzen.

5.3 Aufzählungen und Nummerierungen

Aufzählungen und Nummerierungen zuweisen

Listen (aufeinanderfolgende Absätze) mit Aufzählungszeichen oder einer Nummerierung lassen sich in Word leicht erstellen. Wenn Sie Absätze in einer nummerierten Liste löschen oder einfügen, wird die Nummerierung automatisch aktualisiert.

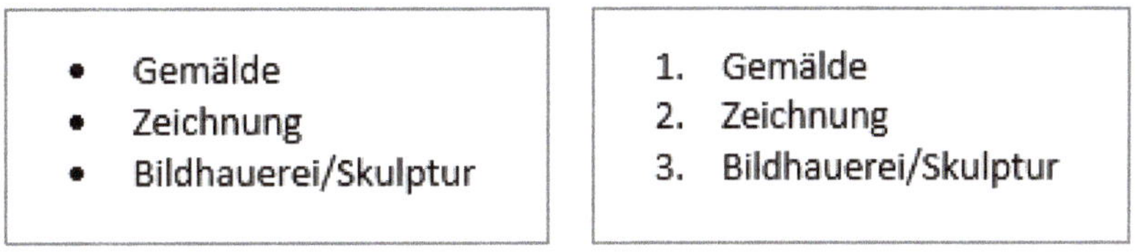

- Setzen Sie den Cursor in den Absatz bzw. markieren Sie mehrere Absätze.
- Klicken Sie im Register *Start,* Gruppe *Absatz,* auf ☰ bzw. ☰.
  Der Absatz wird eingerückt und als Aufzählung oder Nummerierung formatiert.
- Beginnen Sie mit der Eingabe und beenden Sie jeden Eintrag mit ↵.

Aufzählungen und Nummerierungen eingeben

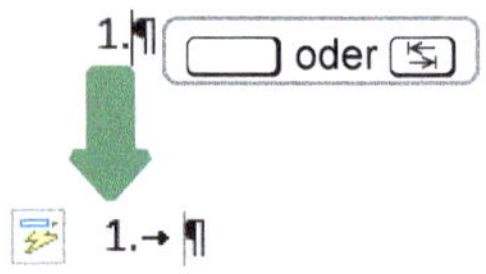

- Beginnen Sie Ihren Aufzählungstext mit einem Bindestrich (-) oder Stern (*) oder geben Sie bei einer Nummerierung die Zahl mit einem Punkt oder einer Klammer ein.
- Drücken Sie ␣ oder ⇥.
- ↵ erzeugt den nächsten Aufzählungs- bzw. Nummerierungspunkt.
- Beenden Sie die Liste durch zweimaliges Betätigen von ↵.

Beim Erstellen des ersten Listeneintrags wird die Optionsschaltfläche eingeblendet:

- ✓ Die Aufzählung bzw. Nummerierung wird rückgängig gemacht ①.
- ✓ Die Aufzählung bzw. Nummerierung wird deaktiviert ②.

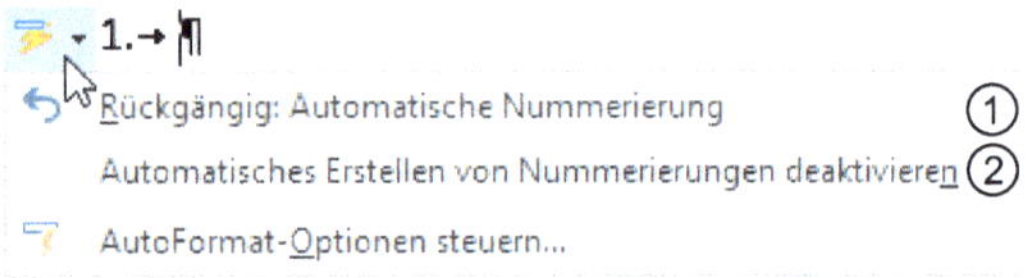

Jeder neue Absatz wird automatisch mit einem Aufzählungszeichen oder einer Nummerierung versehen. Um eine neue Zeile ohne Aufzählungszeichen bzw. Nummerierung einzufügen, erzeugen Sie mit ⇧ ↵ einen manuellen Zeilenwechsel.

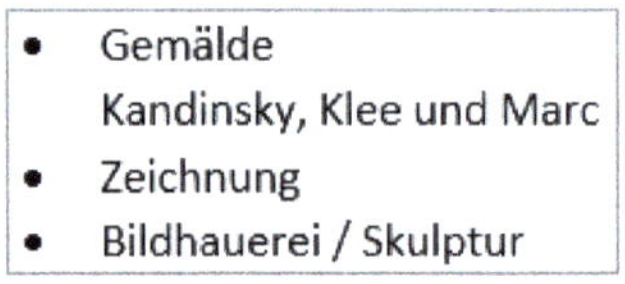

Möchten Sie innerhalb eines Absatzes eine neue Zeile beginnen, erreichen Sie dies mit ⇧ ↵ (manueller Zeilenwechsel).

Plus **Lernvideo:** *Aufzählungen im Griff.mp4*

Aufzählungszeichen und Nummern ausschalten

- Markieren Sie die Liste oder setzen Sie den Cursor in den Absatz.
- Deaktivieren Sie ☰ bzw. ☰ durch Anklicken.

Format für Aufzählungen und Nummerierungen ändern

- Klicken Sie auf den Pfeil der Schaltfläche ☰▾ bzw. ☰▾ und wählen Sie ein anderes Format.

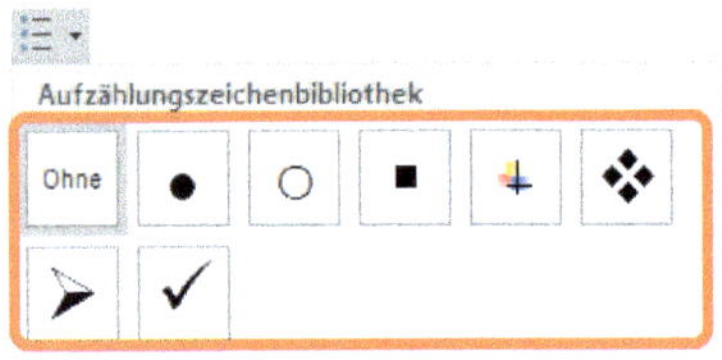

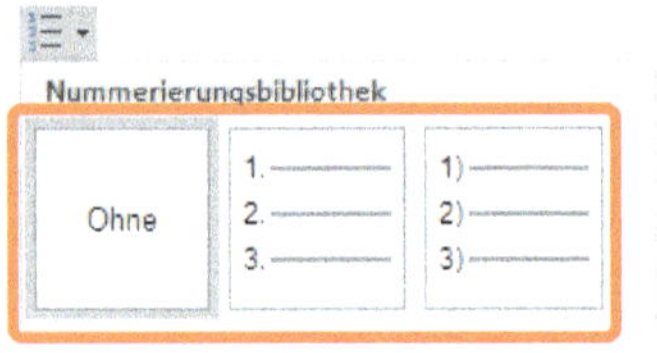

Individuelle Aufzählungen/Nummerierungen erstellen

- Klicken Sie auf den Pfeil der Schaltfläche bzw. und wählen Sie *Neues Aufzählungszeichen definieren* bzw. *Neues Zahlenformat definieren*.
  Im Dialogfenster ändern Sie das Aufzählungszeichen bzw. das Nummerierungsformat:

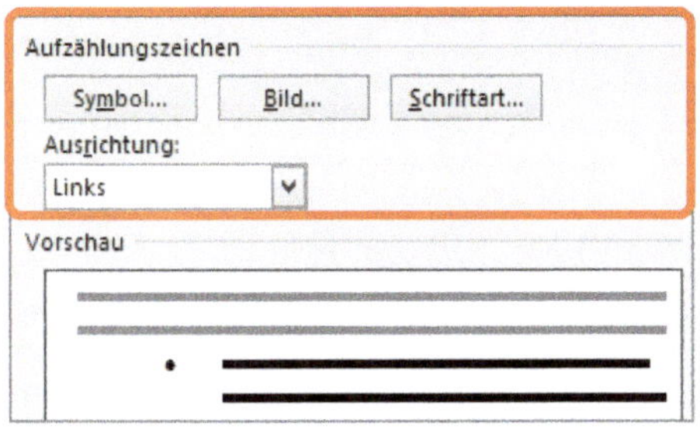

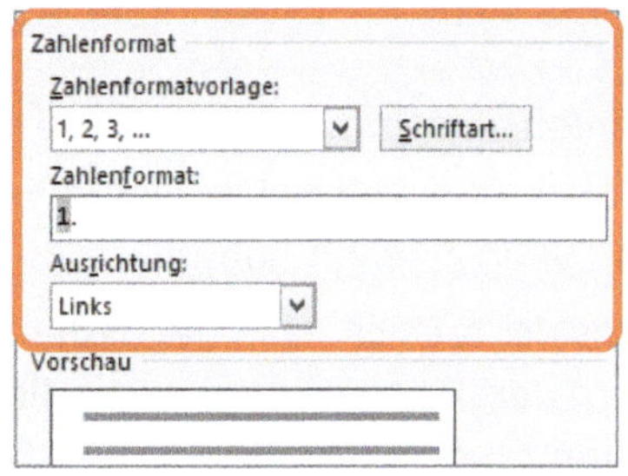

- Nehmen Sie die Einstellungen vor und bestätigen Sie mit *OK*.

Listen mit mehreren Ebenen erstellen

Über bzw. (Register *Start*, Gruppe *Absatz*) erstellen Sie Listen mit mehreren Ebenen.

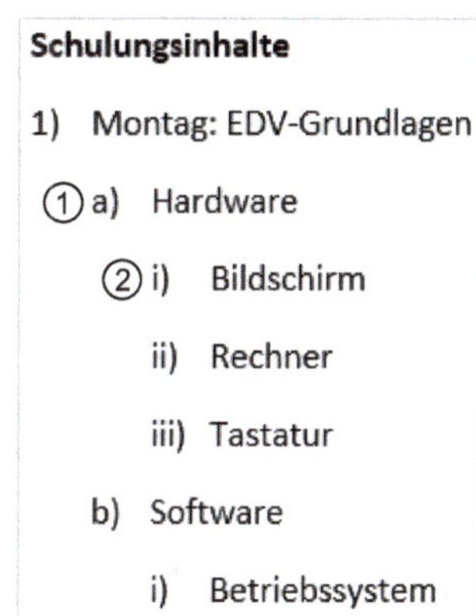

- Setzen Sie den Cursor in den Absatz.
  - ✔ Um einen Absatz eine Ebene niedriger einzustufen ①, betätigen Sie einmal .
  - ✔ Um einen Absatz zwei Ebenen niedriger einzustufen ②, betätigen Sie zweimal etc.
  - ✔ Möchten Sie einen Absatz eine Ebene höher einstufen, klicken Sie im Register *Start*, Gruppe *Absatz*, auf .

Über können Sie Listen, die über mehrere Ebenen verfügen, schnell mit einer neuen Formatierung versehen.

5.4 Absätze hervorheben

Plus **Beispieldatei:** *Rahmen, Linien und Schattierungen.docx*

Textpassagen hervorheben

Möchten Sie Absätze oder einzelne Wörter hervorheben, können Sie diese mit Rahmen ①, Linien ② und Hinterlegungen (Schattierungen) ③ versehen.

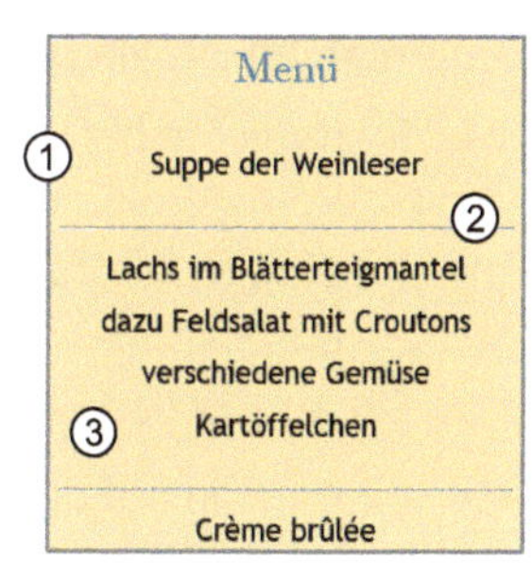

Rahmen und Linien erzeugen

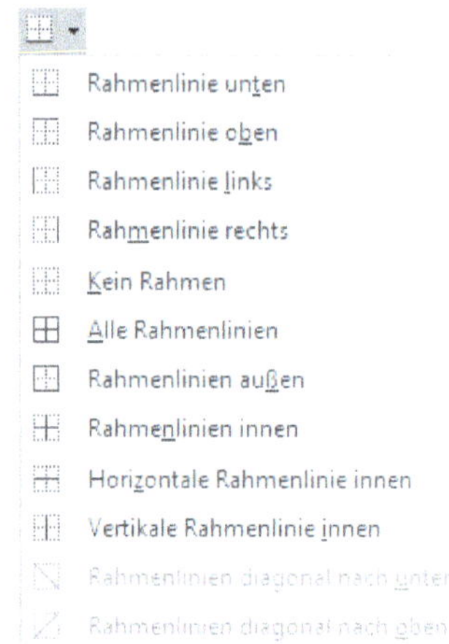

- Setzen Sie den Cursor in den Absatz oder markieren Sie mehrere Absätze.
- Klicken Sie im Register *Start* in der Gruppe *Absatz* auf den Pfeil der Schaltfläche und wählen Sie die Art der Umrahmung.

- ✓ Der Absatz wird mit Linien versehen und die Schaltfläche übernimmt das Symbol des gewählten Eintrags, z. B. , falls Sie *Rahmenlinien außen* gewählt haben.
- ✓ Die Breite des Rahmens richtet sich nach der Zeilenlänge des Absatzes. Durch Ändern der Absatzeinzüge kann die Rahmenbreite angepasst werden.

Sie können auf diese Weise auch markierte Textteile (z. B. Wörter) mit einem Rahmen versehen. Diese werden immer komplett umrahmt.

Rahmen und Linien anpassen

- Setzen Sie den Cursor in den Absatz oder markieren Sie mehrere Absätze.
- Klicken Sie auf den Pfeil der Schaltfläche und wählen Sie *Rahmen und Schattierung*.

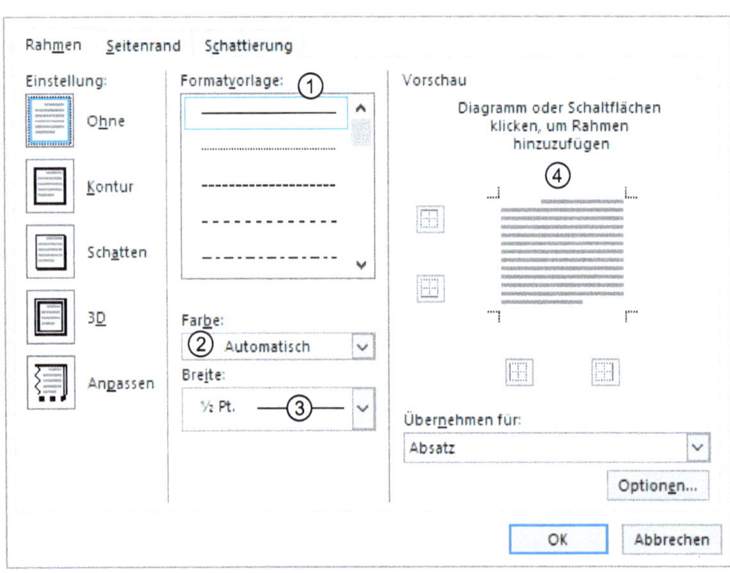

- Wechseln Sie in das Register *Rahmen*.
- Bestimmen Sie im Bereich *Einstellung* die Rahmenart.
- Wählen Sie die Linienart ①, -farbe ② und -breite ③ aus.
- Blenden Sie bei Bedarf durch Anklicken einer Linie im Bereich ④ einzelne Linien aus.

Um alle Linien und Rahmen zu entfernen, gehen Sie so vor:

- Setzen Sie den Cursor in den Absatz oder markieren Sie die Absätze.
- Klicken Sie auf den Pfeil der Schaltfläche und wählen Sie *Kein Rahmen*.

Schattierungen verwenden

- Markieren Sie Absätze oder Textpassagen.
- Klicken Sie im Register *Start*, Gruppe *Absatz,* auf den Pfeil der Schaltfläche und wählen Sie eine Schattierung aus.

- ✔ Bei Bedarf wird die Schriftfarbe automatisch angepasst, z. B. wird beim Zuweisen einer schwarzen Schattierung die Schriftfarbe zu Weiß geändert.
- ✔ Um eine Schattierung wieder zu entfernen, klicken Sie im Register *Start*, Gruppe *Absatz,* auf den Pfeil der Schaltfläche und wählen *Keine Farbe*.

5.5 Formatierungszeichen

Zur Kontrolle der Absatzformatierung und der Textinhalte lassen Sie sich in Word **Formatierungszeichen** anzeigen.

So können Sie z. B. Absätze kontrollieren oder prüfen, ob Sie versehentlich zwei Leerzeichen eingegeben haben.

- Um Formatierungszeichen ein- bzw. auszublenden, klicken Sie im Register *Start*, Gruppe *Absatz*, auf ¶.

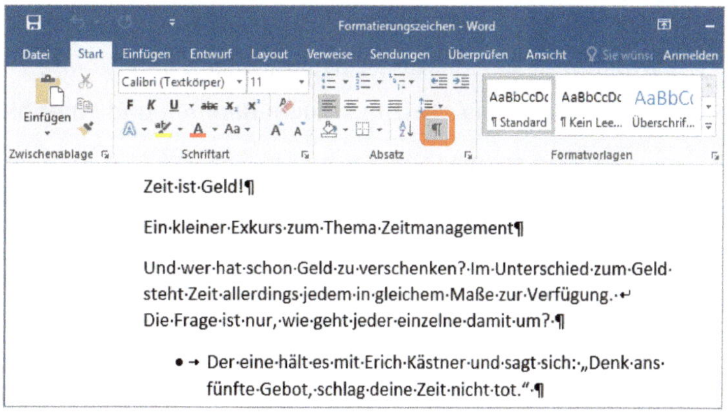

Text mit eingeblendeten Formatierungszeichen

Formatierungs-zeichen	Anzeige	Bedeutung	Tasten zum Erzeugen
Absatzmarke (Absatzende)	¶	Wird am Ende von Absätzen angezeigt	↵
Manueller Zeilenwechsel	↵	Zeigt einen manuellen Zeilenwechsel innerhalb eines Absatzes	⇧ ↵
Leerzeichen	·	Trennt einzelne Wörter	(Leertaste)
Tabulatorzeichen (Tabstoppzeichen)	→	Kennzeichnet Tabulatorensprünge innerhalb des Textes	⇆

5.6 Übung

Text mit Rahmen und Aufzählung gestalten

Level		Zeit	ca. 10 min
Übungsinhalte	✔ Absätze zentriert ausrichten ✔ Aufzählungszeichen zuweisen ✔ Absätze mit Rahmen und Schattierung versehen		
Übungsdatei	*Dankeschön.docx*		
Ergebnisdatei	*Dankeschön-E.docx*		

1. Öffnen Sie die Übungsdatei *Dankeschön*.
2. Positionieren Sie die Angabe von Ort und Datum am rechten Rand.
3. Formatieren Sie den Absatz *Unser Dankeschön für Ihre Treue!* zentriert.
4. Versehen Sie den Absatz mit einem Rahmen und einer blauen Schattierung.
5. Formatieren Sie die Liste mit den Geschenken als Aufzählung mit dem Zeichen ✢.
6. Speichern Sie die Datei unter dem Namen *Dankeschön-E*.

Berlin, den 27. April 2013

Unser Dankeschön für Ihre Treue!

Seit zehn Jahren sind Sie unser treuer Kunde, und das ist es uns wert, Sie mit einem kleinen Geschenk zu überraschen.

Sie haben die Wahl:

- einen Gutschein über 20 Euro
- den Bestseller Italienische Romanzen von Günter Winter
- einen Artikel aus unserem vielfältigen Angebot mit einem Rabatt von 15 %

Wir freuen uns, Sie weiterhin zu unseren Kunden zählen zu dürfen.

Mit freundlichen Grüßen

Ihr Buchhändler von nebenan

Ergebnisdatei „Dankeschön-E"

Plus **... noch mehr Übungen:**

Individuelle Aufzählungszeichen.pdf

6

Einzüge und Tabstopps anwenden

6.1 Absätze mit Einzügen versehen

Plus **Beispieldatei:** *Absätze mit Einzügen versehen.docx*

Lineale einblenden

Sie können im Word-Fenster Lineale einblenden, die u. a. bei Absatzformatierungen helfen.

- Um die Lineale einzublenden, wechseln Sie zum Register *Ansicht* und aktivieren Sie in der Gruppe *Anzeigen* das Kontrollfeld *Lineal*.

Absatzeinzüge festlegen

- Setzen Sie den Cursor in den Absatz oder markieren Sie die Absätze, in denen Einzüge erzeugt werden sollen.
- Klicken Sie im horizontalen Lineal auf das Symbol und ziehen Sie es mit der Maus an die gewünschte Position im Lineal.

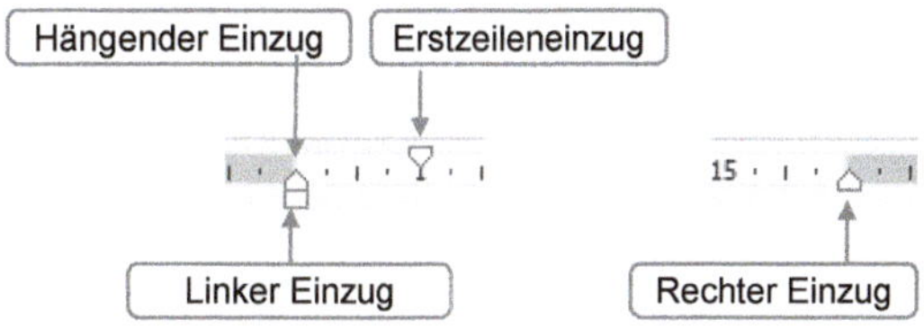

Durch Ziehen der Symbole erzeugen Sie folgende Einzüge:

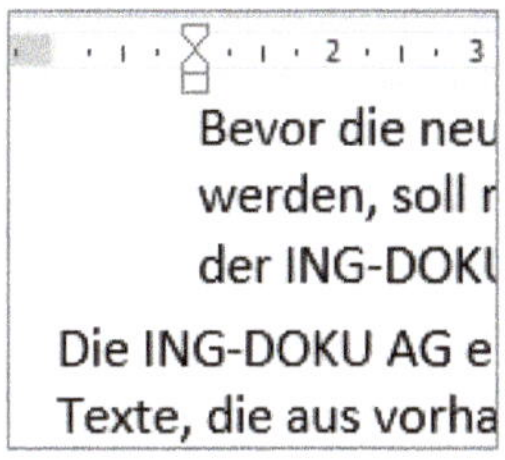

Linker Einzug

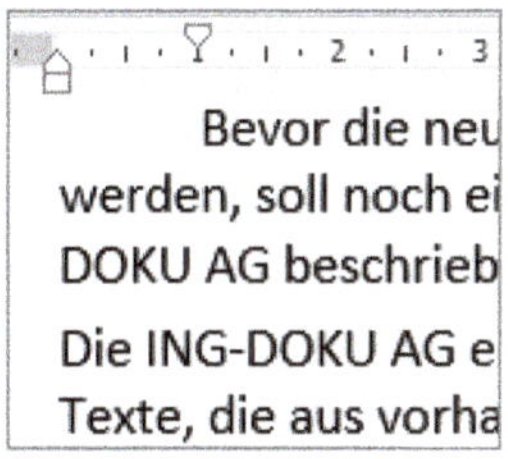

Erstzeileneinzug

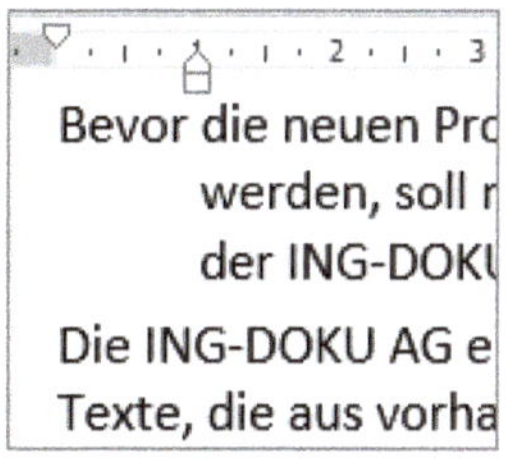

Hängender Einzug

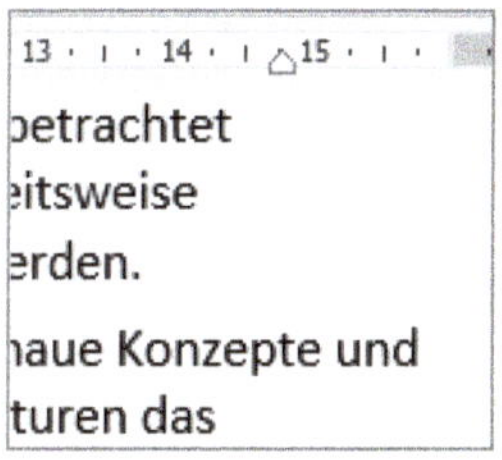

Rechter Einzug

Linken Einzug schnell erzeugen

- ✔ Einen linken Einzug erzeugen Sie am schnellsten mit im Register *Start*, Gruppe *Absatz*. Mehrmaliges Anklicken rückt den Absatz stufenweise weiter ein.
- ✔ Mit werden eingerückte Absätze stufenweise nach links verschoben.

Einzüge exakt festlegen

Über die Felder im Register *Layout*, Gruppe *Absatz,* können Sie linke und rechte Absatzeinzüge millimetergenau bestimmen.

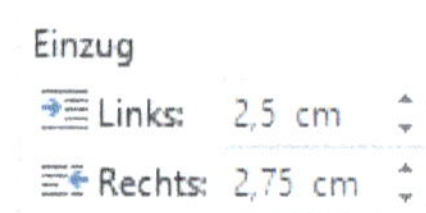

▶ Tragen Sie die Werte für die Einzüge in die Felder *Links* bzw. *Rechts* ein.

6.2 Basiswissen Tabstopps

Plus **Beispieldatei:** *Tabstopps.docx*

Tabstopps sind feste Positionen in einer Zeile. Mit der Tabulatortaste wird der Cursor auf den nächsten Tabstopps positioniert. Dies ist z. B. beim Erstellen von Listen nützlich.

Haben Sie einen Tabstopp angesprungen, wird das Tabstoppzeichen ➝ eingeblendet. Das Tabstoppzeichen ist nur sichtbar, wenn Sie mit ¶ die Formatierungszeichen eingeblendet haben. Es lässt sich wie jedes andere Zeichen wieder löschen.

Standardtabstopps

- ✔ Ein neu erstelltes Dokument erhält Standardtabstopps in einem Abstand von 1,25 cm.
- ✔ Standardtabstopps werden in allen Absätzen benutzt, in denen Sie keine individuellen Tabstopps festlegen.

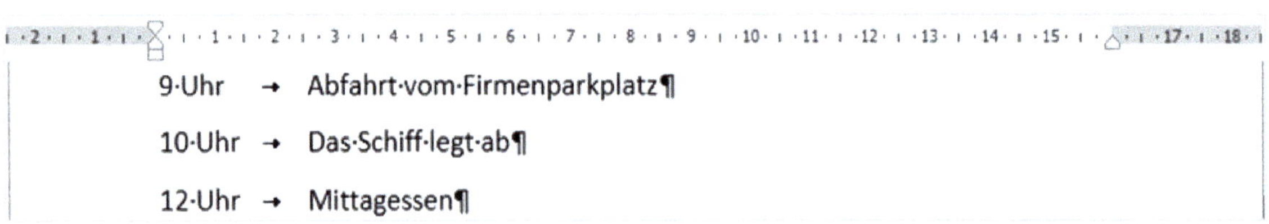

Individuelle Tabstopps

- ✔ ... lassen sich vor oder nach der Texteingabe setzen.
- ✔ ... lassen sich einzeln definieren, ausrichten, verschieben und löschen.
- ✔ ... werden als Absatzformatierung in der Absatzmarke gespeichert.
- ✔ Im aktuellen Absatz werden alle Standardtabstopps, die sich links von den individuellen Tabstopps befinden, gelöscht.
- ✔ Sobald Sie individuelle Tabstopps löschen, werden die Standardtabstopps wiederhergestellt.

6.3 Tabstopps setzen

- Stellen Sie sicher, dass das Lineal eingeblendet ist.
- Setzen Sie den Cursor in den Absatz bzw. markieren Sie mehrere Absätze.
- Klicken Sie so lange auf ①, bis die gewünschte Tabstoppausrichtung angezeigt wird.
- Klicken Sie im horizontalen Lineal die neue Tabstopp-Position ② an.

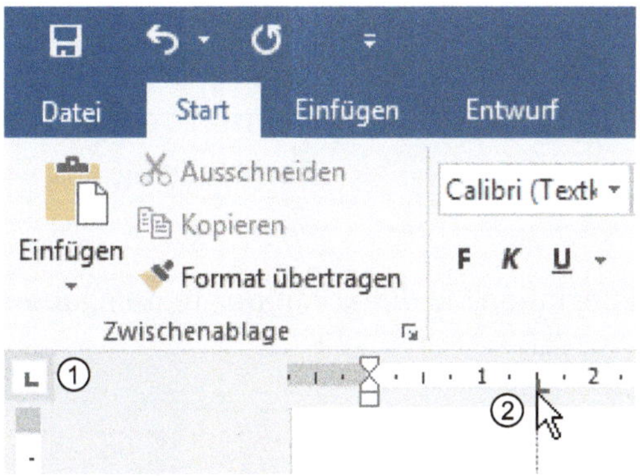

Ausrichtung der Tabstopps	
Linksbündig	12345,66
Zentriert	12345,66
Rechtsbündig	12345,66
Dezimal	12345,66
Vertikale Linie	

Im Lineal wird das Zeichen für den Tabstopp eingefügt.

6.4 Tabstopps bearbeiten

- Setzen Sie den Cursor in den Absatz bzw. markieren Sie mehrere Absätze.

Sie möchten ...	
einen Tabstopp verschieben	▸ Klicken Sie im Lineal auf das Tabstoppsymbol und ziehen Sie es an die neue Position.
einen Tabstopp löschen	▸ Klicken Sie im Lineal auf das Tabstoppsymbol und ziehen Sie es nach unten aus dem Linealbereich heraus.
die Tabstoppausrichtung verändern	▸ Löschen Sie den Tabstopp. ▸ Wählen Sie über die Schaltfläche links im Lineal die Tabstoppausrichtung. ▸ Fügen Sie den Tabstopp im Lineal ein.

Möchten Sie z. B. in einem Brief die Angabe des Datums rechtsbündig platzieren, wählen Sie . Da sich der Tabstopp nicht direkt am rechten Seitenrand einfügen lässt, fügen Sie ihn etwas weiter links ein und verschieben ihn dann an den rechten Seitenrand.

Im Lineal werden Tabstopps in einem Abstand von jeweils 0,25 cm gesetzt. Im Dialogfenster *Tabstopps* können Sie Tabstopps millimetergenau platzieren, Füllzeichen festlegen und Tabstopps bearbeiten. Klicken Sie doppelt auf ein Tabstoppsymbol im Lineal oder im Register *Start*, Gruppe *Absatz*, auf und dann im Dialogfenster auf *Tabstopps*.

6.5 Text an beliebiger Position eingeben

Mit der Funktion *Klicken und Eingeben* können Sie an einer bislang ungenutzten Position im Dokument Text hinzufügen. Die Mausposition bestimmt, wie der neue Text ausgerichtet wird.

- Bewegen Sie den Mauszeiger waagerecht über einen leeren Bereich des Dokuments.

Mauszeiger	Formatierung	Mauszeiger	Formatierung
	Linksbündig		Zentriert
	Linksbündig mit Erstzeileneinzug		Rechtsbündig

- Klicken Sie an der gewünschten Stelle doppelt und beginnen Sie direkt mit der Texteingabe.

6.6 Übungen

Übung 1: Text mit Einzügen gestalten

Level		Zeit	ca. 5 min
Übungsinhalte	✔ Einzüge festlegen		
Übungsdatei	*Blumen.docx*		
Ergebnisdatei	*Blumen-E.docx*		

1. Öffnen Sie die Übungsdatei *Blumen*.
2. Blenden Sie die Lineale ein.
3. Weisen Sie den einzelnen Absätzen die abgebildeten Einzüge zu.
4. Speichern Sie das Dokument unter dem Namen *Blumen-E*.

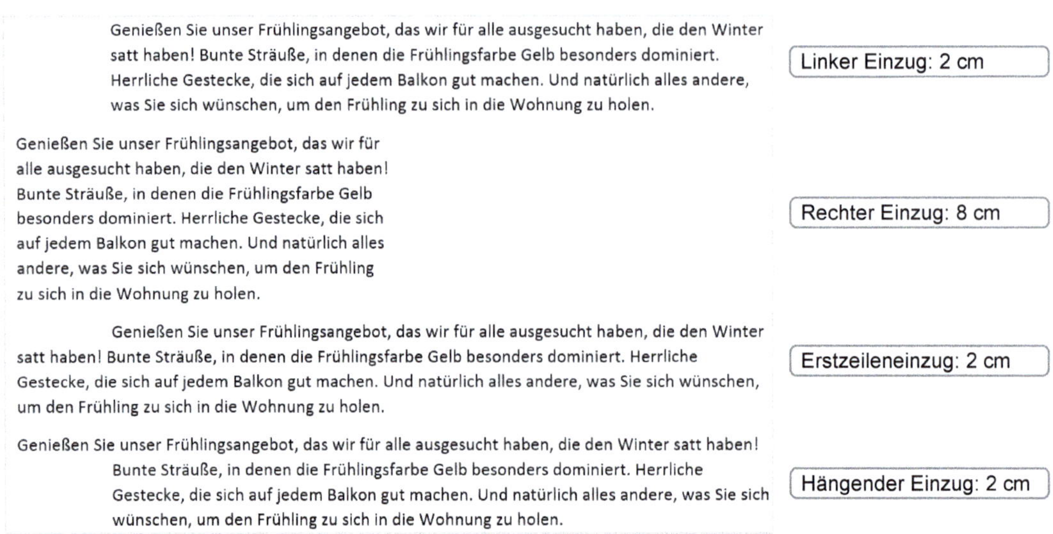
Genießen Sie unser Frühlingsangebot, das wir für alle ausgesucht haben, die den Winter satt haben! Bunte Sträuße, in denen die Frühlingsfarbe Gelb besonders dominiert. Herrliche Gestecke, die sich auf jedem Balkon gut machen. Und natürlich alles andere, was Sie sich wünschen, um den Frühling zu sich in die Wohnung zu holen.

Genießen Sie unser Frühlingsangebot, das wir für alle ausgesucht haben, die den Winter satt haben! Bunte Sträuße, in denen die Frühlingsfarbe Gelb besonders dominiert. Herrliche Gestecke, die sich auf jedem Balkon gut machen. Und natürlich alles andere, was Sie sich wünschen, um den Frühling zu sich in die Wohnung zu holen.

Genießen Sie unser Frühlingsangebot, das wir für alle ausgesucht haben, die den Winter satt haben! Bunte Sträuße, in denen die Frühlingsfarbe Gelb besonders dominiert. Herrliche Gestecke, die sich auf jedem Balkon gut machen. Und natürlich alles andere, was Sie sich wünschen, um den Frühling zu sich in die Wohnung zu holen.

Genießen Sie unser Frühlingsangebot, das wir für alle ausgesucht haben, die den Winter satt haben! Bunte Sträuße, in denen die Frühlingsfarbe Gelb besonders dominiert. Herrliche Gestecke, die sich auf jedem Balkon gut machen. Und natürlich alles andere, was Sie sich wünschen, um den Frühling zu sich in die Wohnung zu holen.

Ergebnisdatei „Blumen-E"

Übung 2: Kostenübersicht erstellen

Level		Zeit	ca. 10 min
Übungsinhalte	✔ Tabstopps einfügen ✔ Tabstopps einstellen		
Übungsdatei	*Kostenaufstellung.docx*		
Ergebnisdatei	*Kostenaufstellung-E.docx*		

1. Öffnen Sie die Übungsdatei *Kostenaufstellung*.
2. Blenden Sie, sofern noch nicht geschehen, die Lineale ein.
3. Setzen Sie bei ca. 3,5 cm einen dezimalen Tabstopp und richten Sie alle Einträge der Liste entsprechend der Abbildung an ihm aus.
4. Speichern Sie das Dokument unter dem Namen *Kostenaufstellung-E*.

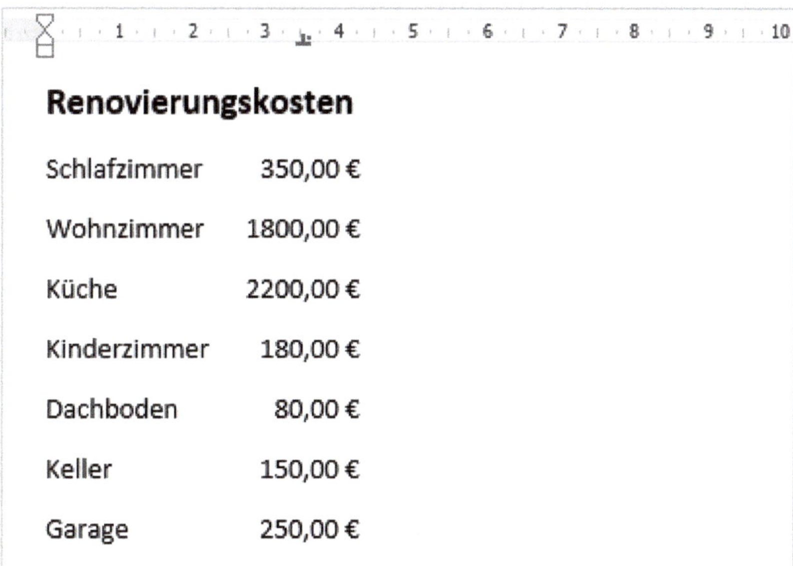

Renovierungskosten

Schlafzimmer	350,00 €
Wohnzimmer	1800,00 €
Küche	2200,00 €
Kinderzimmer	180,00 €
Dachboden	80,00 €
Keller	150,00 €
Garage	250,00 €

Ergebnisdatei „Kostenaufstellung-E“

Plus **... noch mehr Übungen:**
Fahrschul-Flyer gestalten.pdf

7

Effizienter formatieren

7.1 Basiswissen Formatvorlagen

Mehrere Formatierungsmerkmale können in **Formatvorlagen** zusammengefasst und gespeichert werden. Wenn Sie einem Text eine Formatvorlage zuweisen, versehen Sie ihn mit allen Merkmalen, die in der Vorlage gespeichert sind. Wenn Sie die Formatierung ändern, werden alle mit der Vorlage formatierten Textpassagen automatisch angepasst.

Plus+ **Lernvideo:** *Formatvorlagen.mp4*
Beispieldatei: *Ausstellung.docx*

Formatvorlagentyp	Erklärung
¶ Absatzformatvorlagen	... werden auf Absätze angewendet und beinhalten z. B. Absatzausrichtung, Zeilen- und Absatzabstände.
a Zeichenformatvorlagen	... werden auf Zeichen bzw. Wörter angewendet und beinhalten z. B. Schriftart und -größe.
¶a Verknüpfte Formatvorlagen (Absatz und Zeichen)	... werden auf Absätze angewendet, z. B. bei Überschriften, und bestehen aus Absatz- und Zeichenformatvorlagen.
Tabellenformatvorlagen	... werden auf Tabellen angewendet und stellen die einheitliche Gestaltung der Tabellenelemente sicher.
Listenformatvorlagen	... werden auf Nummerierungen bzw. Aufzählungen angewendet und enthalten Formatierungen wie etwa Aufzählungszeichen und Einrückungen.

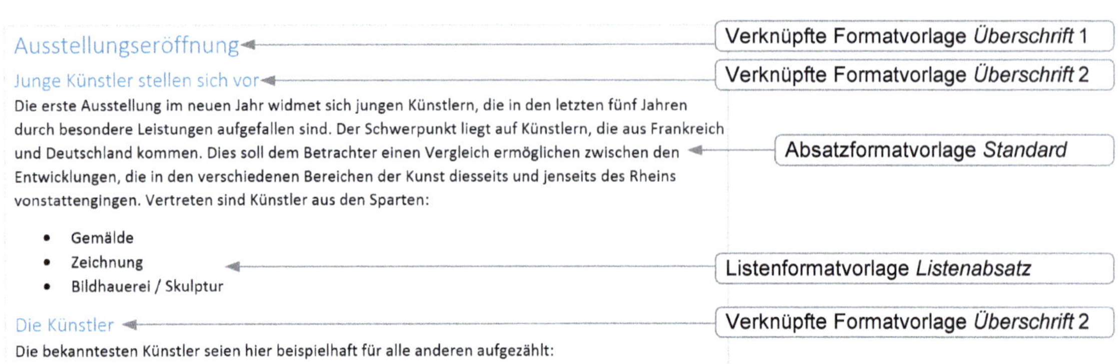

7.2 Formatvorlagen anwenden

Bestehende Formatvorlage zuweisen

Word stellt vordefinierte Formatvorlagen zur Verfügung. Wenn Sie ein neues Dokument öffnen und Text eingeben, wird dieser Text mit der Absatzformatvorlage *Standard* formatiert.

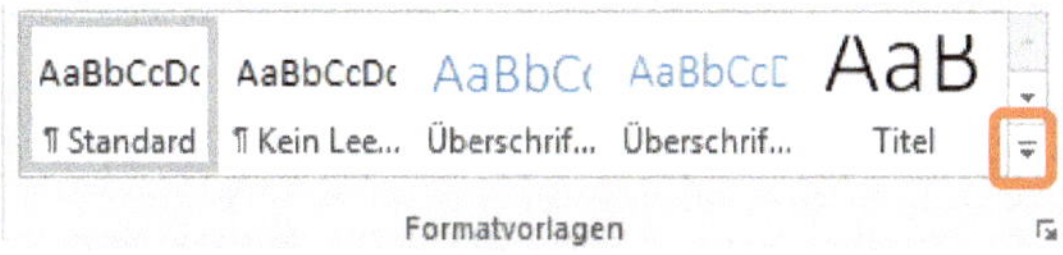

- Setzen Sie den Cursor in den Absatz oder das Wort, dem die Formatvorlage zugewiesen werden soll bzw. markieren Sie die Textpassage.
- Zeigen Sie im Register *Start,* Gruppe *Formatvorlagen,* auf eine Formatvorlage, wird sie in der Live-Vorschau angezeigt.
- Klicken Sie auf den Eintrag, um die Formatvorlage zuzuweisen.

  oder Klicken Sie auf ▾, um alle Formatvorlagen anzuzeigen.

Wenn der Mauszeiger auf einen Absatz zeigt, dem eine Überschriftenformatvorlage zugewiesen wurde, wird vor dem Absatz ◢ eingeblendet.

Durch Anklicken von ◢ bzw. ▷ wird der untergeordnete Text aus- bzw. eingeblendet.

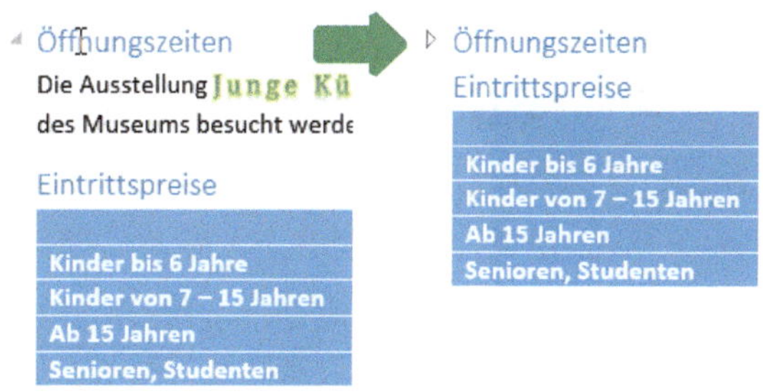

Formatvorlagensätze nutzen

In einem Formatvorlagensatz werden die Formatierungen von Formatvorlagen hinsichtlich verschiedener Zeichen- und Absatzeigenschaften zusammengefasst. So können Sie in einem Schritt z. B. die Schriften, Farben und die Ausrichtung für alle Formatvorlagen ändern.

- Klicken Sie im Register *Entwurf,* Gruppe *Dokumentformatierung,* auf ▾ und wählen Sie einen anderen Formatvorlagensatz.

7.3 Formatvorlagen erstellen oder bearbeiten

Word speichert Formatvorlagen im Dokument. Jedes Dokument kann dadurch eine eigene Zusammenstellung von Formatvorlagen besitzen. Zusätzlich besteht die Möglichkeit, Formatvorlagen in Dokumentvorlagen zu speichern. Dann stehen die Formatvorlagen in allen Dokumenten zur Verfügung, die mit dieser Dokumentvorlage erstellt werden.

Formatvorlage erstellen

- Formatieren Sie einen Absatz mit allen Eigenschaften, die in die neue Formatvorlage übernommen werden sollen bzw. nehmen Sie die Zeichenformatierungen vor.
- Markieren Sie den Absatz bzw. die formatierten Zeichen.
- Klicken Sie im Register *Start*, Gruppe *Formatvorlagen,* auf ▾ und wählen Sie *Formatvorlage erstellen*.
- Benennen Sie im Dialogfenster *Neue Formatvorlage erstellen* die neue Formatvorlage.

  - ✔ Falls Sie einen Namen eintragen, der bereits vergeben ist, erhalten Sie einen Hinweis.
  - ✔ Word erzeugt eine verknüpfte Formatvorlage aus Absatz- und Zeichenformaten.

Möchten Sie z. B. eine reine Zeichenformatvorlage erstellen, gehen Sie folgendermaßen vor:

- Klicken Sie auf *Ändern* und wählen Sie im Feld *Formatvorlagentyp* des folgenden Dialogfensters den Formatvorlagentyp *Zeichen* aus.

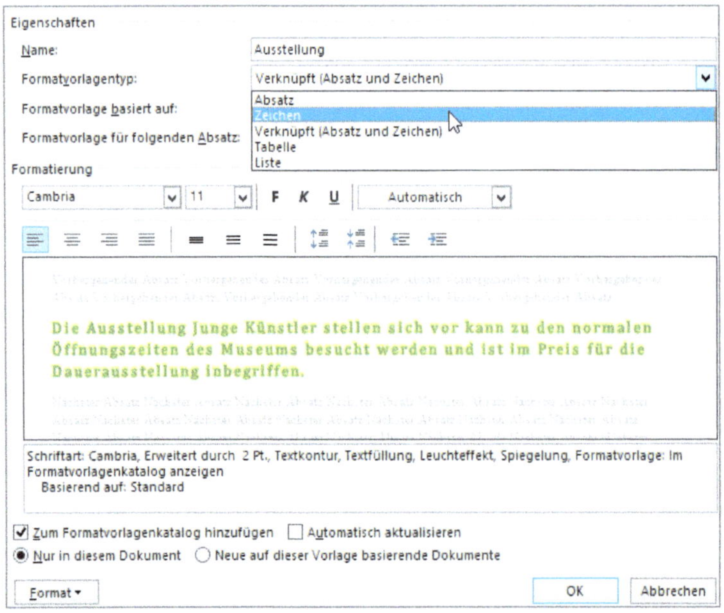

- Bestätigen Sie Ihre Einstellungen mit *OK*.

Bestehende Formatvorlage ändern

Haben Sie die Formatierung einer Formatvorlage geändert (z. B. die Formatvorlage *Überschrift 1* unterstrichen formatiert), können Sie diese Änderung im Dokument speichern.

- Formatieren Sie den Absatz bzw. die Zeichen oder platzieren Sie den Cursor an einer entsprechend formatierten Position.
- Klicken Sie im Formatvorlagen-Katalog mit der rechten Maustaste auf die Formatvorlage und wählen Sie *<Formatvorlagenname> aktualisieren, um der Auswahl zu entsprechen*.

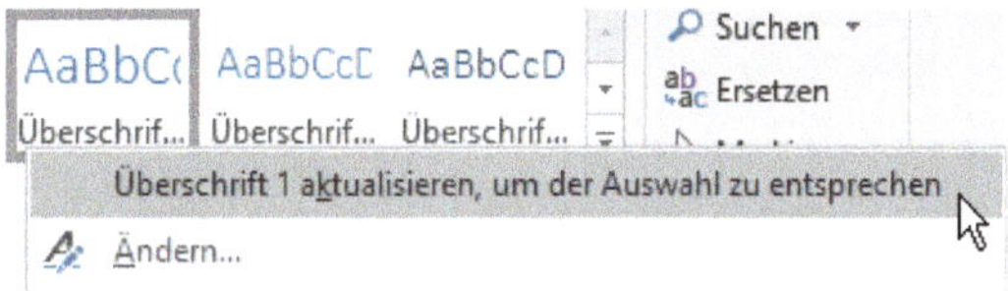

Alle bestehenden und zukünftigen Texte, denen diese Formatvorlage zugewiesen wird, werden automatisch mit den neuen Formatierungen formatiert.

7.4 Formatierungen übertragen und entfernen

Formatierungen übertragen

- Markieren Sie den Text, der die zu kopierenden Formatierungen enthält.
  - Wollen Sie **Zeichenformatierungen** übertragen, markieren Sie die Zeichen, die die Formatierungen aufweisen.
  - Wollen Sie **Absatzformatierungen** übertragen, setzen Sie den Cursor in den Absatz.
- Klicken Sie im Register *Start* , Gruppe *Zwischenablage* auf *Format übertragen*.
- Ziehen Sie mit der Maus über den Textbereich, der die Formatierung erhalten soll.

oder Beim Übertragen einer Absatzformatierung genügt es, in den Absatz zu klicken.

Möchten Sie die Formatierungen an mehreren Textstellen übertragen, klicken Sie doppelt auf *Format übertragen*. Die Funktion bleibt so lange aktiv, bis Sie sie durch nochmaliges Anklicken von *Format übertragen* bzw. mit Esc deaktivieren.

Wiederholungsfunktion zum Formatieren nutzen

- Formatieren Sie die Zeichen bzw. den Absatz und positionieren Sie den Cursor an die nächste Position, die Sie auf die gleiche Weise formatieren möchten.
- Klicken Sie in der Symbolleiste für den Schnellzugriff auf bzw. betätigen Sie Strg Y.
  Word führt die zuletzt durchgeführte Formatierung erneut aus.

Formatierungen entfernen

So setzen Sie die Formatierungseinstellungen auf die Formatvorlage *Standard* zurück:

- Markieren Sie die Textteile oder setzen Sie den Cursor in das Wort.
- Klicken Sie im Register *Start* in der Gruppe *Schriftart* auf oder drücken Sie Strg ⎵.

7.5 Übungen

Übung 1: Kursangebot mit Formatvorlagen gestalten

Level		Zeit	ca. 10 min
Übungsinhalte	✔ Formatvorlagen zuweisen ✔ Formatvorlagensatz und Designschriftart zuweisen		
Übungsdatei	*Kursangebot.docx*		
Ergebnisdateien	*Kursangebot-E1.docx, Kursangebot-E2.docx*		

1. Öffnen Sie das Dokument *Kursangebot*.
2. Weisen Sie den Texten die Formatvorlagen (vgl. Abbildung) zu.
3. Speichern Sie das Dokument unter dem Namen *Kursangebot-E1*.
4. Weisen Sie den Formatvorlagensatz *Schattiert* und die Schriftart *Arial Black* zu.
5. Speichern Sie die Datei unter dem Namen *Kursangebot-E2*.

Das Kursangebot der Kompetenz AG
Soft Skills
Zeitmanagement
Lernen Sie in diesem Kurs, Ihre Zeit effektiv zu nutzen, ohne sich dabei voll zu verausgaben.
- Ziele setzen
- Ziele verfolgen
- Erfolge kontrollieren

Teamfähigkeit
Alleine war gestern. Heute ist in allen Bereichen Teamarbeit gefordert. Die Trainer der Kompetenz zeigen Ihnen, wie Sie sich gut in jedes Team integrieren und die *Teamleistung steigern* können.
Konflikttraining
Die Kompetenz AG bietet Ihnen mit diesem Kurs die Möglichkeit, *Konflikte erfolgreich zu bewältigen*. Auch hier werden die praktischen Übungen mittels Videoaufzeichnung
EDV
Tastschreiben am PC
Ist es nicht immer wieder zeitraubend, wenn man auf der Tastatur nach den richtigen Buchstaben suchen muss? In den modern aus ompetenz AG lernen Sie in kürzester Zeit in einer angenehmen Atmosphäre das *10-Finger-System*.
Serienbriefe mit Word
Ob die Einladung zum Geburtstag oder ebrief im Unternehmen, mit moderner Textverarbeitung schreiben Sie *Briefe nur noch einmal*.
Tabellenkalkulation mit Excel
Tabellarische Übersichten, Formeln, deren Ergebnis sofort aktualisiert wird, Funktionen, für die man früher stundenlang mit dem Taschenrechner arbeiten musste: *mit Excel ist das alles kein Problem*.

Ergebnisdatei „Kursangebot-E1“

Übung 2: Produktinfo mit eigenen Formatvorlagen formatieren

Level		Zeit	ca. 10 min
Übungsinhalte	✔ Formatvorlagen zuweisen ✔ Formatierung übertragen ✔ Formatvorlagen erstellen		
Übungsdatei	*Produkte.docx*		
Ergebnisdatei	*Produkte-E.docx*		

1. Öffnen Sie das Dokument *Produkte*.
2. Formatieren Sie die Überschrift *Produktbeschreibungen der Firma Grünfix GmbH* mit der Formatvorlage *Überschrift 1*.
3. Weisen Sie der Überschrift *Grünfix Rebenschere* die Formatvorlage *Überschrift 2* zu.
4. Verwenden Sie anschließend die Funktion *Format übertragen*, um die Formatierung der Überschrift *Grünfix Rebenschere* auf die Überschriften *Grünfix Astschneider* und *Grünfix Solar-Rasenmäher* zu übertragen.
5. Formatieren Sie den Firmennamen *Grünfix* mit kursiven Kapitälchen.
6. Erstellen Sie aus dieser Formatierung die Zeichenformatvorlage *Logo* und weisen Sie diese im ganzen Dokument dem Begriff *Grünfix* zu.
7. Speichern Sie das Dokument unter dem Namen *Produkte-E*.

Produktbeschreibungen der Firma *GRÜNFIX* GmbH

GRÜNFIX Rebenschere

Die *GRÜNFIX* Rebenschere besteht aus rostfreiem Edelstahl. Der ergonomisch geformte Griff sorgt dafür, dass Sie auch längere Zeit ohne Handschmerzen Reben schneiden können.

GRÜNFIX Astschneider

Für stärkere Äste bietet sich der *GRÜNFIX* Astschneider an. Durch die Hebelwirkung ermöglicht er es Ihnen, auch dickere Äste problemlos zu schneiden.

GRÜNFIX Solar-Rasenmäher

Auf vielfachen Kundenwunsch bieten wir den bewährten *GRÜNFIX* Elektro-Rasenmäher jetzt auch mit Solarmodul an. Die Laufzeit beträgt im Sommer mindestens drei Stunden.

Ergebnisdatei „Produkte-E“

Plus+ **... noch mehr Übungen:**

Formatvorlagen anpassen.pdf

Neue Formatvorlagen erstellen.pdf

Plus+ **Wissenstest:** Word 2016 – *Formatvorlagen*

8

Designs und Texteffekte nutzen

8.1 Basiswissen Designs

Designs sind Kombinationen mehrerer Formatierungen, die innerhalb eines Dokuments das Erscheinungsbild des Textes bzw. vorhandener Objekte (z. B. Formen) prägen. Ein Design besteht aus Designschriftarten, -farben und -effekten.

- **Designschriftarten** kombinieren bis zu zwei Schriften. Eine Schrift ist dabei für die Überschriften, die andere für die restlichen Texte (Textkörper) vorgesehen.
- Jedes Design verwendet eine bestimmte Farbpalette, die aus zueinander harmonierenden **Designfarben** besteht. Diese Farben werden beispielsweise allen im Dokument vorhandenen Formen zugewiesen.
- **Designeffekte** beinhalten eine Kombination bestimmter Effekte (z. B. Fülleffekte), die sich unter anderem auf das Aussehen von Formen auswirken.

Wenn Sie in Word ein neues Dokument erstellen, wird diesem das Design *Office* zugewiesen.

Plus **Beispieldatei:** *Junge Künstler.docx*

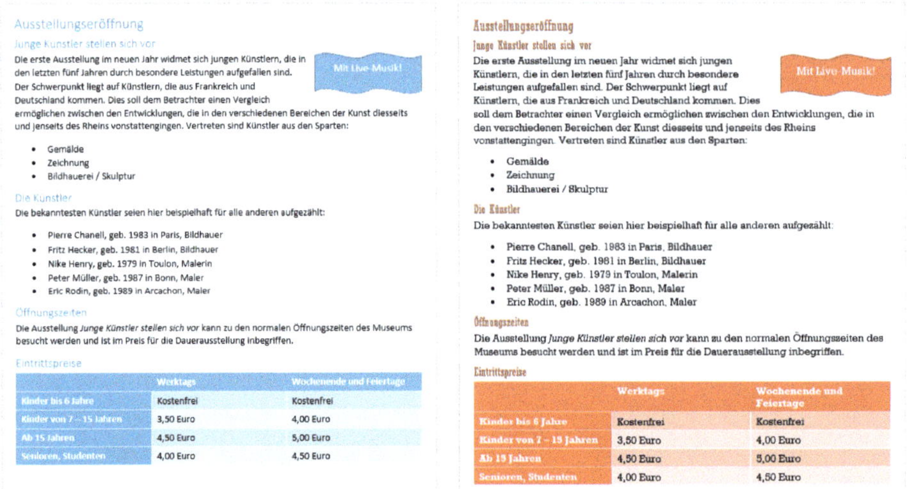

Ausstellungseröffnung

Junge Künstler stellen sich vor

Die erste Ausstellung im neuen Jahr widmet sich jungen Künstlern, die in den letzten fünf Jahren durch besondere Leistungen aufgefallen sind. Der Schwerpunkt liegt auf Künstlern, die aus Frankreich und Deutschland kommen. Dies soll dem Betrachter einen Vergleich ermöglichen zwischen den Entwicklungen, die in den verschiedenen Bereichen der Kunst diesseits und jenseits des Rheins vonstattengingen. Vertreten sind Künstler aus den Sparten:

- Gemälde
- Zeichnung
- Bildhauerei / Skulptur

Mit Live-Musik!

Die Künstler

Die bekanntesten Künstler seien hier beispielhaft für alle anderen aufgezählt:

- Pierre Chanell, geb. 1983 in Paris, Bildhauer
- Fritz Hecker, geb. 1981 in Berlin, Bildhauer
- Nike Henry, geb. 1979 in Toulon, Malerin
- Peter Müller, geb. 1987 in Bonn, Maler
- Eric Rodin, geb. 1989 in Arcachon, Maler

Öffnungszeiten

Die Ausstellung *Junge Künstler stellen sich vor* kann zu den normalen Öffnungszeiten des Museums besucht werden und ist im Preis für die Dauerausstellung inbegriffen.

Eintrittspreise

	Werktags	Wochenende und Feiertage
Kinder bis 6 Jahre	Kostenfrei	Kostenfrei
Kinder von 7 – 15 Jahren	3,50 Euro	4,00 Euro
Ab 15 Jahren	4,50 Euro	5,00 Euro
Senioren, Studenten	4,00 Euro	4,50 Euro

Dokument mit zwei verschiedenen Designs

8.2 Designs zuweisen

Sie können alle oder einzelne Elemente eines Designs auf ein Dokument anwenden, um das Aussehen der enthaltenen Texte und Objekte schnell zu ändern.

- Klicken Sie im Register *Entwurf* in der Gruppe *Dokumentformatierung* auf *Designs*.
- Wählen Sie ein Design.

Um eine einzelne Designeigenschaft zu ändern, gehen Sie folgendermaßen vor:

- Klicken Sie im Register *Entwurf* in der Gruppe *Dokumentformatierung* auf die jeweilige Schaltfläche, um die *Farben*, *Schriftarten* oder *Effekte* des Designs zu ändern.

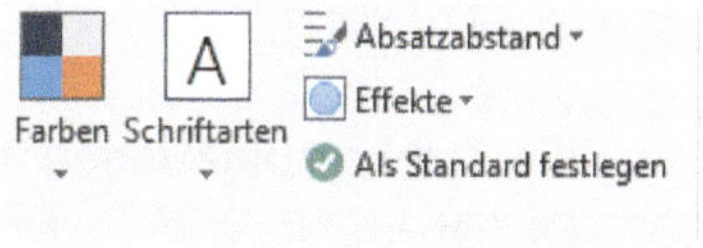

8.3 Designs und manuelle Zeichenformatierung

Möchten Sie in einem Dokument, in das Designs genutzt werden, die Zeichenformatierung manuell ändern, sollten Sie folgende Zusammenhänge beachten:

- ✓ Beim Auswählen einer anderen Designschriftart werden alle Texte automatisch angepasst.
- ✓ Soll diese Anpassung weiterhin erfolgen, ist es notwendig, eine Schriftart der Kategorie *Designschriftarten* zu wählen.
  Soll die neue Schriftart hingegen beibehalten werden, wählen Sie eine Schriftart aus dem Bereich *Alle Schriftarten*.

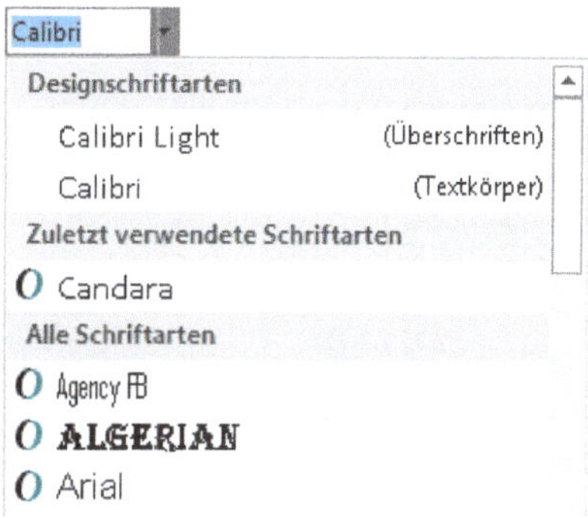

- ✓ Beim Zuweisen eines anderen Designs wird die Schriftfarbe angepasst.
- ✓ Soll diese Anpassung weiterhin erfolgen, wählen Sie eine der *Designfarben*. Soll die neue Schriftfarbe jedoch beibehalten werden, wählen Sie eine der *Standardfarben*.

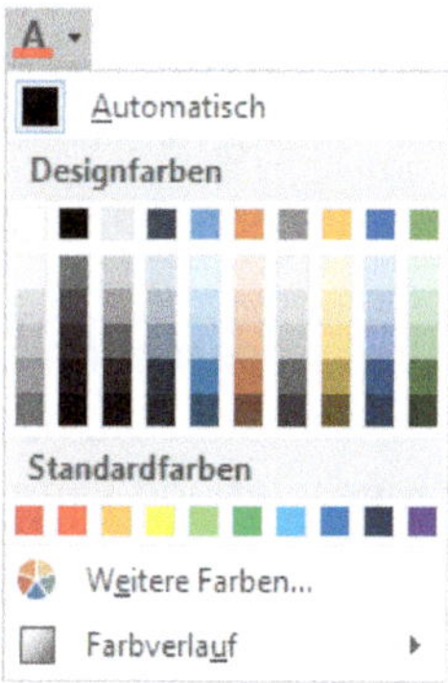

8.4 Designs bearbeiten

Formatvorlagen anpassen

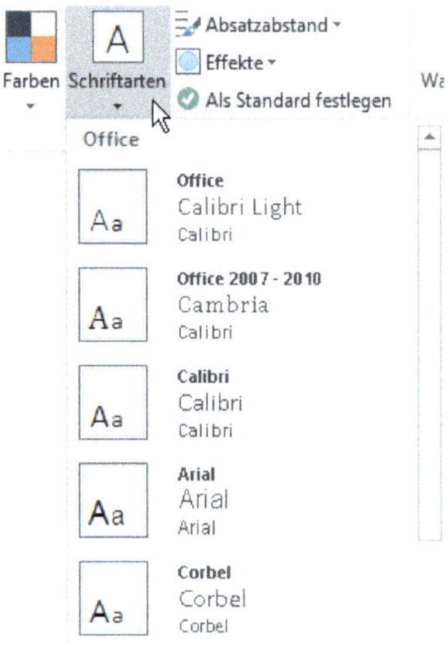

Vordefinierte Formatvorlagen nutzen Designschriftarten bzw. -farben. Sie können die Schrift aller Formatvorlagen ändern, indem Sie einen anderen Satz Designschriftarten verwenden.

- Klicken Sie im Register *Entwurf*, Gruppe *Dokumentformatierung,* auf *Schriftarten* und wählen Sie eine Zusammenstellung.

Analog dazu können Sie

- die Farbkombinationen für die Formatvorlagen über *Farben* wählen,
- die Abstände innerhalb und nach den Absätzen über *Absatzabstand* bestimmen.

Designschriftarten erstellen

- Klicken Sie auf *Schriftarten* und wählen Sie *Schriftarten anpassen*.

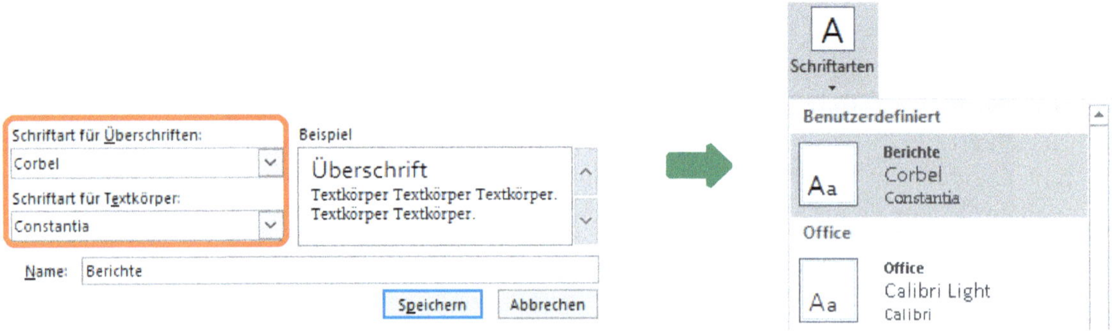

- Bestimmen Sie anhand der Felder, welche Schriftart für Überschriften und welche für Textkörper verwendet werden soll.
- Benennen Sie die Vorlage im Feld *Name* und klicken Sie auf *Speichern*.

Die Designschriftart wird gespeichert und den Formatvorlagen des aktuellen Dokuments zugewiesen. Die neue Zusammenstellung wird als Eintrag in der Liste der Designschriftarten angezeigt und kann durch Anklicken zugewiesen werden (auch in anderen Dokumenten).

Auf vergleichbare Weise können Sie über *Farben*, Eintrag *Farben anpassen*, auch neue Designfarben zusammenstellen und speichern.

8.5 Texteffekte verwenden

Bei Texteffekten werden Formatierungsmerkmale (Kontur, Schatten, Spiegelung, Leuchten) kombiniert. Dabei werden die aktuellen Designfarben verwendet.

Bevor die neuen **PRODUKTE** **näher** betrachtet werden,

- Klicken Sie im Register *Start*, Gruppe *Schriftart,* auf und wählen Sie einen Texteffekt aus.

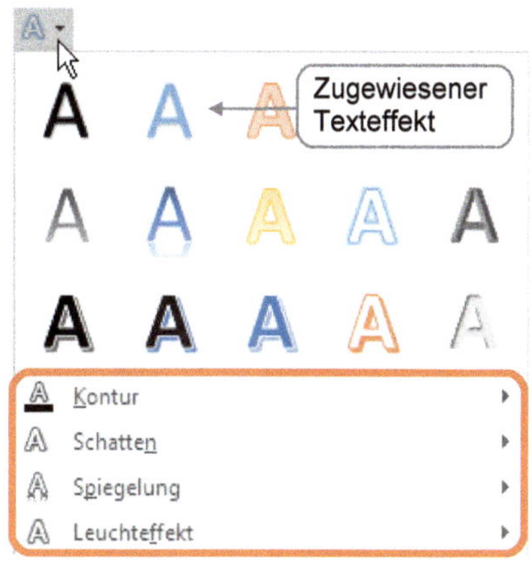

Texteffekte entfernen Sie durch das Löschen der Zeichenformatierung, z. B. mit Strg . Beachten Sie, dass dadurch alle (Zeichen-)Formatierungen gelöscht werden.

So passen Sie Texteffekte an:

- Markieren Sie die Textstellen und klicken Sie im Register *Start*, Gruppe *Schriftart,* auf .
- Wählen Sie eine Texteffekt-Eigenschaft aus.

Welche Texteffekt-Eigenschaft möchten Sie ändern?	Beispiel	Eintrag
Farbe, Breite oder Art der Zeichenkontur		*Kontur*
Winkel und Perspektive des Schattens sowie Abstand zum dazugehörigen Zeichen/Wort		*Schatten*
Ausmaß der Spiegelung und Abstand zum dazugehörigen Zeichen/Wort		*Spiegelung*
Größe und Farbe des Leuchteffekts		*Leuchteffekt*

8.6 Übung

Text mit Designs und Effekten gestalten

Level		Zeit	ca. 5 min
Übungsinhalte	✔ Design ändern ✔ Texteffekt zuweisen		
Übungsdatei	*Geschichte.docx*		
Ergebnisdatei	*Geschichte-E.docx*		

1. Öffnen Sie die Übungsdatei *Geschichte*.
2. Probieren Sie aus, wie sich die verschiedenen Designs auf das Dokument auswirken.
3. Weisen Sie dem Dokument das Design *Office* zu.
4. Markieren Sie die Überschrift und weisen Sie ihr den Texteffekt *Spiegelung* in der Variante *Volle Spiegelung, 4 Pt. Offset* zu.
5. Speichern Sie das Dokument unter dem Namen *Geschichte-E*.

Nachts am Hafen

Er hörte leise Schritte hinter sich. Das bedeutete nichts Gutes. Wer würde ihm schon folgen, spät in der Nacht und dazu noch in dieser engen Gasse mitten im übel beleumundeten Hafenviertel? Gerade jetzt, wo er das Ding seines Lebens gedreht hatte und mit der Beute verschwinden wollte! Hatte einer seiner zahllosen Kollegen dieselbe Idee gehabt, ihn beobachtet und abgewartet, um ihn nun um die Früchte seiner Arbeit zu erleichtern? Oder gehörten die Schritte hinter ihm zu einem der unzähligen Gesetzeshüter dieser Stadt, und die stählerne Acht um seine Handgelenke würde gleich zuschnappen? Er konnte die Aufforderung stehen zu bleiben schon hören. Gehetzt sah er sich um.

Plötzlich erblickte er den schmalen Durchgang. Blitzartig drehte er sich nach rechts und verschwand zwischen den beiden Gebäuden. Beinahe wäre er dabei über den umgestürzten Mülleimer gefallen, der mitten im Weg lag. Er versuchte, sich in der Dunkelheit seinen Weg zu ertasten und erstarrte: Anscheinend gab es keinen anderen Ausweg aus diesem kleinen Hof als den Durchgang, durch den er gekommen war. Die Schritte wurden lauter und lauter, er sah eine dunkle Gestalt um die Ecke biegen. Fieberhaft irrten seine Augen durch die nächtliche Dunkelheit und suchten einen Ausweg. War jetzt wirklich alles vorbei?

Ergebnisdatei „Geschichte-E“

Plus+ **... noch mehr Übungen:**
Texteffekte ausprobieren.pdf

9

Seitenlayout gestalten

9.1 Basiswissen Seitenlayout

Einstellungen zum Seitenlayout werden in der Regel auf das gesamte Dokument angewandt. Zum Seitenlayout gehören u. a. folgende Elemente:

- Die **Seitenränder** sind die Bereiche, die am äußeren Blattrand leer bleiben.
- Die **Ausrichtung** legt fest, ob die Seite im Hoch- oder Querformat verwendet wird.
- Als (Papier-)**Formate** stehen z. B. DIN A4 oder DIN A5 zur Auswahl.
- Mit **Umbrüchen** können Textumbrüche oder Abschnitte erzeugt werden.

Im Register *Layout* in der Gruppe *Seite einrichten* nehmen Sie die Einstellungen rund um das Seitenlayout vor.

Plus **Beispieldatei:** *Seitenlayout_Beispiel.docx*

Ursprüngliches Dokument

Geänderte Seitenränder *Geänderte Ausrichtung* *Geändertes Format*

9.2 Seitenränder, Ausrichtung und Format ändern

Seitenränder festlegen

- Klicken Sie im Register *Layout* in der Gruppe *Seite einrichten* auf *Seitenränder*.

  Es werden Kombinationen von Seitenrändern mit den jeweiligen Maßen aufgelistet.
- Klicken Sie auf den gewünschten Eintrag.

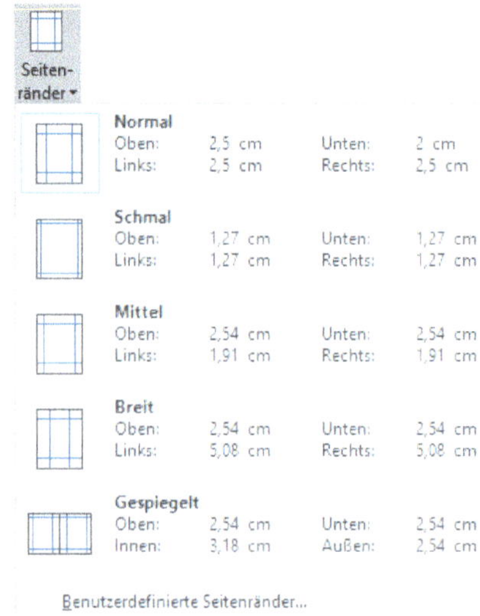

Die Seitenränder *Gespiegelt* können Sie für doppelseitige bzw. mehrseitige Dokumente verwenden, die wie ein Buch ein gespiegeltes Seitenlayout erhalten sollen.

Um individuelle Seitenränder einzustellen, gehen Sie wie folgt vor:

- Klicken Sie auf *Seitenränder* und dann auf *Benutzerdefinierte Seitenränder*.
- Legen Sie im Register *Seitenränder* in den Feldern *Oben*, *Unten*, *Links* und *Rechts* die Seitenränder fest.

  In der *Vorschau* sehen Sie die Auswirkung der gewählten Werte.
- Um die Einstellungen für das Dokument zu übernehmen, klicken Sie auf *OK*.

  oder Möchten Sie die Einstellungen für **alle** künftigen Dokumente verwenden, klicken Sie auf *Als Standard festlegen* und dann auf *Ja*.

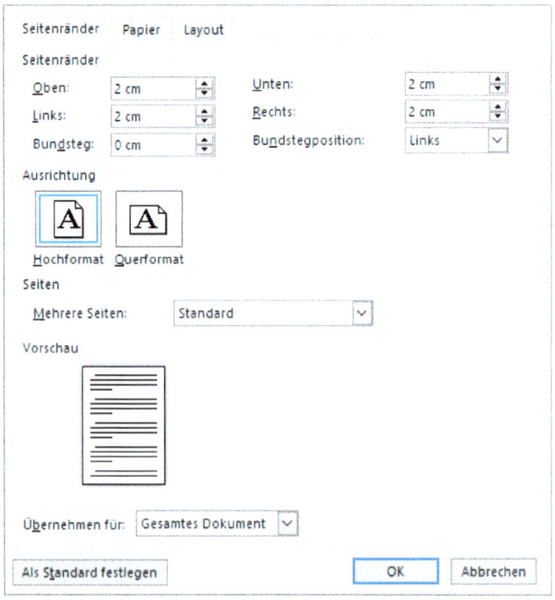

Haben Sie sehr kleine Werte für die Seitenränder festgelegt, erhalten Sie einen Warnhinweis. Sie können die Werte über *Korrigieren* ändern.

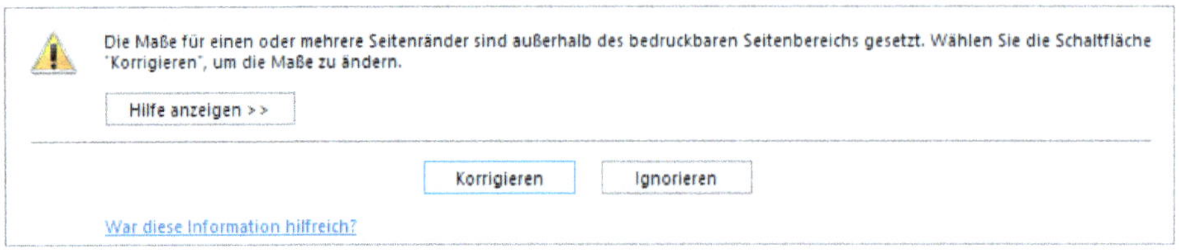

Die zuletzt verwendete benutzerdefinierte Seitenrandeinstellung erscheint als oberster Listeneintrag der Schaltfläche *Seitenränder* und kann so schnell erneut genutzt werden.

Papierformat (Größe) einstellen

- Klicken Sie im Register *Layout* in der Gruppe *Seite einrichten* auf *Format.*
- Wählen Sie in der Liste ein Papierformat.

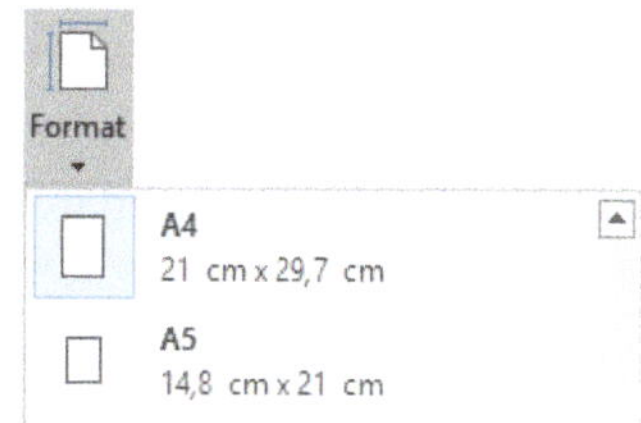

Ausrichtung wählen

- Klicken Sie im Register *Layout*, Gruppe *Seite einrichten*, auf *Ausrichtung*.
- Wählen Sie eine Ausrichtung aus.

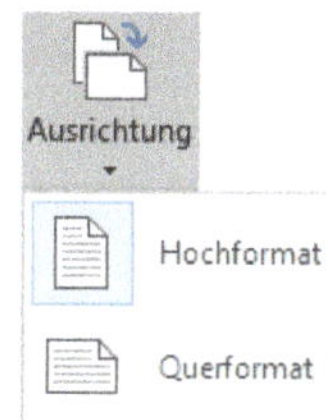

9.3 Umbrüche einfügen und entfernen

Umbrüche einfügen

Neben der Möglichkeit, einen manuellen Seitenumbruch einzufügen, bietet Word weitere Umbruchsarten an.

Sie können mit Umbrüchen den Text z. B. auch in Abschnitte aufteilen. Für jeden Abschnitt lassen sich dann eigene Einstellungen zuweisen, wie unterschiedliche Seitenränder oder -ausrichtung.

- Setzen Sie den Cursor an die Stelle, an der der Umbruch erfolgen soll.
- Klicken Sie im Register *Layout*, Gruppe *Seite einrichten,* auf *Umbrüche*.
- Wählen Sie einen der folgenden Einträge aus:

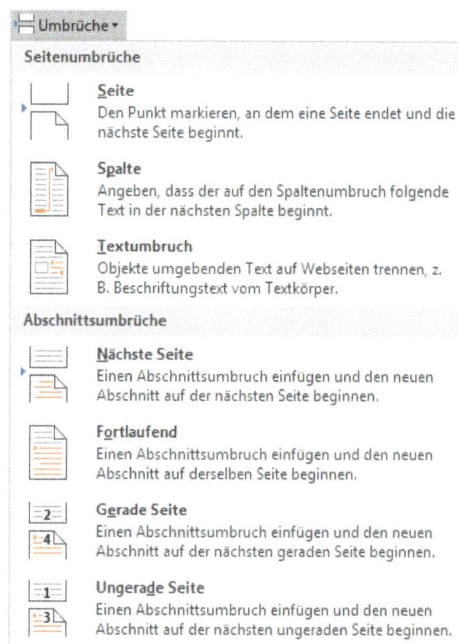

Seitenumbrüche	Wo soll der Text fortgeführt werden?
Seite	Auf einer neuen Seite
Spalte	In der nächsten Spalte
Textumbruch	Unterhalb eines eingefügten Objekts, z. B. einer Grafik

Abschnittsumbrüche	Wo soll der neue Abschnitt beginnen?
Nächste Seite	Auf einer neuen Seite
Fortlaufend	An der aktuellen Cursorposition
Gerade Seite/Ungerade Seite	Auf der nächsten geraden bzw. ungeraden Seite

Um innerhalb eines Dokumentes für eine Seite das Hochformat und für eine andere Seite das Querformat zu verwenden, fügen Sie einen Abschnittsumbruch *Nächste Seite* ein. Den neuen Seiten können Sie dann eine andere Ausrichtung zuweisen als der Seite zuvor.

Umbrüche entfernen

Bei eingeblendeten Formatierungszeichen sind Umbrüche wie folgt gekennzeichnet:

:::::::::::::Abschnittswechsel (Nächste Seite):::::::::::::

- Blenden Sie die Formatierungszeichen ein (Register *Start*, Gruppe *Absatz*, ¶).
- Setzen Sie den Cursor direkt links neben das Umbruchszeichen und drücken Sie Entf.

Wenn Sie das Umbruchzeichen eines Abschnitts löschen, werden auch alle individuellen Formatierungen des Abschnitts gelöscht. Der Abschnittstext wird automatisch in den nächsten Absatz integriert und „erbt" dessen Formatierung.

9.4 Übung

Format und Seitenränder einer Einladung ändern

Level		Zeit	ca. 10 min
Übungsinhalte	✔ Ausrichtung und Papierformat ändern ✔ Seitenränder einstellen		
Übungsdatei	*Apfelernte.docx*		
Ergebnisdatei	*Apfelernte-E.docx*		

1. Öffnen Sie die Datei *Apfelernte*.
2. Stellen Sie das Querformat ein und ändern Sie die Größe auf das Papierformat A5.
3. Stellen Sie oben und unten einen Seitenrand von jeweils 3,5 cm und links und rechts einen Seitenrand von jeweils 5 cm ein.
4. Speichern Sie die Datei unter dem Namen *Apfelernte-E*.

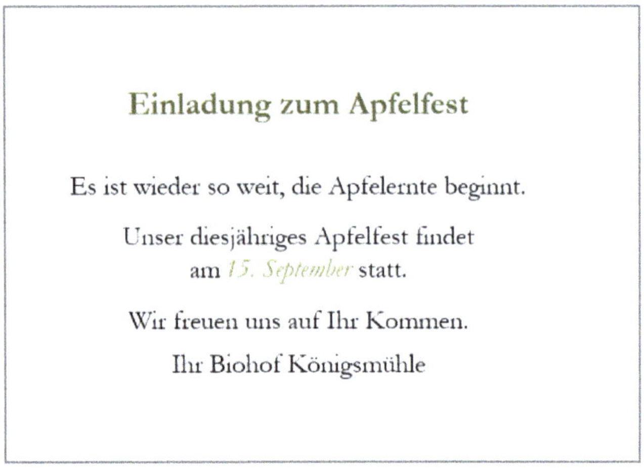
Einladung zum Apfelfest

Es ist wieder so weit, die Apfelernte beginnt.

Unser diesjähriges Apfelfest findet am 15. September statt.

Wir freuen uns auf Ihr Kommen.

Ihr Biohof Königsmühle

Ergebnisdatei „Apfelernte-E"

Plus **... noch mehr Übungen:**
Seitenränder, Ausrichtung und Größe verändern.pdf

10 Dokumentvorlagen nutzen

10.1 Basiswissen Dokumentvorlagen

Eine Dokumentvorlage ist eine Art Schablone, auf deren Grundlage neue Dokumente erstellt werden. Beim Öffnen der Vorlage wird ein neues Dokument erzeugt, das alle in der Dokumentvorlage festgelegten Inhalte und Formatierungen enthält.

Fertige Dokumentvorlagen

Microsoft stellt zu vielen Themen fertige Dokumentvorlagen zur Verfügung, beispielsweise für Briefe, Berichte oder Einladungen. Die Dokumentvorlagen stehen online zur Verfügung und können aus Word heraus heruntergeladen werden.

Sie können diese Vorlagen bearbeiten und dann als eigene Dokumentvorlage speichern. Die Dateinamenerweiterung einer Vorlage lautet *.dotx* (für „Document Template").

Eigene Dokumentvorlagen

Plus **Beispieldatei:** *Briefvorlage_Laura_Thomas.dotx*

Neben der Möglichkeit, fertige Vorlagen zu nutzen, können Sie auch eigene Dokumentvorlagen erstellen, etwa für einheitliche Geschäftsbriefe mit Briefkopf, Logo, bestimmten Schriften etc.

10.2 Fertige Dokumentvorlagen nutzen

- Klicken Sie im Register *Datei* auf *Neu*.
- Klicken Sie im rechten Fensterbereich doppelt auf eine Dokumentvorlage.

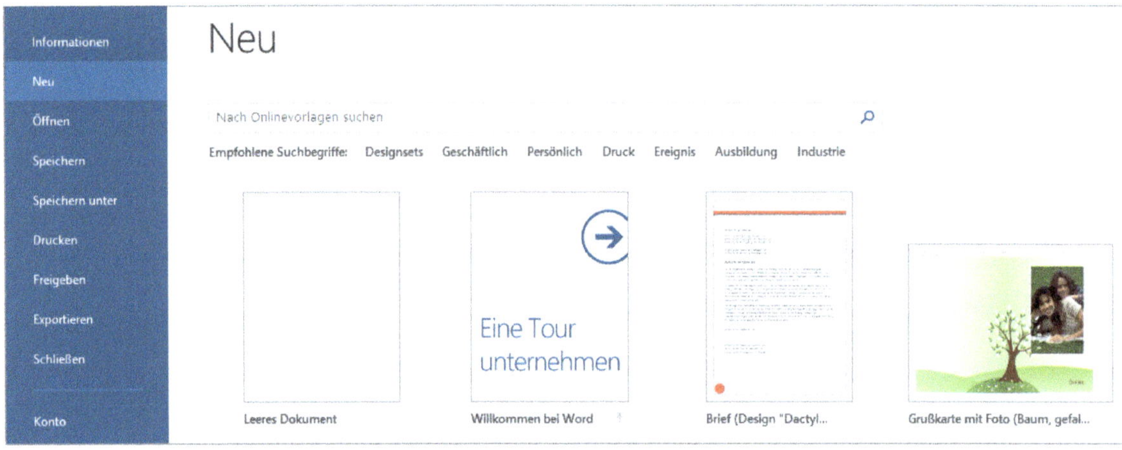

Word erstellt auf Basis der gewählten Dokumentvorlage ein neues Dokument. Falls Sie eine Dokumentvorlage von Microsoft verwenden, enthält das Dokument meistens Platzhalter, die Sie bearbeiten und mit Ihrem Text füllen können.

- Nach dem Starten von Word können Sie auf dem Startbildschirm auf die Dokumentvorlagen zugreifen.
- Für fertige Dokumentvorlagen erhalten Sie eine Vorschau, wenn Sie auf die Miniatur-abbildung klicken.
- Mit ◀ bzw. ▶ blättern Sie durch die Dokumentvorlagen. Mit *Erstellen* wählen Sie eine Dokumentvorlage aus, mit × schließen Sie die Vorschau.

Falls Sie keine passende Dokumentvorlage finden, können Sie online nach weiteren Vorlagen suchen:

- Klicken Sie in das Feld ①, geben Sie einen Suchbegriff ein und bestätigen Sie mit ↵.

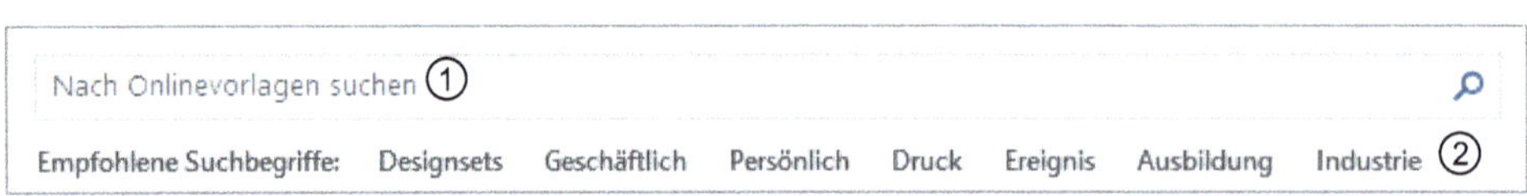

Alternative: Klick auf einen der empfohlenen Suchbegriffe ②

Sie können nun ...

- eine der angezeigten Dokumentvorlagen durch Anklicken übernehmen
- oder durch Anklicken einer *Kategorie* die Auswahl der Vorlagen eingrenzen
- oder durch Klicken auf Start zur Vorlagen-Startseite zurückkehren.

10.3 Eigene Dokumentvorlagen erstellen

- Dokumentvorlage auf **Basis eines Dokuments** erstellen: Sie öffnen ein bestehendes Dokument, nehmen die Änderungen vor und speichern es als Dokumentvorlage.
- Dokumentvorlage **neu** erstellen: Sie öffnen ein leeres Dokument, nehmen alle Eingaben und Formatierungen vor und speichern es als Dokumentvorlage.
- **Vorhandene** Dokumentvorlage bearbeiten**:** Sie öffnen eine bestehende Vorlage, nehmen alle Anpassungen vor und speichern die Dokumentvorlage unter einem anderen Namen.

Eigene Dokumentvorlagen werden im Ordner *Benutzerdefinierte Office-Vorlagen*, einem Unterordner des persönlichen Ordners *Dokumente*, gespeichert.

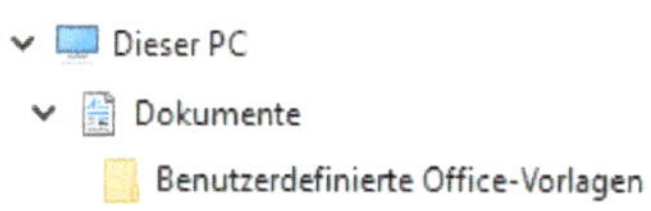

Dokumentvorlage auf Basis eines Dokuments erstellen

Plus **Beispieldatei:** *Brief_Romreisen.docx*

- Öffnen Sie das Dokument, das als Grundlage für die Vorlage dienen soll.
- Nehmen Sie alle Einstellungen und Eingaben vor, die Inhalt der Vorlage sein sollen.
- Klicken Sie im Register *Datei* auf *Exportieren* und dann auf *Dateityp ändern*.
- Klicken Sie im rechten Fensterbereich doppelt auf *Vorlage.*
- Stellen Sie sicher, dass der Ordner *Benutzerdefinierte Office-Vorlagen* gewählt ist.
- Benennen Sie die neue Vorlage im Feld *Dateiname* und bestätigen Sie mit *Speichern*.

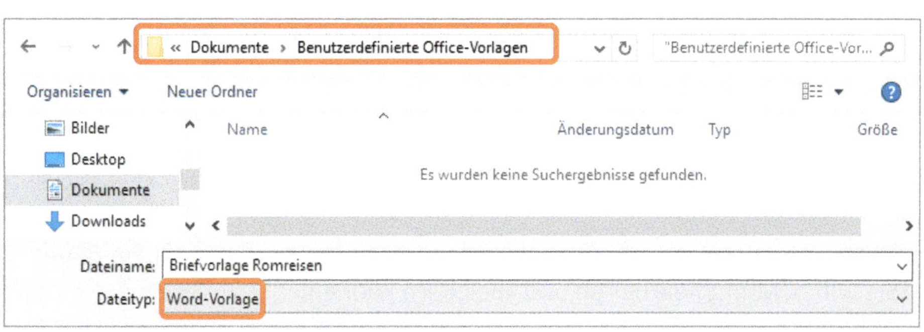

Dokumentvorlage neu erstellen

Um eine Dokumentvorlage neu zu erstellen, erstellen Sie zunächst ein leeres Dokument. Fügen Sie die Inhalte ein, gestalten Sie das Dokument und speichern Sie es wie beschrieben als Dokumentvorlage.

Vorhandene Dokumentvorlage bearbeiten

- Wählen Sie als Beispiel die Vorlage *Einladung mit roten und grünen Ornamenten (informelles Design)* und erzeugen Sie ein neues Dokument auf der Basis dieser Vorlage.

Sie finden die Dokumentvorlage, indem Sie im Register *Datei* auf *Neu* klicken und anschließend nach dem Begriff *Einladung* suchen.

- Passen Sie die Inhalte des Dokuments nach Ihren Wünschen an.

- Klicken Sie im Register *Datei* auf *Exportieren*, wählen Sie *Dateityp ändern* und klicken Sie im rechten Fensterbereich doppelt auf *Vorlage*.
- Stellen Sie sicher, dass der Ordner *Benutzerdefinierte Office-Vorlagen* gewählt ist.
- Benennen Sie die Vorlage, klicken Sie auf *Speichern* und bestätigen Sie den Hinweis mit *OK*.

10.4 Eigene Dokumentvorlagen nutzen und ändern

Dokument auf Basis einer eigenen Vorlage erstellen

- Klicken Sie im Register *Datei* auf *Neu*.
- Wählen Sie im rechten Fensterbereich *PERSÖNLICH*.

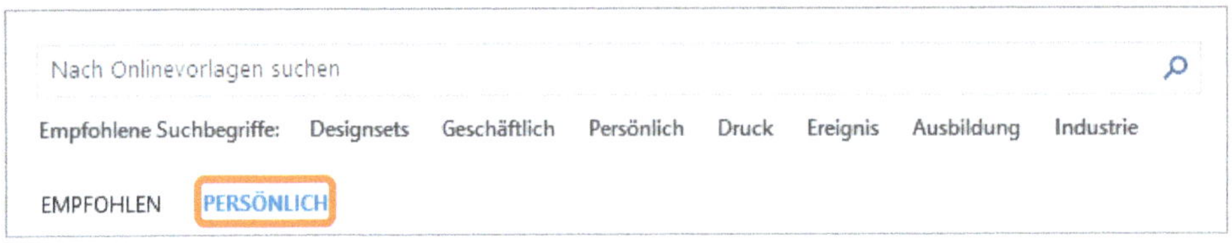

- Klicken Sie auf die Dokumentvorlage, die Sie verwenden möchten. Word erstellt ein neues Dokument, das Sie wie gewohnt bearbeiten und speichern können.

Eigene Dokumentvorlage bearbeiten

- Klicken Sie im Register *Datei* auf *Öffnen*, klicken Sie auf *Durchsuchen* und wechseln Sie zum Ordner *Benutzerdefinierte Office-Vorlagen.*
- Um die Originalvorlage zu bearbeiten, klicken Sie doppelt auf die Dokumentvorlage.

  oder Um eine Kopie der Vorlage zu bearbeiten, markieren Sie die Dokumentvorlage, klicken auf den Pfeil der Schaltfläche *Öffnen* und wählen *Als Kopie öffnen*.

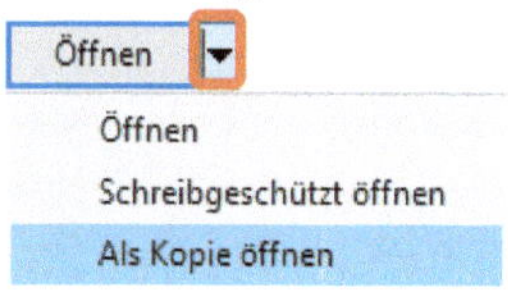

- Nehmen Sie die Änderungen vor und speichern Sie die Vorlage.

10.5 Übung

Vorlage für den Standardbrief eines Unternehmens

Level		Zeit	ca. 10 min
Übungsinhalte	✔ Eigene Dokumentvorlage neu erstellen ✔ Eigene Dokumentvorlage verwenden		
Übungsdatei	*Schrauben.docx*		
Ergebnisdatei	*Schrauben-E1.dotx, Schrauben-E2.docx*		

1. Öffnen Sie die Übungsdatei *Schrauben*.
2. Speichern Sie das Dokument als Dokumentvorlage unter dem Namen *Schrauben-E1.dotx*.
3. Erstellen Sie auf Basis dieser Vorlage einen neuen Brief mit einem kurzen Text und speichern Sie ihn unter dem Namen *Schrauben-E2*.

Schrauben & Dreher Werkzeuge
Neckarvorlandstr. 75
70123 Stuttgart

Jil Kern
Am grünen Weg 3
10999 Berlin

Stuttgart, 30.03.2013

Sehr geehrte Damen und Herren,

unsere Schrauben sind klasse!

Mit freundlichem Gruß

Ergebnisdatei „Schrauben-E2"

Plus **... noch mehr Übungen:**

Beispielvorlage verwenden.pdf

Eigene Dokumentvorlage erstellen.pdf

11 Abbildungen einfügen und bearbeiten

11.1 Abbildungen einfügen

Um Ihren Text mit Abbildungen zu versehen, können Sie auf eine Vielzahl an Quellen zurückgreifen:

- Abbildungen, die als Datei lokal auf dem Computer gespeichert sind.
- Abbildungen, die online zur Verfügung stehen.
- Abbildungen, die Sie mit den Zeichenwerkzeugen direkt in Word erstellen.

Generell werden Abbildungen über das Register *Einfügen,* Gruppe *Illustrationen,* eingefügt.

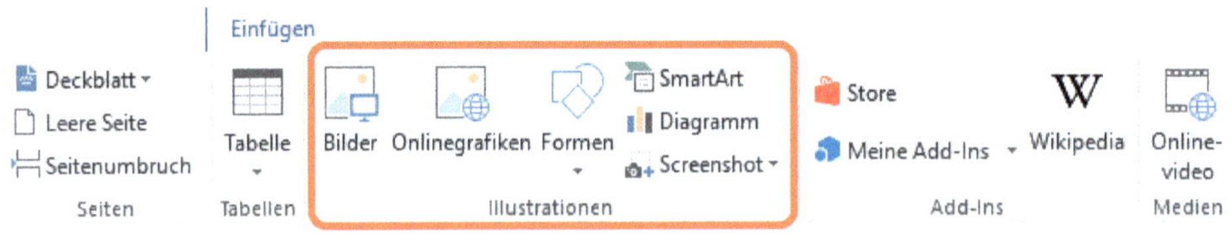

Lokal gespeicherte Bilder einfügen

- Setzen Sie den Cursor an die Einfügeposition.
- Klicken Sie im Register *Einfügen* in der Gruppe *Illustrationen* auf *Bilder*.
- Wechseln Sie zum Speicherort der Grafik und klicken Sie die Bilddatei doppelt an:

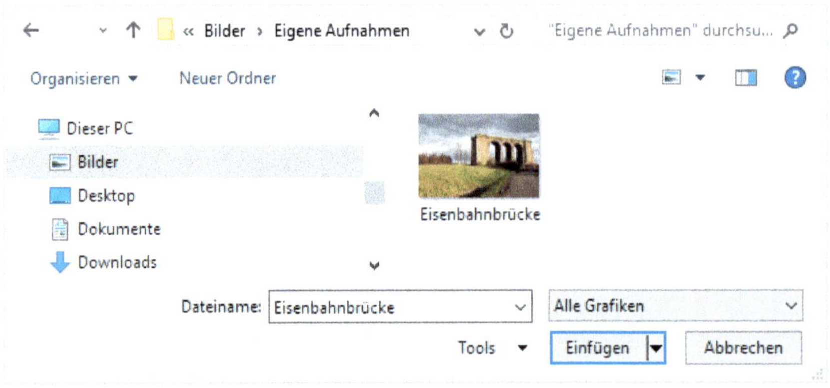

Online-Grafiken einfügen

Möchten Sie eine Grafik aus dem Internet in Ihr Dokument einfügen, können Sie dies direkt aus Word heraus erledigen. Dabei können Sie zunächst auf die Bildersuche der Suchmaschine Bing zugreifen. Wenn Sie mit Ihrem Microsoft-Konto angemeldet sind, können Sie außerdem auf eigene Fotos, die Sie z. B. bei OneDrive, Flickr oder Facebook gespeichert haben, zugreifen.

- Setzen Sie den Cursor an die Einfügeposition.
- Klicken Sie im Register *Einfügen,* Gruppe *Illustrationen,* auf *Onlinegrafiken.*

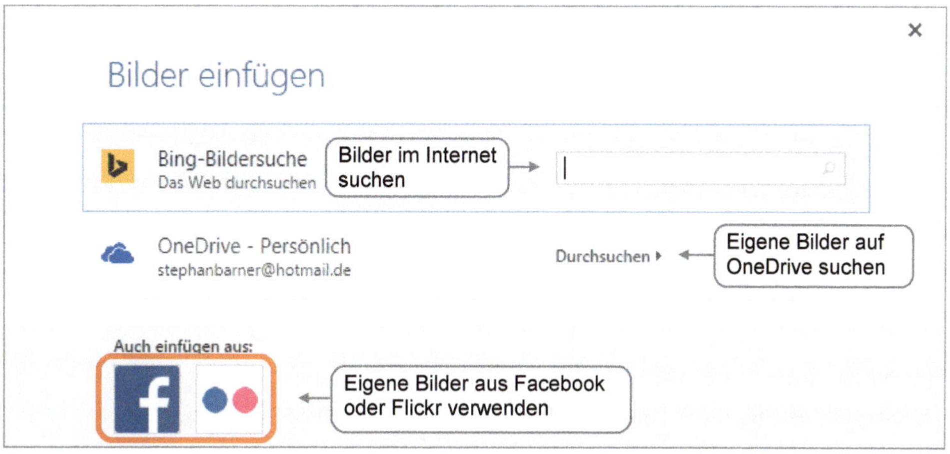

- Geben Sie z. B. in das Suchfeld *Bing-Bildersuche* einen Begriff für das Motiv ein, z. B. *Urlaub*, und drücken Sie ↵.
- Fügen Sie die gewünschte Grafik mit einem Doppelklick in das Dokument ein.

! Beachten Sie bei der Verwendung von Abbildungen aus dem Internet die gesetzlichen Vorgaben (z. B. Urheberrecht) und die Lizenzbestimmungen des Anbieters.

Formen einfügen

- Klicken Sie im Register *Einfügen* in der Gruppe *Illustrationen* auf *Formen* und klicken Sie auf eine Form, z. B. ☺.
- Fügen Sie die Form ein, indem Sie sie an der Zielposition im Dokument auf die gewünschte Größe aufziehen.

✓ Um eine symmetrische Form wie z. B. ein Quadrat oder einen Kreis zu erzeugen, halten Sie beim Ziehen ⇧ gedrückt.

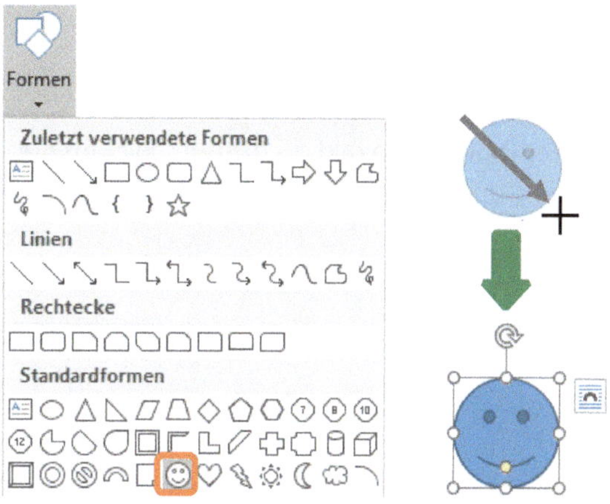

Möchten Sie mehrmals die gleiche Form einfügen, klicken Sie mit der rechten Maustaste z. B. auf die Form ☺, wählen Sie den Kontextmenüpunkt *Zeichenmodus sperren* und klicken Sie nacheinander an die Einfügepositionen. Zum Beenden der Einfügefunktion betätigen Sie Esc.

11.2 Größe und Position festlegen

Plus **Beispieldatei:** *Ephesus.jpg*

Größe ändern

Bevor Sie die Bildgröße ändern, muss die Abbildung markiert sein. Ein markiertes Bild erkennen Sie an den Ziehpunkten.

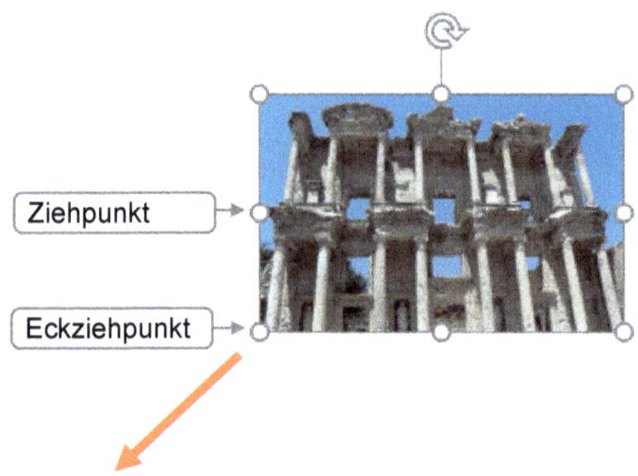

- Klicken Sie auf das Bild, um es zu markieren.
- Um die Größe zu ändern, ziehen Sie einen Eckziehpunkt in die gewünschte Richtung.

  oder Um die Größe exakt einzustellen, geben Sie im Register *Format*, Gruppe *Größe,* die Werte ein.

Um Verzerrungen zu vermeiden, wird das Seitenverhältnis automatisch beibehalten: Ändern Sie die Höhe, wird die Breite automatisch angepasst. Und umgekehrt.

Abbildung drehen

- Ziehen Sie den Drehpunkt in eine Richtung.
- Um die Illustration schrittweise zu drehen, halten Sie beim Ziehen ⇧ gedrückt.

  oder Um die Illustration in 90°-Schritten zu drehen, klicken Sie im Register *Format* in der Gruppe *Anordnen* auf und wählen einen Eintrag.

Um die Abbildung exakt zu drehen, klicken Sie auf *Weitere Drehungsoptionen* und geben im Register *Größe* den exakten Wert ein.

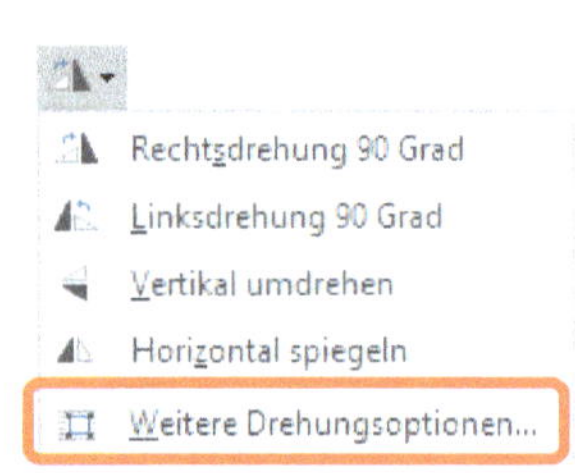

Abbildung positionieren

- ✓ Abbildungen werden wie Zeichen in den Text eingefügt. Verschiebt sich der umgebende Text, wird auch die Grafik mit verschoben.
- ✓ Formen werden vor den Text gelegt. Der Text verläuft hinter der Form. Verschiebt sich der Absatz, wird die Form mit verschoben.

Um eine Abbildung zu positionieren, gehen Sie folgendermaßen vor:

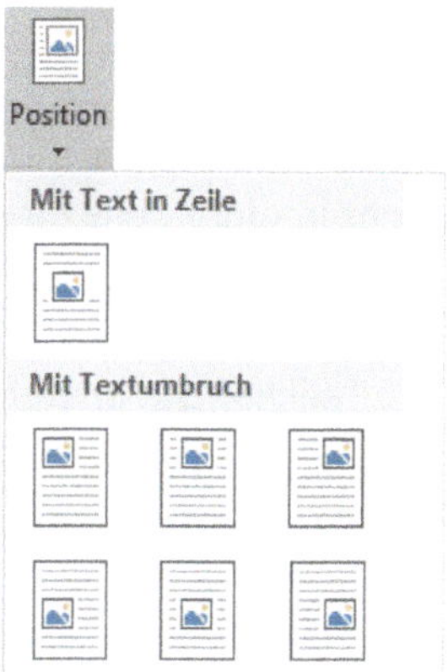

- Markieren Sie die Illustration und klicken Sie im Register *Format*, Gruppe *Anordnen,* auf *Position*.
- Bestimmen Sie anhand der Miniaturbilder, an welcher Position die Illustration platziert werden soll. Der Text wird um die Grafik herum angeordnet.

  oder Möchten Sie eine mit Textumbruch versehene Abbildung wie ein Zeichen in die Zeile einfügen, klicken Sie auf .

- ✓ Um eine Abbildung frei zu positionieren, wählen Sie eine Einstellung mit Textumbruch. Zeigen Sie auf das Bild (der Mauszeiger ändert sich in) und ziehen Sie es an die neue Stelle. Wenn Sie die Grafik in die Nähe von Seitenrändern, anderen Grafiken etc. bewegen, werden Ausrichtungslinien sichtbar, an denen das Bild ausgerichtet wird.

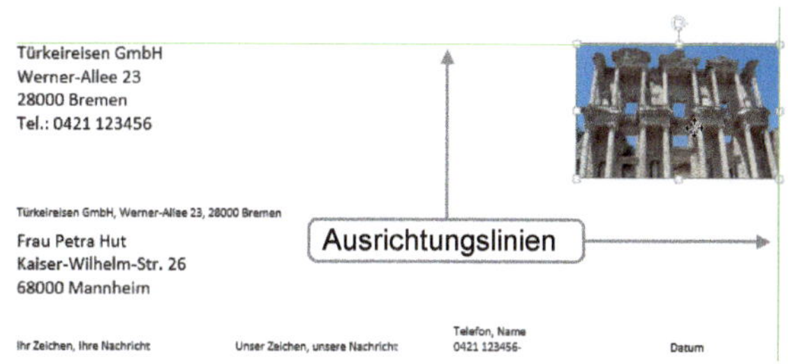

- ✓ Um eine Abbildung millimetergenau zu positionieren, klicken Sie auf *Weitere Layoutoptionen*. Im Dialogfenster können Sie im Register *Position* die exakten Werte eingeben.

Zeilenumbruch bestimmen

Plus **Lernvideo:** *Textumfluss bei Bildern.mp4*
Beispieldatei: *Umbrucharten.docx*

Wenn Sie eine Abbildung mit Textumbruch positionieren, erfolgt der Textfluss rechteckig um das Bild. Dies stellen Sie wie folgt ein:

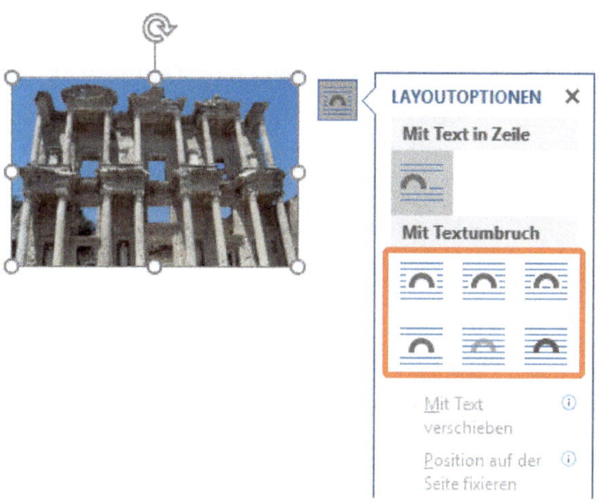

- Markieren Sie die Abbildung.
- Klicken Sie auf und wählen Sie eine Umbruchart.

  Alternative: Register *Format*, Gruppe *Anordnen, Zeilenumbruch*
- Bestimmen Sie, ob bei Textänderungen das Bild mit verschoben oder an der gewählten Position fixiert werden soll.

Beispiele für Textumbrucharten

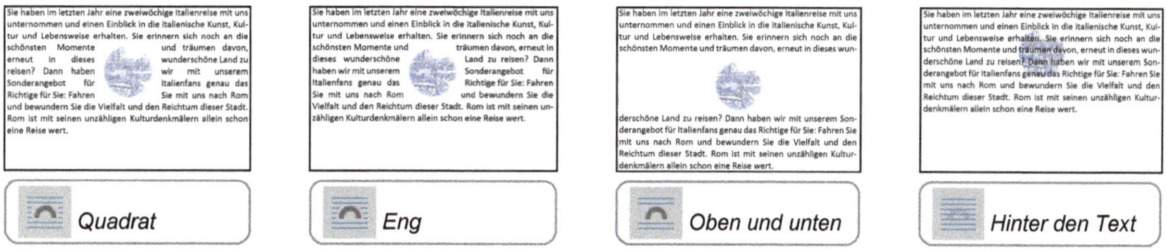

Abbildung ausrichten und anordnen

Voraussetzung für das Ausrichten und Anordnen ist, dass die Bilder nicht in einer Zeile stehen, sondern einen Textumbruch aufweisen.

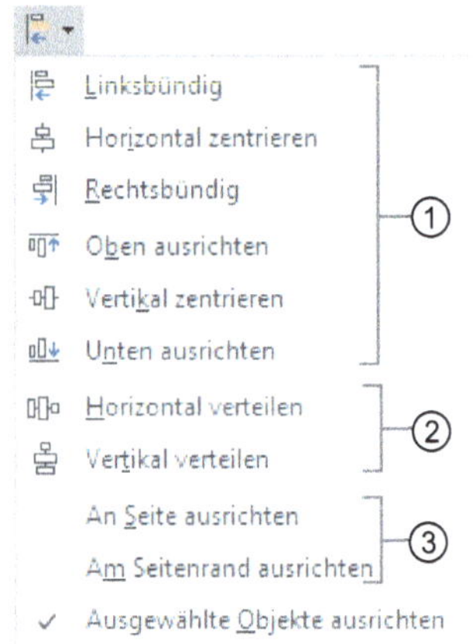

- Markieren Sie die Illustrationen.
- Klicken Sie im Register *Format*, Gruppe *Anordnen*, auf .
- Wählen Sie einen Eintrag, um die Bilder entlang einer gedachten Linie auszurichten ① oder gleichmäßig zu verteilen ②.

  oder Möchten Sie die Illustrationen an der Seite oder am Seitenrand ausrichten, aktivieren Sie den Eintrag ③ und wählen Sie eine Ausrichtung ① bzw. Verteilung ②.

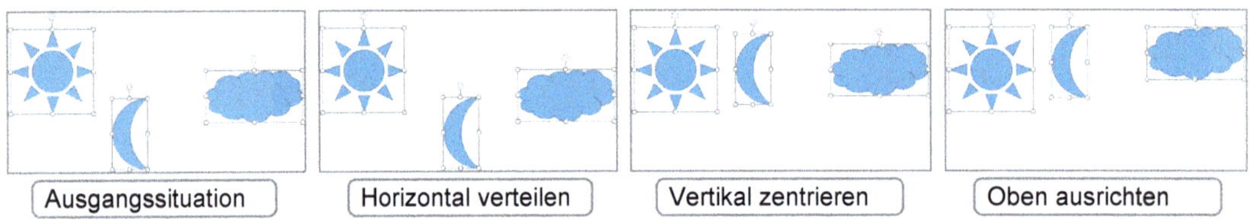

Illustrationen in Ebenen anordnen

Um eine verdeckte Illustration in den Vordergrund zu holen, gehen Sie so vor:

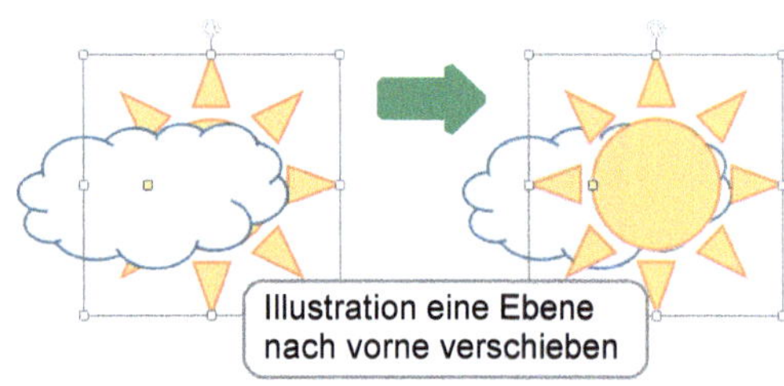

- Markieren Sie das Bild, das Sie nach vorne oder hinten verschieben möchten und wechseln Sie ins Register *Format*.
- Klicken Sie in der Gruppe *Anordnen* auf *Ebene nach vorne* bzw. *Ebene nach hinten*.

  oder Bei mehr als zwei Illustrationen können Sie durch Anklicken des Pfeils der Schaltfläche *Ebene nach vorne* bzw. *Ebene nach hinten* und Auswahl von *In den Hintergrund* bzw. *In den Vordergrund* die Illustrationen vollständig in den Hinter- bzw. Vordergrund verschieben.

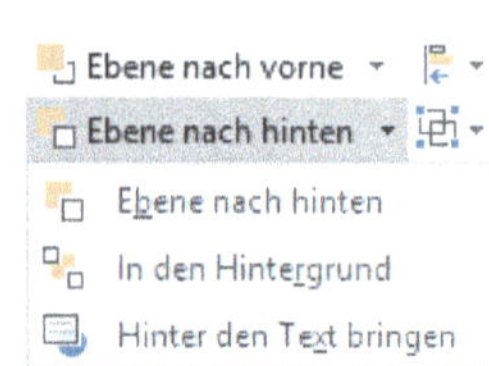

Illustrationen gruppieren

Gruppierte Objekte werden wie ein einzelnes Objekt behandelt und können so in einem Arbeitsgang formatiert, verschoben und ausgerichtet werden.

- Markieren Sie die Illustrationen, die Sie gruppieren möchten, z. B. durch Anklicken mit gedrückter Strg-Taste.
- Klicken Sie im Register *Format*, Gruppe *Anordnen*, auf .
- Wählen Sie *Gruppieren*.

Mit *Gruppierung aufheben* wandeln Sie eine Gruppe wieder in einzelne Objekte um.

11.3 Abbildungen bearbeiten

Abbildung zuschneiden

- Klicken Sie im Register *Format*, Gruppe *Größe,* auf den oberen Bereich der Schaltfläche *Zuschneiden.*
- Bewegen Sie einen der Ziehpunkte in die gewünschte Richtung.
- Klicken Sie außerhalb der Grafik.

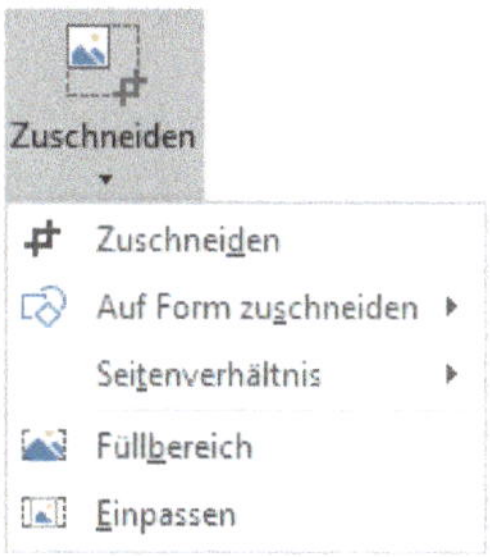

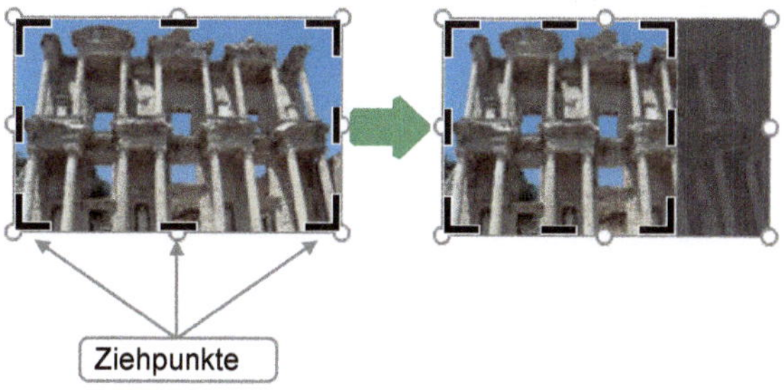

- ✓ Möchten Sie der Grafik einen bestimmten Umriss wie z. B. eine Wellenform zuweisen, klicken Sie auf den unteren Teil der Schaltfläche *Zuschneiden.* Zeigen Sie auf *Auf Form zuschneiden* und wählen Sie eine Form.
- ✓ Möchten Sie die Grafik auf ein Format zuschneiden (z. B. 1 : 1 für quadratisch), klicken Sie auf den unteren Teil der Schaltfläche *Zuschneiden*, zeigen Sie auf *Seitenverhältnis* und wählen ein Seitenverhältnis.

Erscheinungsbild von Abbildungen ändern

Bildformatvorlagen sind Kombinationen aus Grafikrahmen und Bildeffekten.

- Markieren Sie die Grafik.
- Klicken Sie im Register *Format*, Gruppe *Bildformatvorlagen,* auf ▾.
- Zeigen Sie auf eine Bildformatvorlage, um im Dokument eine Vorschau anzuzeigen.
- Klicken Sie auf die Bildformatvorlage.

Rahmen und Effekte bearbeiten

- Markieren Sie die Grafik.
- Um der Grafik einen Rahmen zuzuweisen oder bei einem bestehenden Rahmen die Farbe zu ändern, klicken Sie im Register *Format*, Gruppe *Bildformatvorlagen,* auf *Bildrahmen* und wählen eine Farbe aus.
- Um Bildeffekte wie z. B. Schatten oder Spiegelungen zuzuweisen, klicken Sie im Register *Format*, Gruppe *Bildformatvorlagen,* auf *Bildeffekte*.
- Zeigen Sie auf einen Effekt (z. B. *Abschrägung*) und wählen Sie ein Format per Mausklick aus.

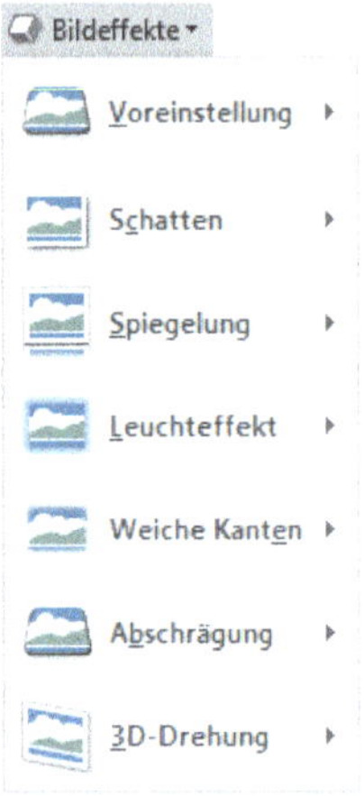

Helligkeit, Kontrast und Schärfe ändern

- Markieren Sie die Grafik.
- Klicken Sie im Register *Format* in der Gruppe *Anpassen* auf *Korrekturen*.
- Zeigen Sie auf ein Vorschaubild, um die Korrektur an der Grafik zu begutachten.
- Klicken Sie auf ein Vorschaubild, um die Einstellungen zu übernehmen.

Weitere Möglichkeiten der Grafikbearbeitung

Sie möchten ...	Klicken Sie in der Gruppe *Anpassen* auf ...
Farbton, Sättigung und Einfärbung bestimmen	▸ *Farbe*
die Grafik verfremden	▸ *Künstlerische Effekte*
eine Grafik gegen eine andere Grafik austauschen	▸ und wählen Sie die neue Grafik. Alle Formatierungen werden beim Ersetzen beibehalten.
Änderungen an einer Grafik rückgängig machen	▸ Wenn Sie auf den Pfeil der Schaltfläche klicken, können Sie über *Bild und Größe zurücksetzen* auch Größenänderungen rückgängig machen.

Plus **Lernvideo:** *Fotos kreativ bearbeiten.mp4*

11.4 Formen bearbeiten

Sie möchten ...		
die Kontur einer Form anpassen	▶ Verschieben Sie den gelben Korrekturziehpunkt.	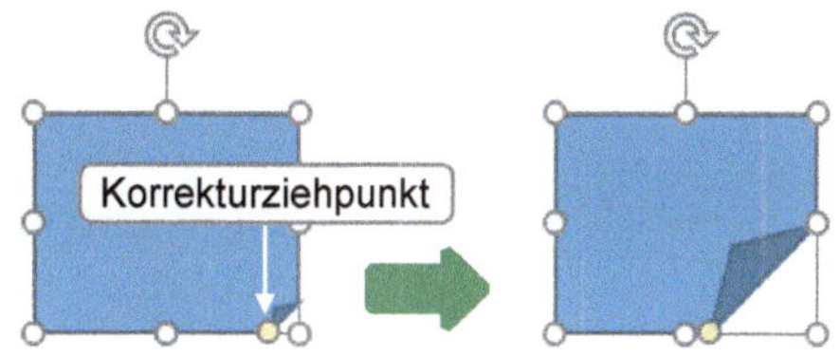
eine Form in eine andere Form umwandeln	▶ Markieren Sie die Form und klicken Sie im Register *Format*, Gruppe *Formen einfügen,* auf . ▶ Zeigen Sie auf *Form ändern* und wählen Sie eine Form aus.	
eine Form mit einem Text versehen	▶ Klicken Sie die Form mit der rechten Maustaste an und wählen Sie *Text hinzufügen*. ▶ Geben Sie den Text ein und formatieren Sie ihn. Die Richtung des Textes und seine Position legen Sie mit *Textrichtung* und *Text ausrichten* fest (Register *Format*, Gruppe *Text*).	

Plus **Lernvideo:** *SmartArts nutzen.mp4*

Schnellformatvorlagen nutzen

Word bietet Schnellformatvorlagen an, die Kontur-, Füll-, Effekteinstellungen kombinieren.

- ▶ Zeigen Sie im Register *Format*, Gruppe *Formenarten*, mit die Schnellformatvorlagen an.
- ▶ Zeigen Sie auf ein Format, um es anzuschauen. Klicken Sie, um die Vorlage auszuwählen.

Weitere Formatierungsmöglichkeiten

- ▶ Markieren Sie die Form und klicken Sie im Register *Format* in der Gruppe *Formenarten* auf ...
  - ✓ *Fülleffekt*, um die Farbe oder Struktur der Füllung zu ändern;
  - ✓ *Formkontur*, um die Linienstärke und Farbe einzustellen;
  - ✓ *Formeffekte*, um Effekte wie z. B. Schatten festzulegen.

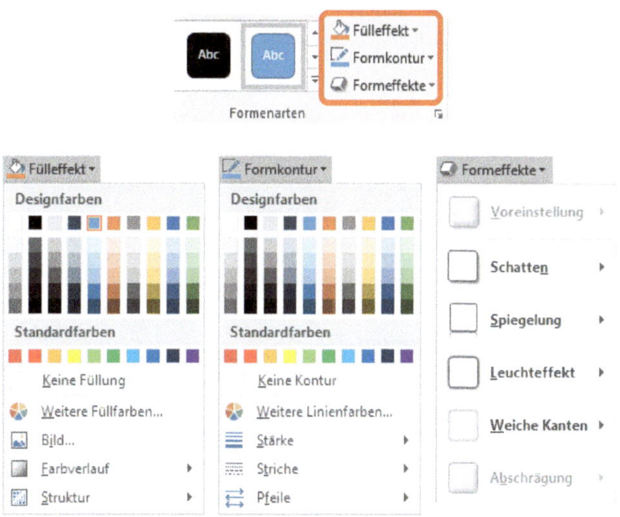

Plus **Lernvideo:** *Objekte schnell markieren.mp4*

11.5 Übung

Werbeanzeige erstellen

Level		Zeit	ca. 10 min
Übungsinhalte	✔ Abbildungen einfügen und zuschneiden ✔ Abbildungen positionieren und drehen		
Übungsdatei	*Werbung, Klein.jpg, Störer.png*		
Ergebnisdatei	*Werbung-E.docx*		

1. Öffnen Sie die Übungsdatei *Werbung*.
2. Fügen Sie das Foto *Klein.jpg* in das Dokument ein.
3. Verkleinern Sie das Foto und schneiden Sie es oval zu.
4. Positionieren Sie das Foto entsprechend der Abbildung.
5. Fügen Sie dem Dokument die Grafik *Störer.png* hinzu.
6. Weisen Sie ihr den Zeilenumbruch *Quadrat* zu.
7. Verkleinern, positionieren und drehen Sie die Grafik entsprechend der Abbildung.
8. Speichern Sie das Dokument unter dem Namen *Werbung-E*.

Ergebnisdatei „Werbung-E“

Plus

... noch mehr Übungen:

Dokument mit einer Grafik gestalten.pdf

Dokument mit Formen gestalten.pdf

Grafik bearbeiten.pdf

12

Tabellen erstellen

12.1 Tabellen einfügen

Word-Tabellen bestehen aus den Elementen Zeilen, Spalten und Zellen:

Vorname	Nachname	Umsatz	Prämie
Gerd	Helfrich	20.000 €	nein
Gerlinde	Uhland	45.000 €	ja
Manfred	Gerstner	32.000 €	ja
Anton	Schmitt	18.000 €	nein
Susanne	Huber	46.000 €	ja

Zeile Spalte Zelle

- Setzen Sie den Cursor an die Einfügeposition.
- Klicken Sie im Register *Einfügen* in der Gruppe *Tabellen* auf *Tabelle*.
- Ziehen Sie die Maus über das Gitternetz, bis Sie die gewünschte Anzahl von Zeilen und Spalten erhalten und lassen Sie die Maustaste los.

oder Um große Tabellen zu erstellen, klicken Sie auf *Tabelle* und wählen *Tabelle einfügen*.

Tragen Sie im Dialogfenster die *Spaltenanzahl* und *Zeilenanzahl* ein und bestätigen Sie mit *OK*.

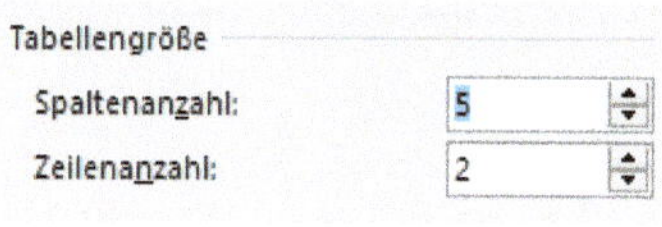

Es empfiehlt sich, vor dem Einfügen einer neuen Tabelle Absatzschaltungen vor und nach der Tabelle vorzunehmen.

12.2 Tabelleninhalte bearbeiten

Plus **Beispieldatei:** *Tabellen.docx*

- Klicken Sie in die Zelle und geben Sie den Text ein. Formatieren Sie ihn wie gewohnt.

  Am Ende der Zelle wird der Text automatisch umgebrochen.

- Wechseln Sie mit [Tab] bzw. mit [Shift] [Tab] zur nächsten bzw. vorherigen Zelle.

Um mehrere Tabellenelemente oder die ganze Tabelle zu formatieren oder zu löschen, markieren Sie sie wie folgt:

Welches Element möchten Sie markieren?		
Zelle	▶ Klicken Sie mit der Maus ↗ in den vorderen Bereich der Zelle vor den Text.	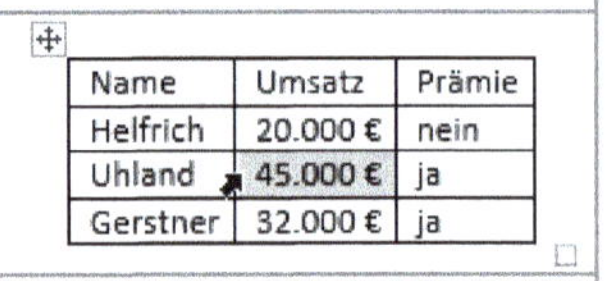
Zeile	▶ Klicken Sie mit der Maus ↗ außerhalb der Tabelle vor die Zeile.	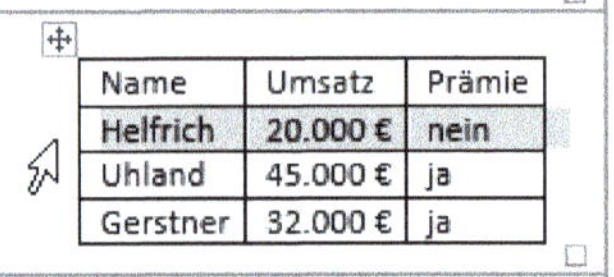
Spalte	▶ Klicken Sie mit der Maus ⬇ auf den oberen Rand der Spalte.	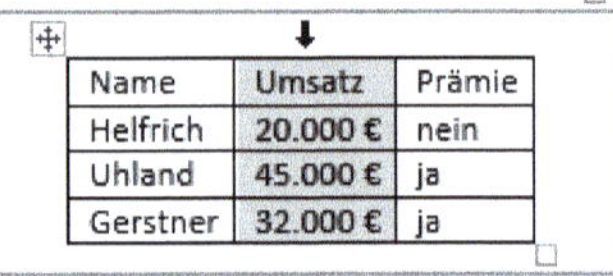
Gesamte Tabelle	▶ Klicken Sie mit der Maus ✥ auf den Verschiebepunkt ⊞.	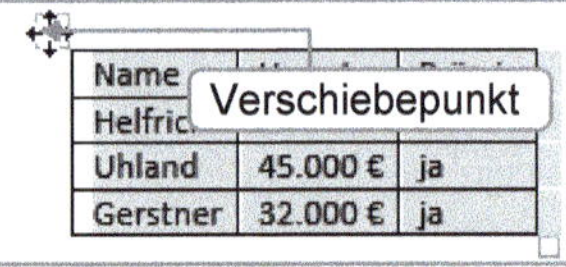
Mehrere Zellen	▶ Ziehen Sie den Mauszeiger mit gedrückter Maustaste über die Zellen.	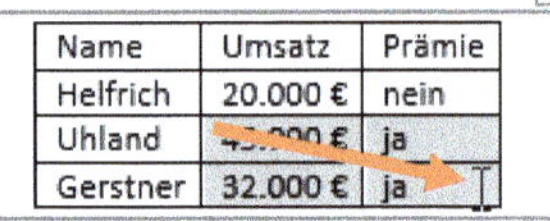

Alternativ dazu können Sie Tabellenteile auch über Befehle im Menüband markieren:

- Setzen Sie den Cursor in den Bereich.
- Klicken Sie im Register *Layout* (*Tabellentools*), Gruppe *Tabelle*, auf *Auswählen* und wählen Sie einen Eintrag.

Um Tabelleninhalte zu löschen gehen Sie folgendermaßen vor:

- Markieren Sie die Spalte, Zeile bzw. Zelle, deren Inhalte Sie löschen möchten und drücken Sie [Entf] oder [⇦].

12.3 Tabellen positionieren und ausrichten

Größe und Position anpassen

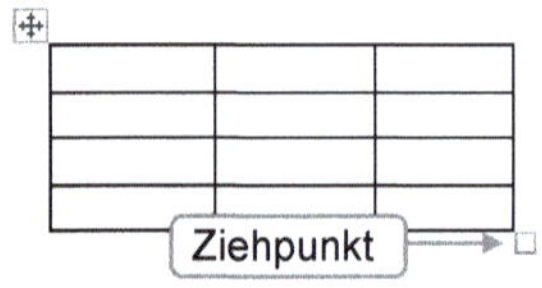

- Um die Größe anzupassen, setzen Sie den Cursor in die Tabelle, klicken auf den Ziehpunkt □ und ziehen die Tabelle zur gewünschten Größe auf.
- Um die Tabelle zu verschieben, zeigen Sie auf die Tabelle und ziehen den Verschiebepunkt ⊞ an eine andere Position.

Ausrichtung und Umbruch festlegen

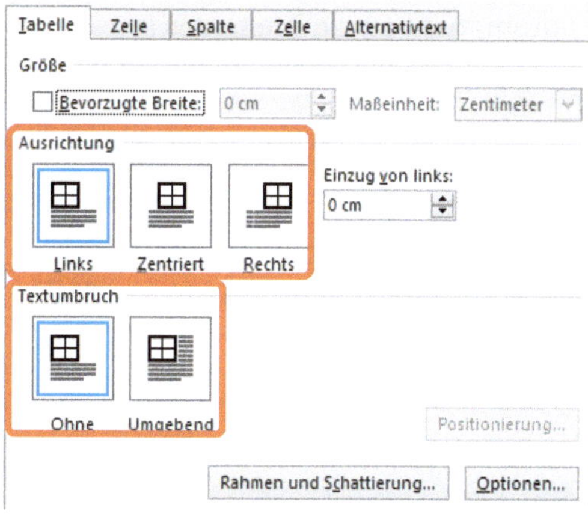

- Setzen Sie den Cursor in die Tabelle und klicken Sie im Register *Layout* (*Tabellentools*), Gruppe *Tabelle,* auf *Eigenschaften*.
- Wählen Sie im Register *Tabelle* die *Ausrichtung*.
- Soll Text um die Tabelle fließen, klicken Sie unter *Textumbruch* auf *Umgebend*.

  oder Wählen Sie *Ohne*, falls kein Text um die Tabelle fließen soll.

12.4 Spaltenbreite und Zeilenhöhe anpassen

Spaltenbreite und Zeilenhöhe ändern

- Zeigen Sie auf die Rahmenlinie rechts der Spalte bzw. unter der Zeile, deren Breite bzw. Höhe Sie ändern möchten, und ziehen Sie die Rahmenlinie an die neue Position.

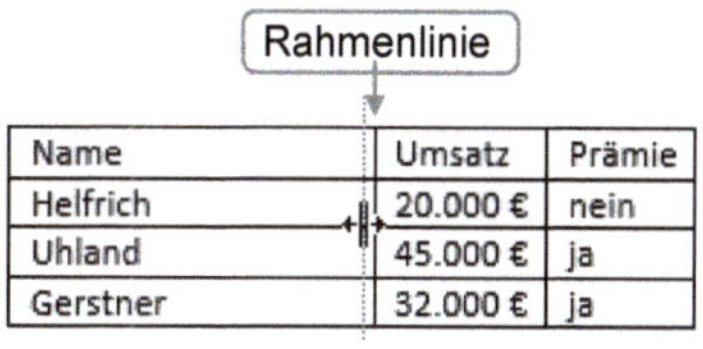

Möchten Sie die Spaltenbreite nur für eine Zelle oder einen Zellbereich ändern, markieren Sie die Zelle bzw. den Zellbereich.

Spaltenbreite und Zeilenhöhe exakt einstellen

- Markieren Sie die Zellen, Zeilen oder Spalten.
- Geben Sie im Register *Layout*, Gruppe *Zellengröße,* die exakten Werte ein.

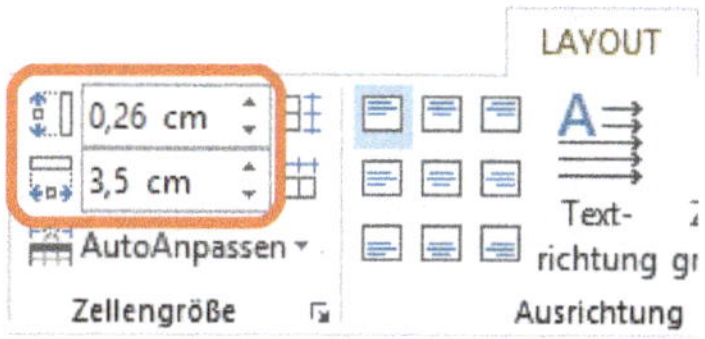

Spaltenbreite automatisch anpassen

- Wenn die Spaltenbreite geringfügig von der Breite des längsten Textes abweicht, klicken Sie doppelt auf die Rahmenlinie rechts von der Spalte.

  oder Setzen Sie den Cursor in die Tabelle bzw. markieren Sie die Tabellenteile.
- Klicken Sie im Register *Layout* (*Tabellentools*) in der Gruppe *Zellengröße* auf *AutoAnpassen* und wählen Sie eine Option.

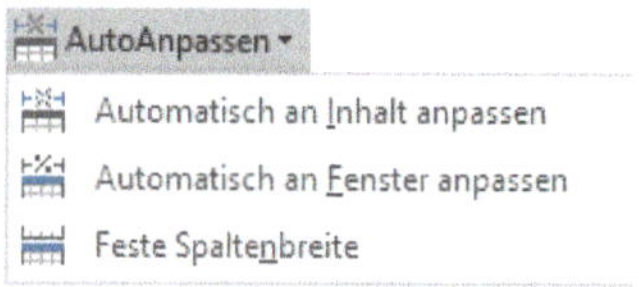

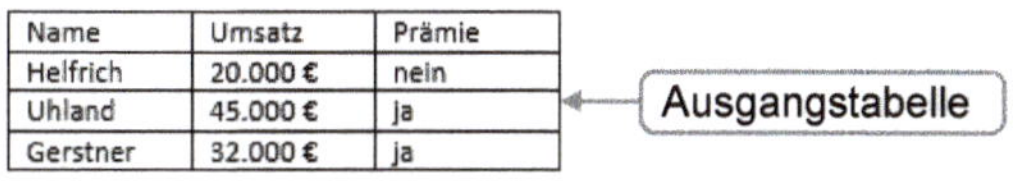

<table>
<tr><th>Die Breite der Spalten soll sich ...</th><th>Wählen Sie ...</th></tr>
<tr><td>automatisch an die Breite des jeweiligen Spalteninhalts anpassen.
<table>
<tr><td>Name</td><td>Umsatz</td><td>Prämie</td></tr>
<tr><td>Helfrich</td><td>20.000 €</td><td>nein</td></tr>
<tr><td>Uhland</td><td>45.000 €</td><td>ja</td></tr>
<tr><td>Gerstner</td><td>32.000 €</td><td>ja</td></tr>
</table></td><td>Inhalt automatisch anpassen</td></tr>
<tr><td>automatisch an die Breite der Seite anpassen.
<table>
<tr><td>Name</td><td>Umsatz</td><td>Prämie</td></tr>
<tr><td>Helfrich</td><td>20.000 €</td><td>nein</td></tr>
<tr><td>Uhland</td><td>45.000 €</td><td>ja</td></tr>
<tr><td>Gerstner</td><td>32.000 €</td><td>ja</td></tr>
</table></td><td>Fenster automatisch anpassen</td></tr>
<tr><td>nicht anpassen
<table>
<tr><td>Name</td><td>Umsatz</td><td>Prämie</td></tr>
<tr><td>Helfrich</td><td>20.000 €</td><td>nein</td></tr>
<tr><td>Uhland</td><td>45.000 €</td><td>ja</td></tr>
<tr><td>Gerstner</td><td>32.000 €</td><td>ja</td></tr>
</table></td><td>Feste Spaltenbreite</td></tr>
</table>

12.5 Tabellenstruktur bearbeiten

- Zeigen Sie auf der Rahmenlinie am linken bzw. oberen Rand der Tabelle zwischen diejenigen Zeilen bzw. Spalten, zwischen denen Sie die neue Zeile bzw. Spalte einfügen möchten.
- Klicken Sie auf das nun erscheinende Pluszeichen.

Name	Umsatz	Prämie
Helfrich	20.000 €	nein
Uhland	45.000 €	ja
Gerstner	32.000 €	ja

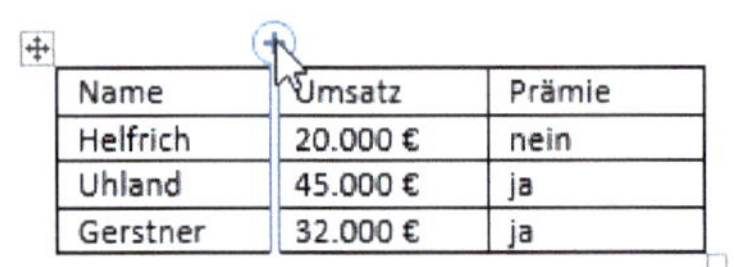

Name	Umsatz	Prämie
Helfrich	20.000 €	nein
Uhland	45.000 €	ja
Gerstner	32.000 €	ja

Auf diese Weise können Sie auch Zeilen oder Spalten am Tabellenende einfügen, nicht jedoch am Tabellenanfang. Auch über die Minisymbolleiste können Sie Zeilen und Spalten einfügen:

- Klicken Sie mit der rechten Maustaste in die Zelle, neben der eine Zeile oder Spalte eingefügt werden soll.

  oder Um mehrere Spalten bzw. Zeilen einzufügen, markieren Sie die Anzahl Spalten bzw. Zeilen und klicken mit der rechten Maustaste auf die Markierung.
- Klicken Sie in der Minisymbolleiste auf *Einfügen*.
- Wählen Sie für eine neue Zeile *Darüber einfügen* oder *Darunter einfügen* bzw. für eine neue Spalte *Links einfügen* oder *Rechts einfügen*.

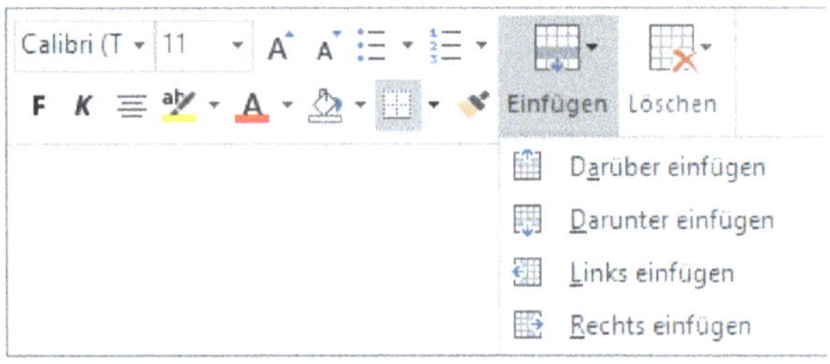

Befindet sich der Cursor in der letzten Zelle, erzeugen Sie mit ⭾ schnell eine neue Zeile.

Möchten Sie Teile oder die gesamte Tabelle löschen, gehen Sie folgendermaßen vor:

- Klicken Sie mit der rechten Maustaste in die Zelle, Zeile oder Spalte, die Sie löschen möchten.

  oder Um mehrere Spalten bzw. Zeilen zu löschen, markieren Sie die Spalten bzw. Zeilen und klicken Sie mit der rechten Maustaste auf die Markierung.

- Klicken Sie in der Minisymbolleiste auf *Löschen* und wählen Sie, welchen Tabellenteil Sie löschen möchten.
- Falls Sie einzelne Zellen löschen, legen Sie im Dialogfenster fest, ob die verbleibenden Zellen nach links oder nach oben verschoben werden sollen.

  oder Um die gesamte Tabelle zu löschen, klicken Sie auf *Löschen* und wählen *Tabelle löschen.*

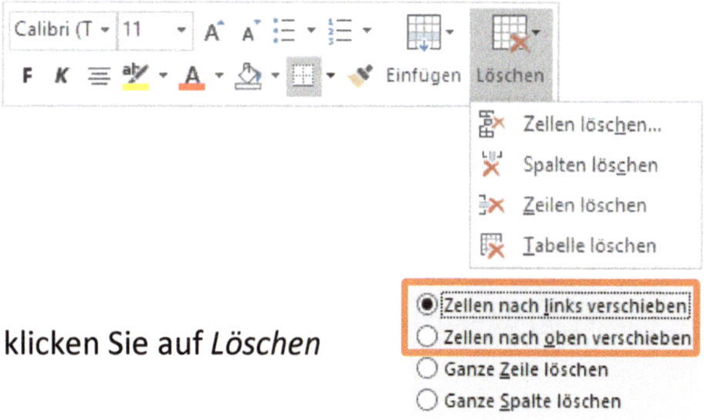

Besonders schnell löschen Sie Spalten und Zeilen, indem Sie sie mit Strg X ausschneiden.

Die Möglichkeiten, Tabellenteile einzufügen oder zu löschen, stehen Ihnen auch im Register *Layout* (*Tabellentools*) in der Gruppe *Zeilen und Spalten* zur Verfügung.

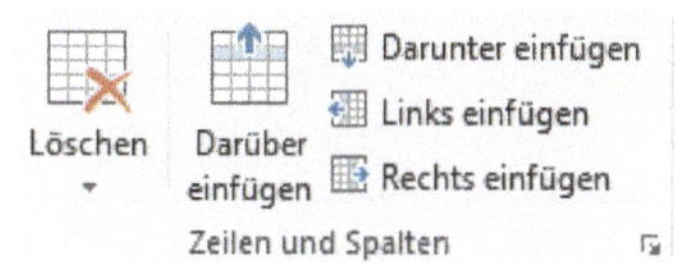

12.6 Tabellen zeichnen

Plus **Lernvideo:** *Tabellen zeichnen.mp4*

Komplexe Tabellen erstellen Sie besonders schnell, indem Sie sie mit der Maus zeichnen:

Kursprogramm					
Uhrzeit		14:00	18:00	18:00	20:00
Raum	Raum 1	EDV-Grundlagen	Word-Grundlagen	Word-Profis	Word-Serienbriefe
	Raum 2	Excel-Grundlagen	Excel-Pivottabellen	Excel-Funktionen	EDV-Grundlagen

Beispiel für eine gezeichnete Tabelle

- Wechseln Sie zum Register *Einfügen*, klicken Sie in der Gruppe *Tabellen* auf *Tabelle* und wählen Sie *Tabelle zeichnen*.

  oder Klicken Sie in eine Tabelle und klicken Sie im Register *Layout* (*Tabellentools*), Gruppe *Zeichnen*, auf *Tabelle zeichnen.*
- Ziehen Sie mit der Maus einen Rahmen in der Tabellengröße auf.
- Um Zeilen und Spalten einzuzeichnen, ziehen Sie mit dem Mauszeiger waagrechte und senkrechte Linien im Rahmen.
- Mit Esc beenden Sie das Zeichnen.

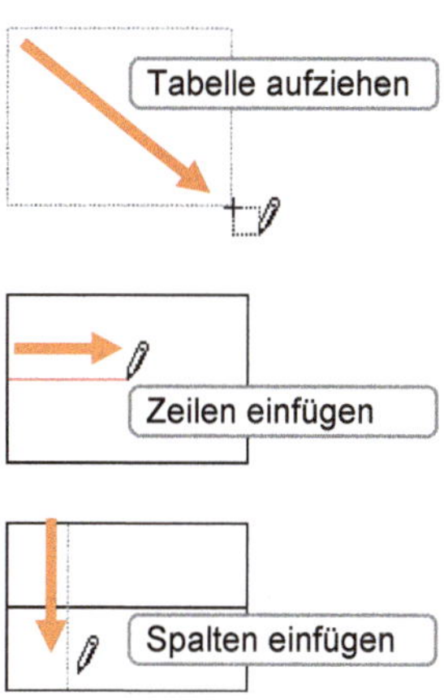

- ✔ Die Formatierung der Rahmenlinien orientiert sich an den Feldern im Register *Entwurf* (*Tabellentools*), Gruppe *Rahmen*.

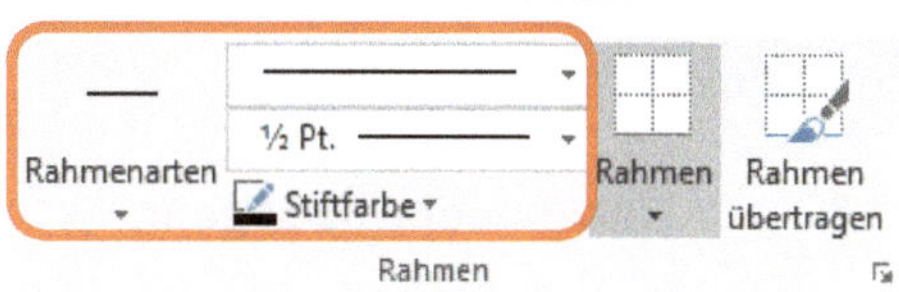

- ✔ Über den Pfeil der Schaltfläche *Rahmenarten* können Sie aus Rahmenformatvorlagen bzw. den zuletzt verwendeten Rahmenformatierungen wählen und diese per Maus den bestehenden Rahmenlinien zuweisen.

Rahmenlinien entfernen

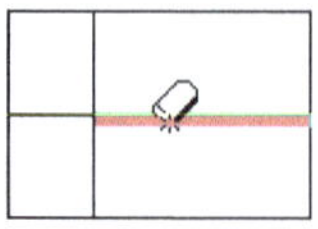

- Klicken Sie in eine beliebige Zelle.
- Klicken Sie im Register *Layout* (*Tabellentools*), Gruppe *Zeichnen*, auf *Radierer*.
- Klicken Sie auf die Linie, die Sie löschen möchten.

  oder Um mehrere Linien zu löschen, ziehen Sie einen Markierungsrahmen über die Linien.
- Mit Esc deaktivieren Sie die Löschfunktion wieder.

12.7 Übung

Stundenplan erstellen

Level		Zeit	ca. 10 min
Übungsinhalte	✔ Tabelle erzeugen ✔ Tabelle anpassen		
Übungsdatei	--		
Ergebnisdatei	*Stundenplan-E.docx*		

1. Erstellen Sie eine neue Tabelle mit 6 Spalten und 9 Zeilen.
2. Fügen Sie zwischen der dritten und der vierten Zeile eine weitere Zeile ein.
3. Verbinden Sie alle Zellen der neu hinzugefügten Zeile.
4. Füllen Sie die Tabelle entsprechend der Abbildung aus und passen Sie die Spaltenbreite bzw. Tabellengröße so an, dass innerhalb der Zellen kein Textumbruch erfolgt.
5. Formatieren Sie die Wochentage und die Stundenzahlen fett und zentrieren Sie die Inhalte.
6. Speichern Sie das Dokument unter *Stundenplan-E*.

Stunde	**Montag**	**Dienstag**	**Mittwoch**	**Donnerstag**	**Freitag**
1					
2					
Pause					
3					
4					
5					
6					
7					
8					

Ergebnisdatei „Stundenplan-E"

Plus+ **… noch mehr Übungen:**

Neue Tabelle einfügen.pdf

Zellen in Tabelle zeichnen.pdf

CD-Cover erstellen.pdf

13

Tabellen gestalten und optimieren

13.1 Tabellen formatieren

Hintergrundfarben bearbeiten

- Markieren Sie die Zelle bzw. den Tabellenteil.
- Klicken Sie in den *Tabellentools* im Register *Entwurf*, Gruppe *Tabellenformat-vorlagen*, auf den Pfeil der Schaltfläche *Schattierung* und wählen Sie eine *Hintergrundfarbe* aus.

Rahmenlinien ändern

- Markieren Sie die Zelle bzw. den Tabellenteil.
- Klicken Sie in den *Tabellentools* im Register *Entwurf* in der Gruppe *Rahmen* auf .
- Wählen Sie im Dialogfenster im Register *Rahmen* unter *Formatvorlage* die Rahmenart aus.
- Legen Sie die *Farbe* und die *Breite* der Rahmenlinien fest.
- Bestätigen Sie Ihre Einstellungen mit *OK*.

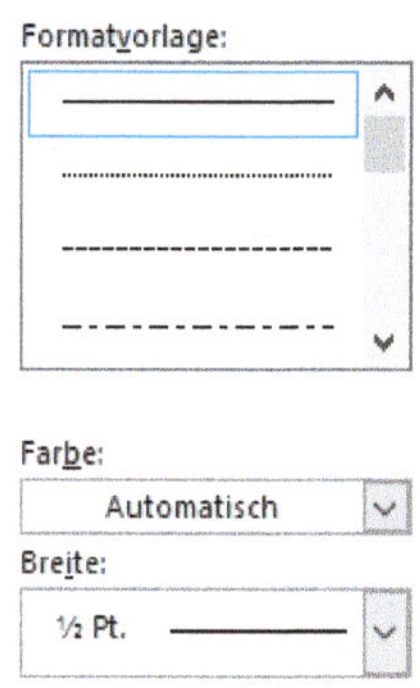

Tabellenformatvorlagen zuweisen

- Setzen Sie den Cursor in die Tabelle.
- Klicken Sie im Register *Entwurf (Tabellentools)*, Gruppe *Tabellenformatvorlagen*, auf und wählen Sie ein Format:

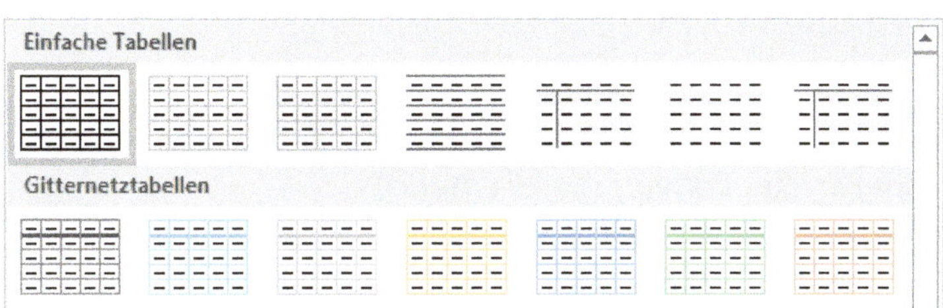

Plus **Beispieldatei:** *Tabellen.docx*

- Aktivieren Sie in der Gruppe *Tabellenformatoptionen* die Tabellenteile, die eigene Formatierungen erhalten sollen. Wenn *Gebänderte Zeilen* bzw. *Gebänderte Spalten* aktiviert ist, werden die Zeilen bzw. Spalten abwechselnd mit Schattierungen versehen.

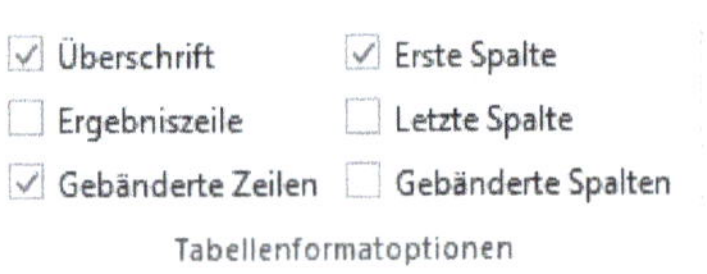

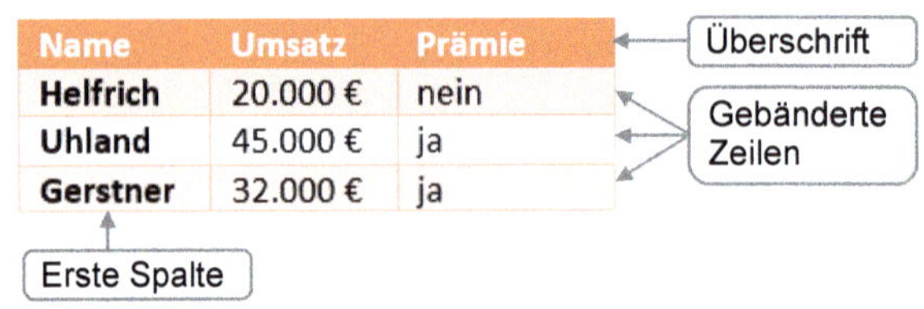

Die Einstellungen in der Gruppe *Tabellenformatoptionen* können Sie auch schon **vor** dem Zuweisen einer Tabellenformatvorlage einstellen.

Tabellenformatvorlagen erstellen

- Setzen Sie den Cursor in die Tabelle.
- Klicken Sie im Register *Entwurf* der *Tabellentools* in der Gruppe *Tabellenformatvorlagen* auf ▾ und wählen Sie *Neue Tabellenformatvorlage*.
- Benennen Sie die neue Vorlage ①.
- Bestimmen Sie, welche Vorlage Sie als Basis verwenden möchten ②.
- Legen Sie im Bereich ③ und über *Format* ④ die Formatierungen für die ganze Tabelle fest.
- Möchten Sie die Überschrift, die erste Spalte oder andere Bereiche abweichend formatieren, wählen Sie das Element im Feld ⑤ aus und legen die Formatierung fest.
- Bestätigen Sie mit *OK*.

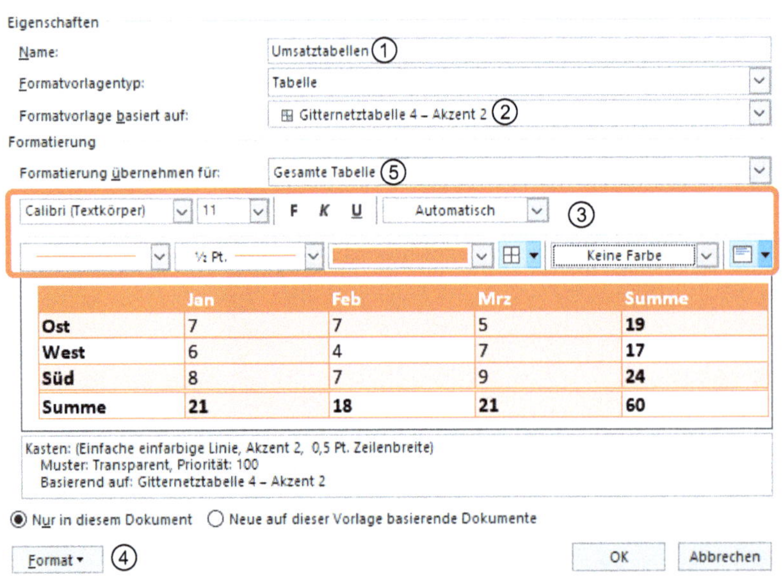

Die Liste der Tabellenformatvorlagen im Register *Entwurf* (*Tabellentools*) wird um den Bereich *Benutzerdefiniert* ergänzt, in dem die neue Tabellenformatvorlage ausgewählt werden kann.

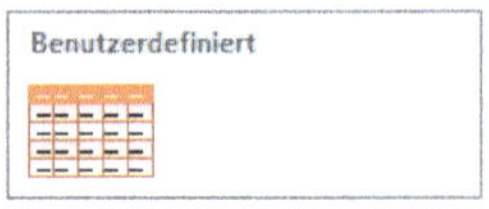

13.2 Tabellen optimieren

Zeilen und Spalten verteilen

Eine Tabelle, in der die Zeilen unterschiedlich hoch oder die Spalten unterschiedlich breit sind, wirkt unruhig auf den Leser. Hier bietet es sich an, Zeilen und Spalten gleichmäßig zu verteilen.

- Platzieren Sie den Cursor in der Tabelle.
- Klicken Sie im Register *Layout* (*Tabellentools*) in der Gruppe *Zellengröße* auf , um die Zeilen zu verteilen, bzw. auf , um die Spalten zu verteilen.

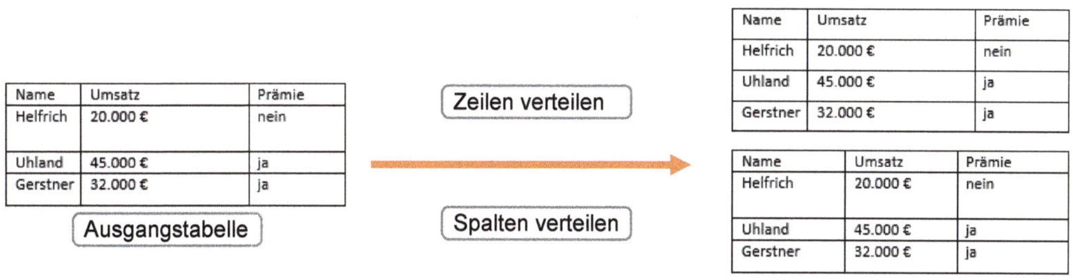

Tabellenteile verschieben und kopieren

Markierte Tabellenteile können Sie wie andere Textelemente entweder über die Zwischenablage oder per Drag & Drop kopieren oder verschieben. Anschließend wählen Sie über die Optionsschaltfläche (Strg) ▾ zwischen verschiedenen Einfügeoptionen.

Mit ⇧ Alt und ↓ bzw. ↑ können Sie Zeilen innerhalb der Tabelle schnell verschieben.

Zellausrichtung festlegen

Standardmäßig wird der Zellinhalt am linken oberen Zellrand platziert. Zum Ausrichten des Textes gehen Sie folgendermaßen vor:

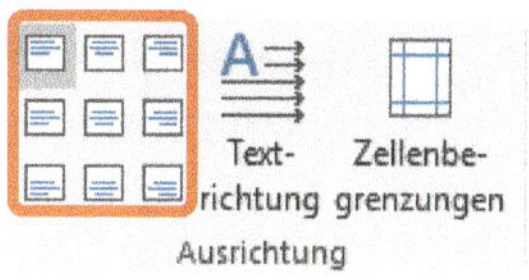

- Markieren Sie die Zellen.
- Wählen Sie im Register *Layout* (*Tabellentools*), Gruppe *Ausrichtung,* eine Ausrichtung.

Falls Zelleninhalte nicht exakt vertikal zentriert werden, stellen Sie sicher, dass die Absatzabstände in der Zelle *0 Pt.* betragen und der Zeilenabstand *Einfach* eingestellt ist.

Textrichtung ändern

- Markieren Sie die Zellen.
- Klicken Sie (evtl. mehrmals) im Register *Layout* (*Tabellentools*), Gruppe *Ausrichtung,* auf *Textrichtung*.

Text auf die Zellenbreite ausdehnen

- Setzen Sie den Cursor in die Zelle und klicken Sie im Register *Layout* in der Gruppe *Tabelle* auf *Eigenschaften.*
- Wechseln Sie im Dialogfenster in das Register *Zelle* und klicken Sie auf *Optionen*.
- Aktivieren Sie im Dialogfenster die Option *Text anpassen* und bestätigen Sie zweimal mit *OK*.

Prämienübersicht		
Name	Umsatz	Prämie
Helfrich	20.000 €	nein
Uhland	45.000 €	ja
Gerstner	32.000 €	ja

Zellenbegrenzungen einstellen

Zwischen der Rahmenlinie und dem Text befindet sich ein Freiraum, den Sie anpassen können:

- Klicken Sie im Register *Layout*, Gruppe *Ausrichtung,* auf *Zellenbegrenzungen.*
- Stellen Sie im Dialogfenster mithilfe der Felder ① den Abstand für alle vier Seiten ein.

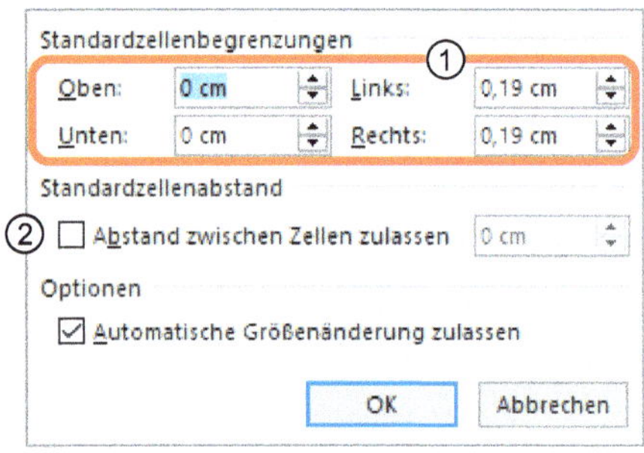

Vorname	Nachname	Umsatz	Prämie
Gerd	Helfrich	20.000 €	nein
Gerlinde	Uhland	45.000 €	ja

Standardeinstellungen links und rechts bei 0,19 cm

Vorname	Nachname	Umsatz	Prämie
Gerd	Helfrich	20.000 €	nein
Gerlinde	Uhland	45.000 €	ja

Zellenbegrenzungen auf 0 cm eingestellt

Vorname	Nachname	Umsatz	Prämie
Gerd	Helfrich	20.000 €	nein
Gerlinde	Uhland	45.000 €	ja

Zellenbegrenzungen links und rechts bei 0,4 cm

Aktivieren Sie die Option ②, werden zusätzliche Rahmenlinien angezeigt.

Vorname	Nachname	Umsatz	Prämie
Gerd	Helfrich	20.000 €	nein
Gerlinde	Uhland	45.000 €	ja

Tabellenüberschrift bei mehrseitigen Tabellen wiederholen

- Markieren Sie die Anfangszeilen der Tabelle, die auf jeder Seite wiederholt werden sollen.
- Aktivieren Sie im Register *Layout*, Gruppe *Daten,* die Option *Überschriften wiederholen*.

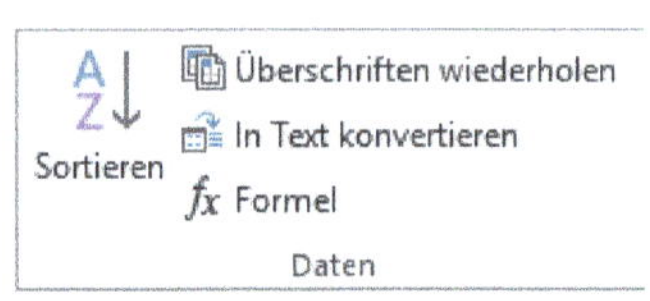

Seitenwechsel innerhalb einer Tabellenzeile verhindern

- Markieren Sie die Zeile.
- Klicken Sie im Register *Layout* in der Gruppe *Tabelle* auf *Eigenschaften* und wechseln Sie im Dialogfenster in das Register *Zeile*.
- Schalten Sie *Zeilenwechsel auf Seiten zulassen* aus und klicken Sie auf *OK*.

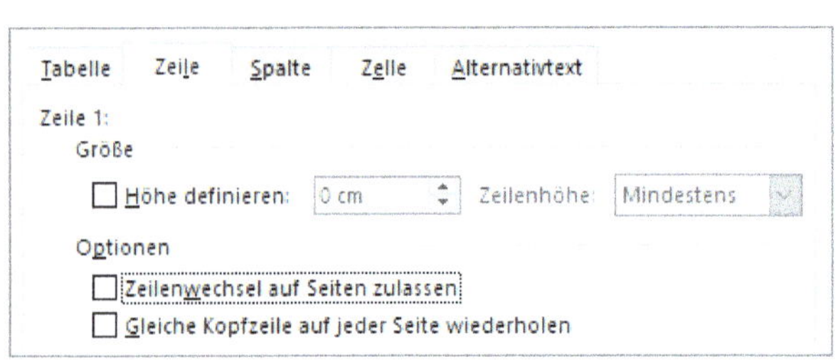

Tabelle teilen

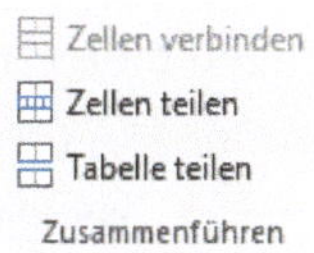

- Setzen Sie den Cursor in der Zeile, vor der Sie die Leerzeile einfügen möchten.
- Klicken Sie im Register *Layout*, Gruppe *Zusammenführen*, auf *Tabelle teilen*.

Um eine Leerzeile vor einer Tabelle zu erzeugen, die sich direkt am Dokumentanfang befindet, können Sie auch den Cursor an den Anfang der ersten Zelle setzen und ↵ betätigen.

Tabelleninhalt sortieren

- Setzen Sie den Cursor in eine beliebige Zelle.
- Klicken Sie in den *Tabellentools* im Register *Layout* auf *Sortieren*.

- Bestätigen Sie mit *OK*.

Vorname	Nachname	Kundennummer
Franziska	Kaiser	142
Bernd	Droste	189
Johannes	Schick	72
Beatrix	Allgaier	101

➡

Vorname	Nachname	Kundennummer
Beatrix	Allgaier	101
Bernd	Droste	189
Franziska	Kaiser	142
Johannes	Schick	72

Plus **Lernvideo:** *Texte und Tabellen sortieren.mp4*

Zellen verbinden oder teilen

Überschriften sollen oft in der Mitte der obersten Tabellenzeile stehen. Hier bietet es sich an, die Zellen der obersten Zeile zu verbinden, sodass sie eine einzige Zelle bilden.

Prämienübersicht		
Name	Umsatz	Prämie
Helfrich	20.000 €	nein
Uhland	45.000 €	ja
Gerstner	32.000 €	ja

- Markieren Sie die Zellen, die Sie zu einer Zelle verbinden möchten.
- Klicken Sie im Register *Layout,* Gruppe *Zusammenführen,* auf *Zellen verbinden*.

Kommen in einer Tabelle nachträglich Informationen hinzu, kann es notwendig sein, eine oder mehrere Zellen zu teilen, um Raum für die neuen Inhalte zu schaffen.

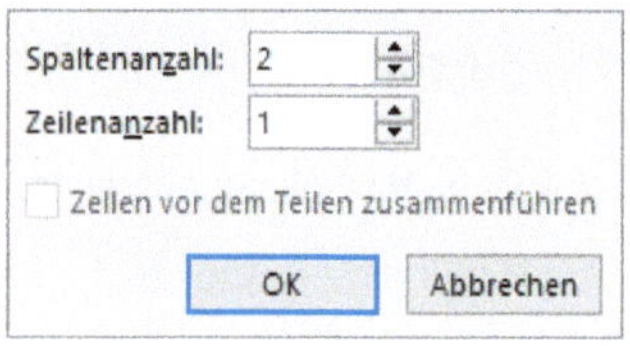

- Setzen Sie den Cursor in die Zelle, die Sie teilen möchten, bzw. markieren Sie einen Bereich.
- Klicken Sie im Register *Layout* in der Gruppe *Zusammenführen* auf *Zellen teilen*.
- Tragen Sie im Dialogfenster die Anzahl der Spalten und Zeilen ein, in die die Zelle aufgeteilt werden soll.
- Bestätigen Sie mit *OK*.

Die Zellinhalte der zu teilenden Zellen werden zusammengeführt und in den obersten Zellen des markierten Bereichs verteilt. Sollen die Inhalte der zu teilenden Zellen in den ursprünglichen Zellen bleiben, schalten Sie die Option *Zellen vor dem Teilen zusammenführen* aus.

Prämienübersicht		
Name	Umsatz	Prämie
Helfrich	20.000 €	nein
Uhland	45.000 €	ja
Gerstner	32.000 €	ja

Ausgangstabelle

Prämienübersicht			
Name Helfrich	Uhland Gerstner	Umsatz	Prämie
		20.000 €	nein
		45.000 €	ja
		32.000 €	ja

Ergebnis bei aktivierter Option

Prämienübersicht			
Name		Umsatz	Prämie
Helfrich		20.000 €	nein
Uhland		45.000 €	ja
Gerstner		32.000 €	ja

Ergebnis bei deaktivierter Option

13.3 Tabellen umwandeln

Tabelle in Text umwandeln

- Platzieren Sie den Cursor in der Tabelle.

  oder Um nur bestimmte Zeilen in Text umzuwandeln, markieren Sie diese Zeilen.
- Klicken Sie im Register *Layout,* Gruppe *Daten,* auf *In Text konvertieren*.
- Wählen Sie das Trennzeichen (z. B. Tabstopp, Semikolon), mit dem die Zellinhalte der Tabelle im Fließtext getrennt werden sollen, und bestätigen Sie mit *OK*.

Name	Umsatz	Prämie
Helfrich	20.000 €	nein
Uhland	45.000 €	ja
Gerstner	32.000 €	ja

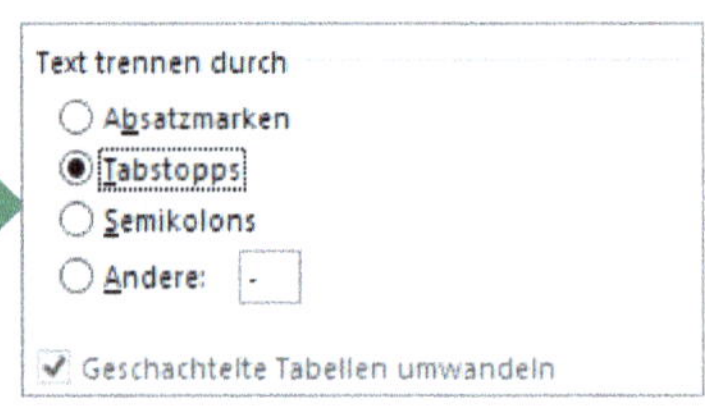

Name	Umsatz	Prämie
Helfrich	20.000 €	nein
Uhland	45.000 €	ja
Gerstner	32.000 €	ja

Text in eine Tabelle umwandeln

Umgekehrt können Sie Textteile, die mit Trennzeichen versehen sind, in eine Tabelle umwandeln. Damit der Text den Zeilen zugeordnet werden kann, müssen die Textteile durch Absatzmarken (↵) abgeschlossen sein.

- Markieren Sie den Text.
- Klicken Sie im Register *Einfügen* in der Gruppe *Tabellen* auf *Tabelle* und wählen Sie *Text in Tabelle umwandeln*.
- Tragen Sie bei Bedarf eine andere Spaltenanzahl ① ein. Die Zeilenanzahl wird von Word errechnet.
- Bestimmen Sie mit den Optionen ②, wie Word die Spaltenbreite einstellen soll. Legen Sie bei Bedarf mit ③ ein anderes Trennzeichen fest.
- Bestätigen Sie mit *OK*.

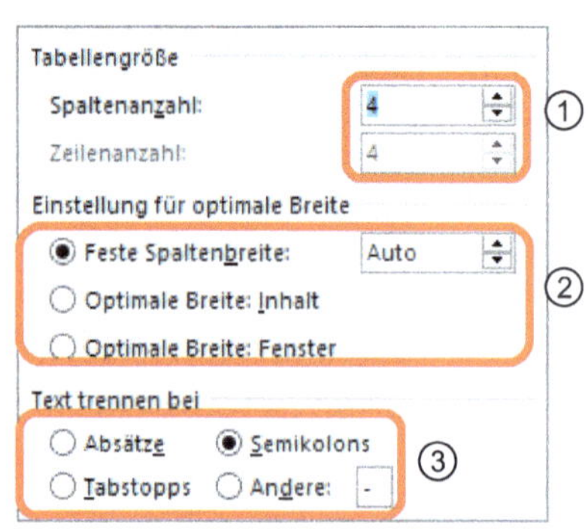

Vorname; Nachname; Abteilung; Durchwahl

Anton; Schmitt; Einkauf; 564

Susanne; Huber; Marketing; 779

Lydia; Miller; Personal; 341

Vorname	Nachname	Abteilung	Durchwahl
Anton	Schmitt	Einkauf	564
Susanne	Huber	Marketing	779
Lydia	Miller	Personal	341

13.4 Übung

Umzugsplan als Tabelle festhalten

Level		Zeit	ca. 10 min
Übungsinhalte	✔ Tabelle einfügen und formatieren ✔ Zeilen und Spalten einfügen ✔ Tabellenformatvorlagen zuweisen		
Übungsdatei	*Umzugsplan.docx*		
Ergebnisdatei	*Umzugsplan-E.docx*		

1. Öffnen Sie die Übungsdatei *Umzugsplan*.
2. Wandeln Sie den Text, basierend auf Tabstopps, in eine Tabelle um.
3. Verbinden Sie die Zellen der obersten Zeile.
4. Passen Sie die Breite der drei Spalten der Länge ihres Inhalts an.
5. Löschen Sie die drei Zeilen, die den Umzug des Büros 103 betreffen.
6. Setzen Sie den Cursor in die dritte Spalte (*Zielbüro*) und fügen Sie rechts davon eine zusätzliche Spalte ein. Fügen Sie am Tabellenende eine weitere Zeile ein.
7. Verbinden Sie erneut die Zellen der obersten Zeile und geben Sie in die verbleibenden leeren Zellen die Inhalte aus der Abbildung *Ergebnisdatei „Umzugsplan-E"* ein.
8. Weisen Sie der Tabelle die Vorlage *Gitternetztabelle2 - Akzent 5* zu.
9. Speichern Sie das Dokument unter dem Namen *Umzugsplan-E*.

Umzugsplan			
Möbel	Ursprungsbüro	Zielbüro	Tag
Drehstuhl	102	308	Montag
Rollcontainer	102	308	Montag
Schreibtisch	102	308	Montag
Drehstuhl	104	310	Dienstag
Rollcontainer	104	310	Dienstag
Schreibtisch	104	310	Dienstag
Regale	102	310	Montag

Ergebnisdatei „Umzugsplan-E"

Plus **... noch mehr Übungen:**
Liste in Tabelle umwandeln.pdf

14

Kopf- und Fußzeilen, Seitenzahlen

14.1 Basiswissen Kopf- und Fußzeilen

Beispieldatei: *Rundbrief_Kopf-und_Fußzeile.docx*

Kopf- und Fußzeilen befinden sich am oberen bzw. unteren Seitenrand des Dokuments.

Sie erscheinen zunächst auf jeder Seite und enthalten übergeordnete Informationen, wie etwa Titel, Firmenname, Erstelldatum oder Seitenzahlen.

Kopf- und Fußzeilen können auch beliebige Texte und Grafiken, etwa ein Logo, enthalten.

- Word stellt fertige, mit Platzhaltern versehene Kopf- und Fußzeilen als Bausteine bereit.
- Daneben können Sie auch leere Kopf- und Fußzeilen einfügen und selbst gestalten.

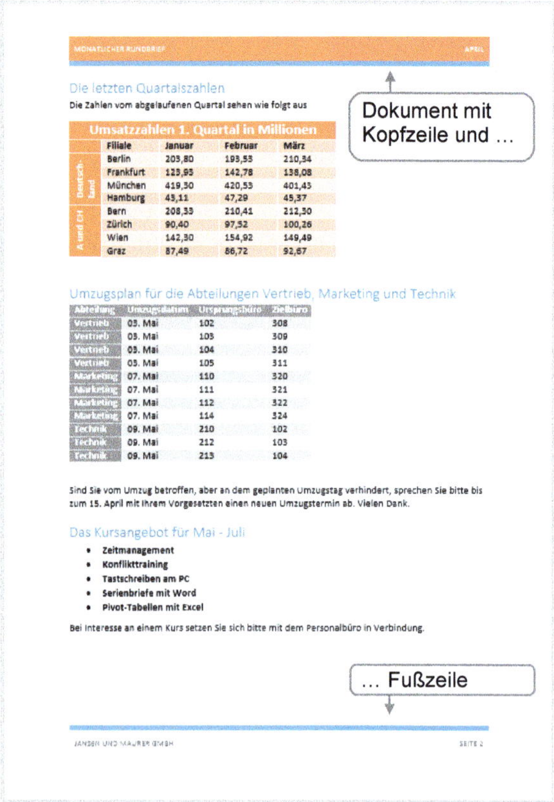

Kopf- und Fußzeilen werden in der Ansicht *Seitenlayout* in eigenen Arbeitsbereichen erstellt und gestaltet. Kopf- und Fußzeilen gelten für das gesamte Dokument. Die Arbeitsbereiche von Kopf- und Fußzeile sind durch eine Textmarkierung kenntlich gemacht.

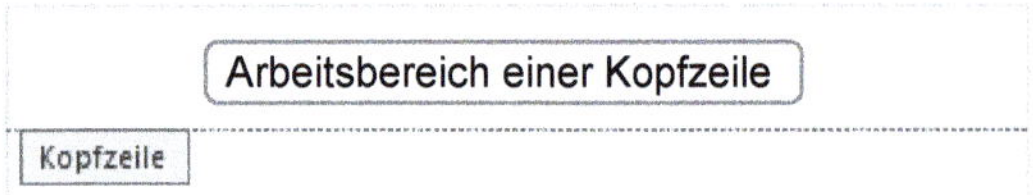

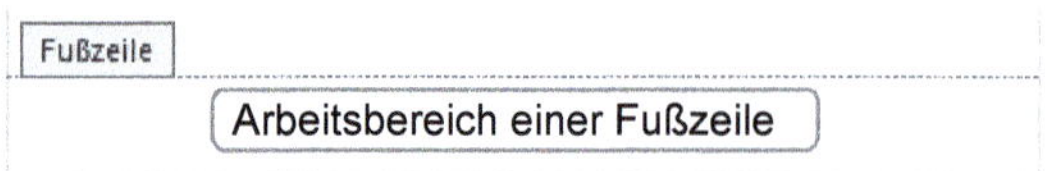

Solange der Arbeitsbereich geöffnet ist, kann der Inhalt des Dokuments nicht bearbeitet werden.

14.2 Fertige Kopf- und Fußzeilen

Kopfzeilen-Baustein einfügen

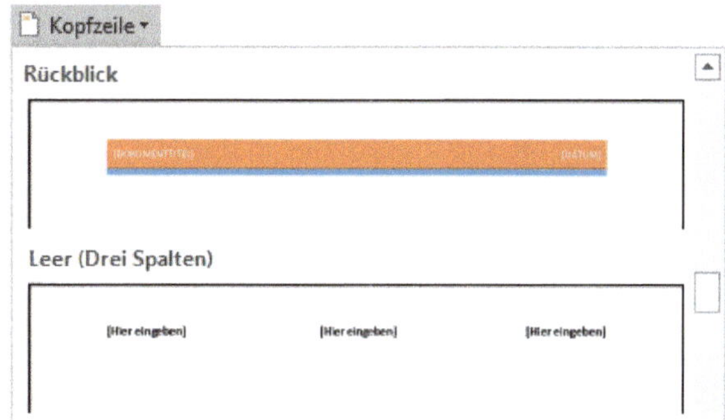

- ▶ Klicken Sie im Register *Einfügen* in der Gruppe *Kopf- und Fußzeile* auf *Kopfzeile*.
- ▶ Wählen Sie einen Baustein, dessen Aussehen und Inhalt Ihren Vorstellungen entspricht.

Der Arbeitsbereich mit der Kopfzeile und das Register *Entwurf* der *Kopf- und Fußzeilentools* werden eingeblendet.

Die Bausteine enthalten Platzhalter (Inhaltssteuerelemente). Am Namen bzw. am angezeigten Text erkennen Sie, für welche Inhalte ein Element vorgesehen ist.

Einige Platzhalter wie *Autor* oder *Firma* werden automatisch mit Inhalt gefüllt, sofern die Dokumenteigenschaften bekannt sind.

- ▶ Um einen Platzhalter mit Text zu füllen, klicken Sie ihn an.
- ▶ Überschreiben Sie den Text mit eigenen Angaben bzw. wählen Sie ein Datum aus.

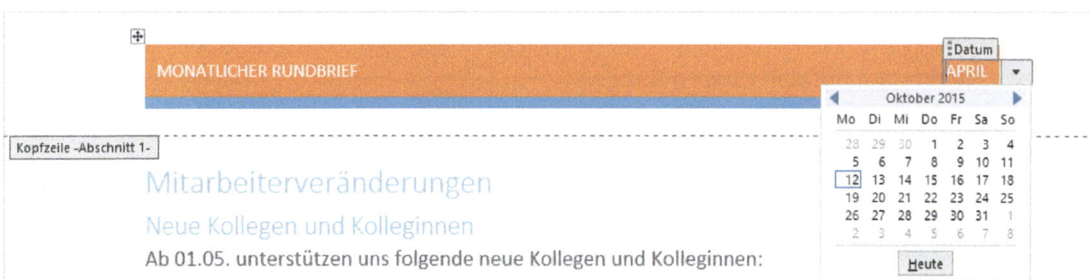

- ✔ Um ein Inhaltssteuerelement zu entfernen, klicken Sie es mit der rechten Maustaste an und wählen *Inhaltssteuerelement entfernen*. Wurde bereits Inhalt eingegeben, wird dieser in herkömmlichen Text umgewandelt.
- ✔ Bei Textplatzhaltern ([Hier eingeben]) wird das Inhaltssteuerelement nach der Texteingabe entfernt und die Eingabe in normalen Text umgewandelt.
- ✔ Um den Text eines Elements zu formatieren, klicken Sie es an und nehmen wie gewohnt die Formatierungen vor.

Fußzeilen-Baustein einfügen

- ▶ Ist der Arbeitsbereich der Kopfzeile noch geöffnet, klicken Sie im Register *Entwurf* der *Kopf- und Fußzeilentools*, Gruppe *Kopf- und Fußzeile,* auf *Fußzeile*.

  oder

  Klicken Sie im Register *Einfügen,* Gruppe *Kopf- und Fußzeile,* auf *Fußzeile*.

- Wählen Sie einen Baustein aus, dessen Aussehen und Inhalt zur Kopfzeile passt und Ihren Vorstellungen entspricht.

  Gleichnamige Kopf- und Fußzeilen sind aufeinander abgestimmt.
- Passen Sie die Inhalte der Platzhalter an.

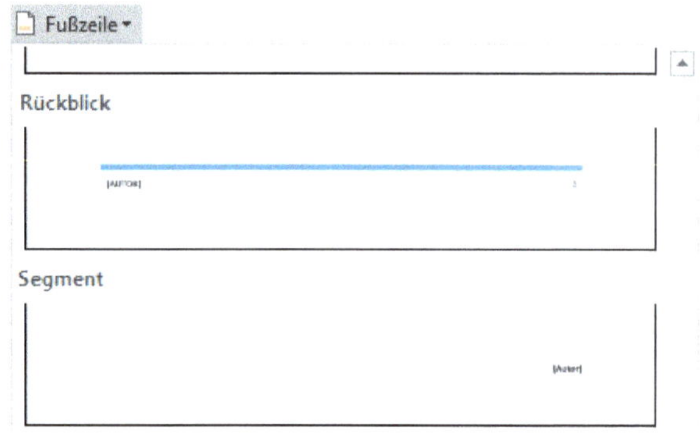

Kontrollieren Sie das Erscheinungsbild der erstellten Kopf- und Fußzeilen in der Druckvorschau.

Die Kopf- und Fußzeilen-Bausteine passen sich den Seitenlayout-Einstellungen an (Seitenränder, Ausrichtung etc.). Ändern Sie die Seitenlayout-Einstellungen, **nachdem** Sie die Kopf- und Fußzeilen eingefügt haben, müssen Sie diese manuell anpassen.

Kopf- und Fußzeilen-Bausteine für Buchlayouts

Bausteine, die den Zusatz (*Gerade Seite*) bzw. (*Ungerade Seite*) besitzen, dienen bei mehrseitigen Dokumenten dazu, ein gespiegeltes Layout für die Kopf- und Fußzeilen zu gestalten.

- Wählen Sie im Register *Layout*, Gruppe *Seite einrichten,* über *Seitenränder* den Eintrag *Gespiegelt*.
- Klicken Sie doppelt auf den oberen Randbereich, um den Arbeitsbereich zu öffnen.
- Aktivieren Sie im Register *Entwurf* der *Kopf- und Fußzeilentools*, Gruppe *Optionen*, *Gerade & ungerade Seiten untersch.*

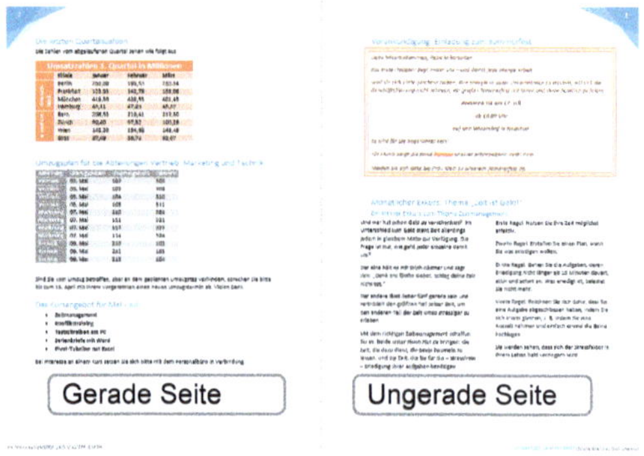

Word fügt für die ungeraden/geraden Kopf-/Fußzeilen eigene Arbeitsbereiche ein, die Sie mit den passenden Bausteinen gestalten:

Ungerade Kopfzeile | Gerade Kopfzeile und Gerade Fußzeile | Ungerade Fußzeile

Bearbeitung der Kopf- und Fußzeile beenden

- Klicken Sie im Register *Entwurf* (*Kopf- und Fußzeilentools*) in der Gruppe *Schließen* auf *Kopf- und Fußzeile* schließen.

  oder Klicken Sie doppelt in den Dokumentinhalt bzw. drücken Sie Esc.

14.3 Eigene Kopf- und Fußzeilen

Eigene Kopf- oder Fußzeile einfügen

- Klicken Sie im Register *Einfügen,* Gruppe *Kopf- und Fußzeile,* auf *Kopfzeile* oder auf *Fußzeile*.
- Wählen Sie *Leer* oder *Leer (Drei Spalten)*.
- Geben Sie den Text ein und markieren Sie ihn.
- Formatieren Sie den Text.

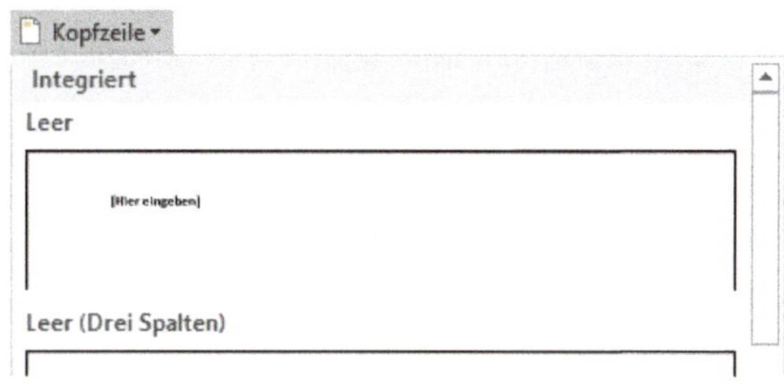

Tabstopps in Kopf- und Fußzeile anpassen

In Kopf- bzw. Fußzeilen sind ein zentrierter und ein rechtsbündiger Tabstopp vorhanden. Haben Sie z. B. benutzerdefinierte Seitenränder festgelegt, stimmen die Positionen dieser Tabstopps nicht mehr, da diese für die Standardeinstellungen gelten (Seitenränder *Normal,* Ausrichtung *Hochformat* und Format *A4)*.

- Löschen Sie die beiden vorhandenen Tabstopps.
- Haben Sie bereits Text eingegeben, setzen Sie den Cursor vor den Text, der mit einem Tabstopp ausgerichtet werden soll.
- Klicken Sie im Register *Entwurf* der *Kopf- und Fußzeilentools,* Gruppe *Position,* auf [Symbol].
- Wählen Sie einen Tabstopp aus, behalten Sie die Einstellung *Seitenrand* bei und bestätigen Sie mit *OK.*

Die Tabstopp-Position wird bei einer Änderung der Seitenränder relativ zum Seitenrand angepasst.

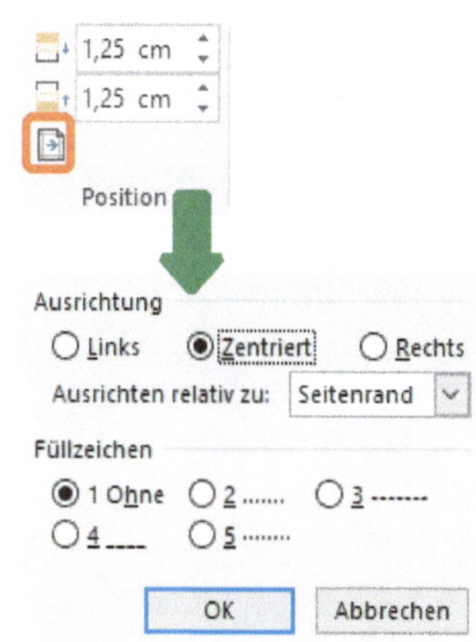

Trennlinie in Kopfzeile einfügen

- Setzen Sie den Cursor ans Textende der Kopfzeile und wechseln Sie ins Register *Start.*
- Klicken Sie in der Gruppe *Absatz* den Pfeil von [Symbol] an und wählen Sie *Horizontale Linie*.

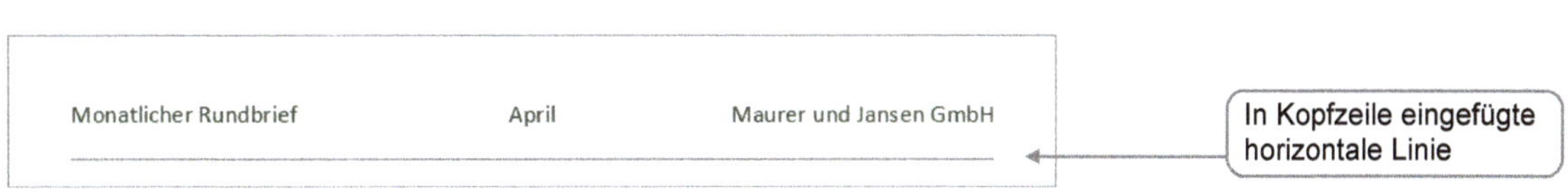

Grafik einfügen

- Setzen Sie den Cursor an die Einfügeposition.
- Klicken Sie im Register *Entwurf* (*Kopf- und Fußzeilentools*), Gruppe *Einfügen*, auf *Bilder* bzw. *Onlinegrafiken* und fügen Sie die Grafik ein.

Datum und Uhrzeit einfügen

- Klicken Sie im Register *Entwurf* der *Kopf- und Fußzeilentools*, Gruppe *Einfügen*, auf *Datum und Uhrzeit* und bestimmen Sie ein Format.
- Soll das Datum oder die Uhrzeit beim Öffnen bzw. Drucken automatisch aktualisiert werden, aktivieren Sie *Automatisch aktualisieren*.
- Bestätigen Sie mit *OK*.

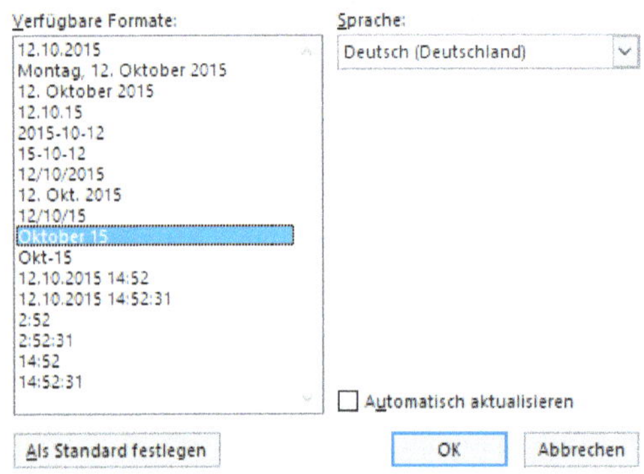

Dokumentinformation einfügen

- Dokumentinformationen wie Dateiname oder Dateipfad fügen Sie ein, indem Sie im Register *Entwurf* der *Kopf- und Fußzeilentools*, Gruppe *Einfügen*, auf *Dokumentinformationen* klicken.
- Über den Eintrag *Dokumenteigenschaft* können Sie weitere Angaben wie etwa den Firmennamen einfügen.

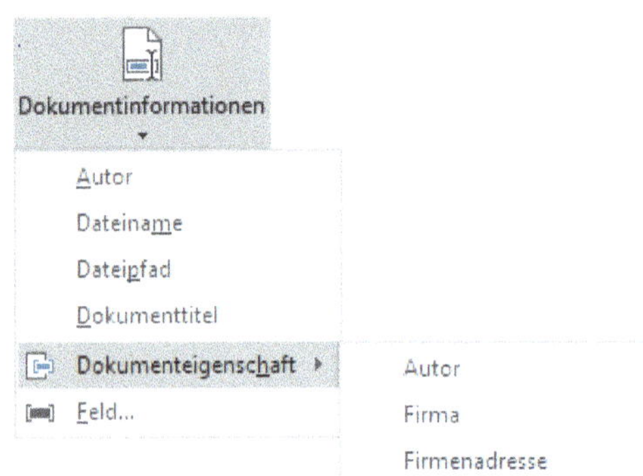

14.4 Einstellungen rund um Kopf- und Fußzeilen

Zwischen Kopf- und Fußzeilen navigieren

- Klicken Sie doppelt in den Bereich der Kopf- bzw. Fußzeile.

- Klicken Sie im Register *Entwurf* (*Kopf- und Fußzeilentools*) in der Gruppe *Navigation* befindlichen Schaltflächen *Zu Kopfzeile wechseln* bzw. *Zu Fußzeile wechseln*.

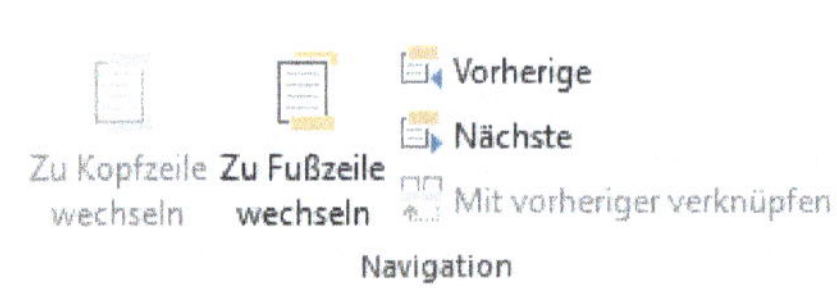

- Haben Sie für gerade und ungerade Seiten unterschiedliche Kopf- und Fußzeilen erstellt, nutzen Sie die Schaltflächen *Vorherige* bzw. *Nächste*.

Abstand vom Seitenrand einstellen

Sind Texte oder Grafiken der Kopf- und Fußzeile in der Druckvorschau nicht vollständig sichtbar, ändern Sie den Abstand vom Seitenrand wie folgt:

- Legen Sie im Register *Entwurf* (*Kopf- und Fußzeilentools*) in der Gruppe *Position* in den Feldern einen größeren Wert fest.

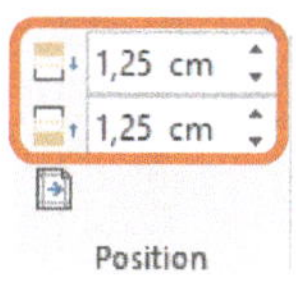

Abstand zum Dokumenttext ändern

Ist der Abstand zwischen der Kopf- oder Fußzeile und dem Dokumenttext zu gering, gehen Sie wie folgt vor:

- Setzen Sie den Cursor in die letzte Zeile der Kopfzeile bzw. in die erste Zeile der Fußzeile.
- Stellen Sie im Register *Layout*, Gruppe *Absatz*, für die Kopfzeile einen größeren Wert für den Abstand *Nach:* und für die Fußzeile einen größeren Wert für den Abstand *Vor:* ein.

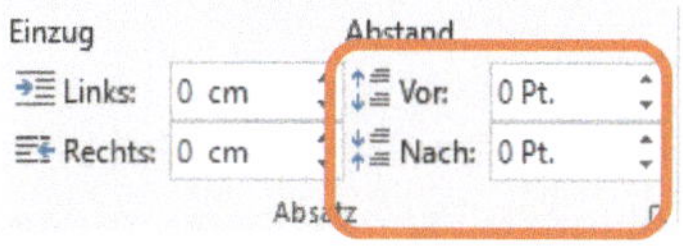

Kopf-/Fußzeile für die erste Seite einrichten

Auf der ersten Seite kann eine andere Kopf-/Fußzeile als für den Rest des Dokuments erzeugt werden.

- Aktivieren Sie im Register *Entwurf (Kopf- und Fußzeilentools)* in der Gruppe *Optionen* das Kontrollfeld *Erste Seite anders*.

  Die Kopfzeile der ersten Seite erhält den Namen *Erste Kopfzeile*, die Fußzeile den Namen *Erste Fußzeile*.

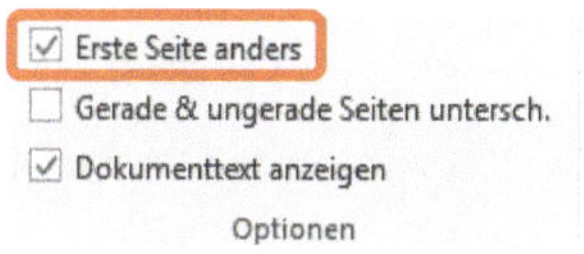

Soll auf der ersten Seite keine Kopf- bzw. Fußzeile erscheinen, lassen Sie diese Kopf- oder Fußzeile einfach leer.

Kopf-/Fußzeile löschen

- Klicken Sie im Register *Einfügen* bzw. im Register *Entwurf* (*Kopf- und Fußzeilentools*), Gruppe *Kopf- und Fußzeile,* auf *Kopfzeile* bzw. *Fußzeile.*
- Wählen Sie in der Liste den Eintrag *Kopfzeile entfernen* bzw. *Fußzeile entfernen*.

14.5 Seitenzahlen

Seitenzahlen können in den oberen und unteren Rand und auch in die seitlichen Ränder eingefügt werden. Beim Einfügen entscheiden Sie, ob die Seitenzahlen in eine Kopf- oder Fußzeile oder in einen leeren Randbereich eingefügt werden sollen.

Seitenzahlen in Kopf- oder Fußzeile einfügen

- Öffnen Sie durch Doppelklick die Kopf- bzw. Fußzeile und positionieren Sie den Cursor an der Einfügestelle.
- Klicken Sie im Register *Entwurf der Kopf- und Fußzeilentools*, Gruppe *Kopf- und Fußzeile,* auf *Seitenzahl.*
- Wählen Sie *Seitenzahlen* und ein Format.
- Formatieren Sie bei Bedarf die Seitenzahl.

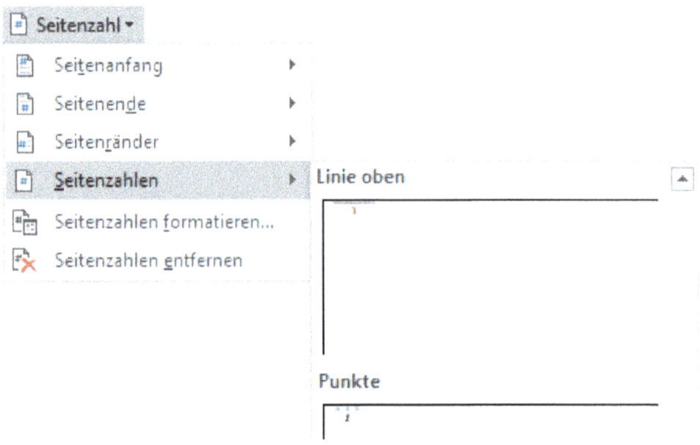

In bestehende Kopf-/Fußzeilen sollten Sie Seitenzahlen nur über den Eintrag *Seitenzahlen* einfügen, da sonst beim Einfügen von Seitenzahlen bestehende Kopf-/Fußzeilen ohne Rückfrage überschrieben werden.

Haben Sie noch keine Kopf- oder Fußzeile erstellt, können Sie beim Einfügen der Seitenzahlen die entsprechende Kopf- oder Fußzeile automatisch erzeugen lassen.

- Klicken Sie im Register *Einfügen*, Gruppe *Kopf- und Fußzeile*, auf *Seitenzahl*.
- Wählen Sie *Seitenanfang*, *Seitenende* oder *Seitenränder* sowie ein Format.

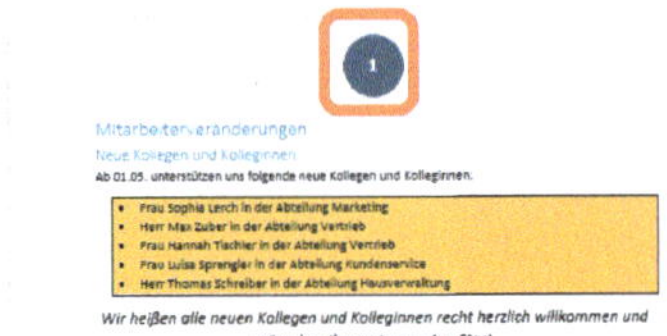

Seitenanfang - Kreis

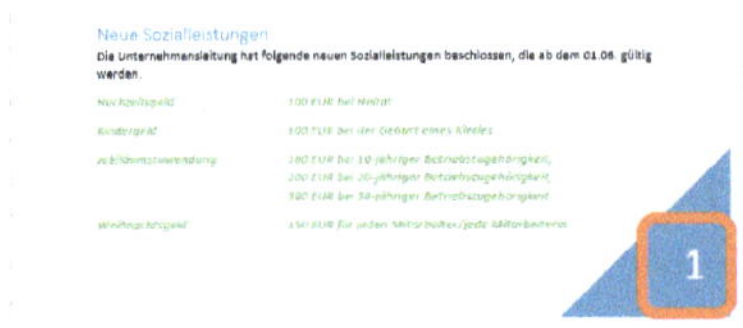

Seitenende - Dreieck 2

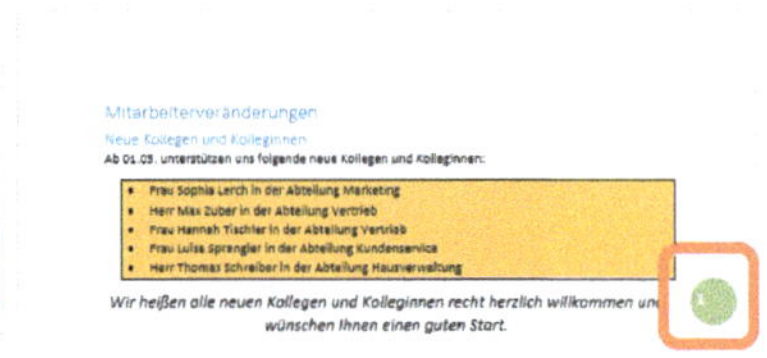

Seitenränder - Kreis rechts

Seitenzahlen löschen

- Klicken Sie im Register *Einfügen*, Gruppe *Kopf- und Fußzeile*, auf *Seitenzahl* und wählen Sie *Seitenzahlen entfernen*.

Seitenzahlen, die Bestandteil eines Kopf- bzw. Fußzeilen-Bausteins sind, lassen sich löschen, indem Sie eine der Seitenzahlen markieren und anschließend Entf betätigen.

14.6 Übung

Notizenvorlage erstellen

Level		Zeit	ca. 10 min
Übungsinhalte	✔ Fertige Kopfzeile einfügen und anpassen ✔ Inhaltssteuerelemente und Seitenzahl einfügen		
Übungsdatei	--		
Ergebnisdatei	*Notizenvorlage-E.docx*		

1. Erstellen Sie ein leeres Dokument und fügen Sie eine Kopfzeile im Design *Integral* ein.
2. Entfernen Sie das Inhaltssteuerelement *Dokumenttitel*.
3. Fügen Sie am linken Rand der Kopfzeile den Text *NOTIZEN VON* und rechts daneben das Inhaltssteuerelement *Autor* ein.
4. Erzeugen Sie in der Kopfzeile eine neue Zeile und geben Sie den Text *DATUM:* ein.
5. Fügen Sie rechts davon das Inhaltssteuerelement *Datum* ein. Das Datum soll sich beim Speichern automatisch aktualisieren.

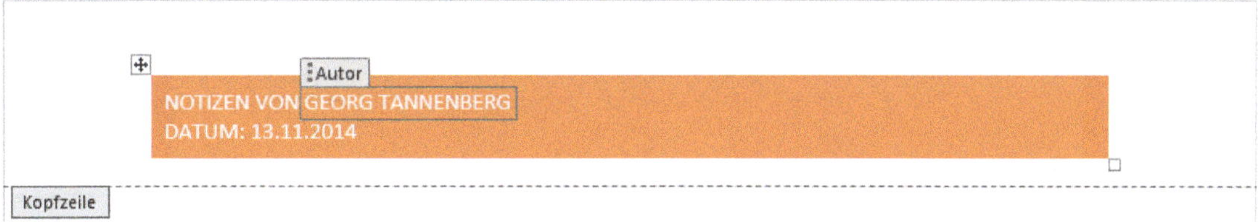

Fertig bearbeitete Kopfzeile

6. Wechseln Sie von der Kopfzeile in die Fußzeile.
7. Fügen Sie Seitenzahlen im Format *Fett formatierte Zahlen* ein (Rubrik *Seite X von Y*).
8. Zentrieren Sie die Seitenzahlen.
9. Überschreiben Sie die Wörter *Seite* und *von* mit Großbuchstaben.
10. Markieren Sie den Inhalt der Fußzeile, weisen Sie ihm einen orangefarbenen Hintergrund und eine weiße Schriftfarbe zu.

Fertig bearbeitete Fußzeile

11. Verlassen Sie den Fußzeilenbereich.
12. Speichern Sie das Dokument unter dem Namen *Notizenvorlage-E*.

Plus+ **... noch mehr Übungen:**

Kopf- und Fußzeilenbaustein einfügen.pdf
Individuelle Kopfzeile gestalten.pdf

15

Besondere Textformen

15.1 Spaltentext

Plus **Beispieldatei:** *Wohnmobil-Spalten.docx*

Spalten erzeugen

Texte, die wie in Zeitungen in Spalten angeordnet werden, können Sie entweder für den ganzen Text oder nur für einen Bereich erzeugen. Die Anzahl der Spalten bestimmen Sie dabei selbst.

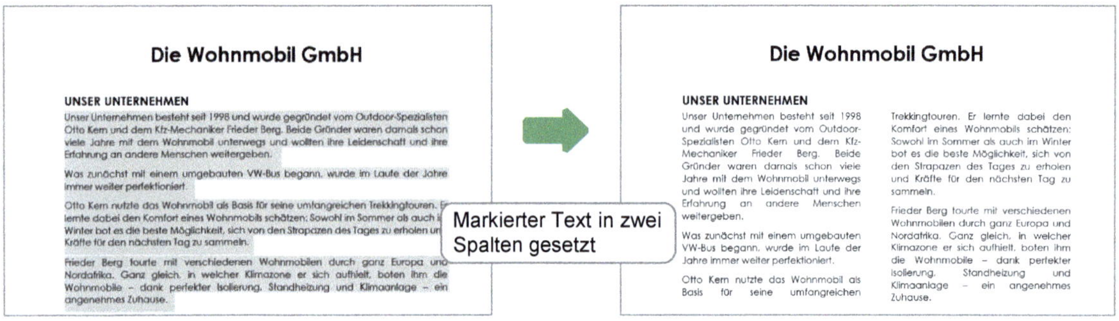

- Setzen Sie den Cursor an eine beliebige Stelle im Dokument, wenn Sie den gesamten Text in Spalten setzen möchten bzw. markieren Sie den Text, der in Spalten gesetzt werden soll.
- Klicken Sie im Register *Layout*, Gruppe *Seite einrichten*, auf *Spalten*.
- Wählen Sie aus, wie viele Spalten erzeugt werden sollen. Die Spalten werden gleichmäßig über die ganze Seitenbreite verteilt.

  oder Klicken Sie auf *Weitere Spalten*, um individuelle Spalten einzurichten.

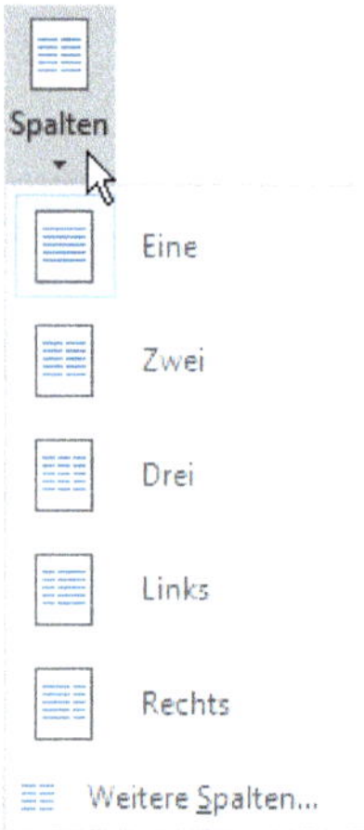

Sie haben anschließend die Möglichkeit, die Spaltenanzahl, -breite und den Spaltenabstand festzulegen sowie über die Option *Zwischenlinie* vertikale Linien zwischen den Spalten einzublenden.

- Wenn Sie nur einen bestimmten Bereich des Textes in Spalten gesetzt haben, fügt Word davor und/oder danach automatisch Abschnittsumbrüche ein.
- Um die Spalten zu entfernen, setzen Sie den Cursor in den Spaltenbereich, klicken auf *Spalten* und wählen *Eins*. Wurden bei der Erzeugung der Spalten Abschnittsumbrüche eingefügt, müssen diese bei Bedarf manuell gelöscht werden.

Spaltenumbruch einfügen

Innerhalb von Spalten können Sie an einer beliebigen Stelle einen Spaltenumbruch einfügen: Fügen Sie in der **linken** Spalte einen Umbruch ein, wird der **nachfolgende** Text in die nächste Spalte verschoben. Fügen Sie in der **rechten** Spalte einen Umbruch ein, wird der Text **vor** der Cursorposition in die Spalte davor verschoben.

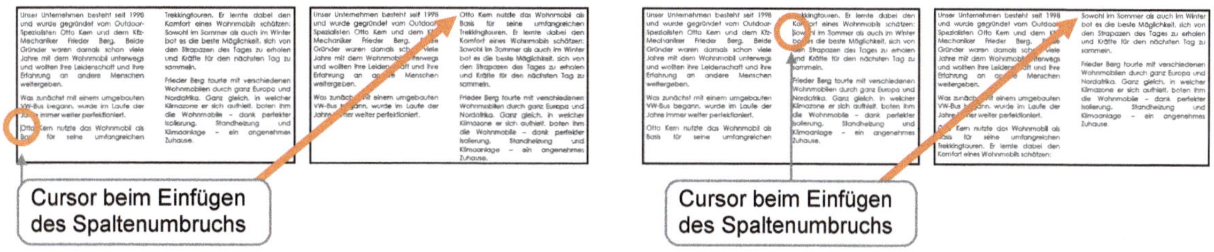

- Setzen Sie den Cursor an die entsprechende Position in der Spalte.
- Klicken Sie im Register *Layout,* Gruppe *Seite einrichten,* auf *Umbrüche* und wählen Sie *Spalte*.

Falls die Spalten nicht gleichmäßig mit Text gefüllt sind (also nicht auf gleicher Höhe enden), fügen Sie am Spaltentextende über *Umbrüche*, Eintrag *Fortlaufend,* einen fortlaufenden Abschnittsumbruch ein. Text, den Sie nachträglich ergänzen, müssen Sie **vor** dem letzten Abschnittsumbruch eingeben.

15.2 Textfelder

Mithilfe von Textfeldern können Sie Text völlig frei auf der Seite positionieren. Sie können hierfür eigene, aber auch von Word mitgelieferte Bausteine für Textfelder verwenden. Diese sind bereits formatiert und werden an einer bestimmten Position eingefügt. Nach dem Einfügen können die Textfelder beliebig verschoben, formatiert und mit Text gefüllt werden.

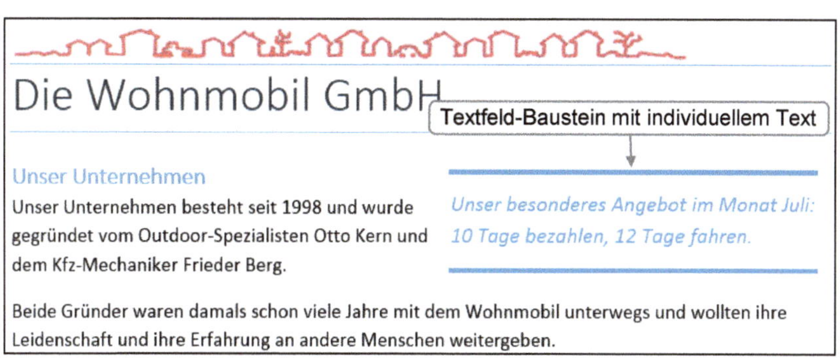

Textfeld-Bausteine einfügen

- Klicken Sie im Register *Einfügen* in der Gruppe *Text* auf *Textfeld*.
- Klicken Sie auf den Textfeld-Baustein, den Sie einfügen möchten.

  Im eingefügten Textfeld wird eine kurze Beschreibung über dessen Hauptverwendungszweck angezeigt.
- Überschreiben Sie den Erläuterungstext des Textfeldes.
- Verschieben Sie eventuell das Textfeld an eine andere Position, indem Sie auf das Textfeld klicken, um es zu markieren, und es an seinem Rahmen (Mauszeiger) an die gewünschte Stelle ziehen.
- Im eingeblendeten Register *Format* sowie im Register *Start* können Sie den Text wie auch das Textfeld beliebig formatieren.

Textfelder neu erstellen

Plus **Beispieldatei:** *Wohnmobil-Textfeld.docx*

Alternativ zur Verwendung der Textfeld-Bausteine können Sie Textfelder auch neu erstellen. Sie können dabei wahlweise vorhandenen Text umwandeln oder ein leeres Textfeld erstellen und anschließend den Text eingeben.

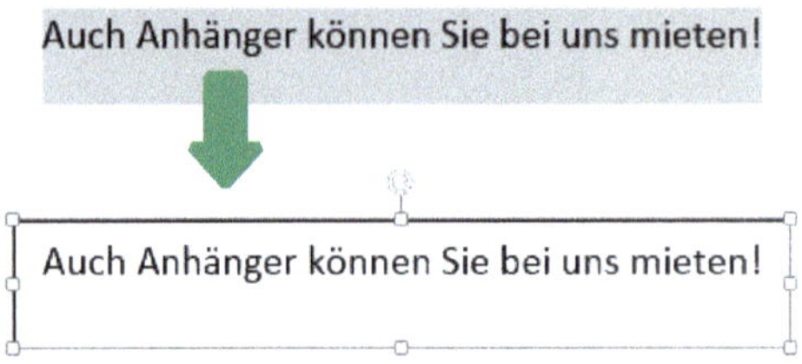

- Um Text in ein Textfeld **umzuwandeln**, markieren Sie zunächst den Text.
- Klicken Sie im Register *Einfügen* in der Gruppe *Text* auf *Textfeld* und wählen Sie *Textfeld erstellen*.

  Der Text wird von seiner ursprünglichen Position entfernt und in ein Textfeld an den linken Seitenrand gesetzt.

  oder Um ein leeres Textfeld zu erstellen, stellen Sie sicher, dass kein Text markiert ist.
- Wählen Sie in der Liste der Schaltfläche *Textfeld* den Eintrag *Textfeld erstellen*.
- Ziehen Sie einen Rahmen an beliebiger Position in der gewünschten Größe auf.
- Geben Sie den Text ein.

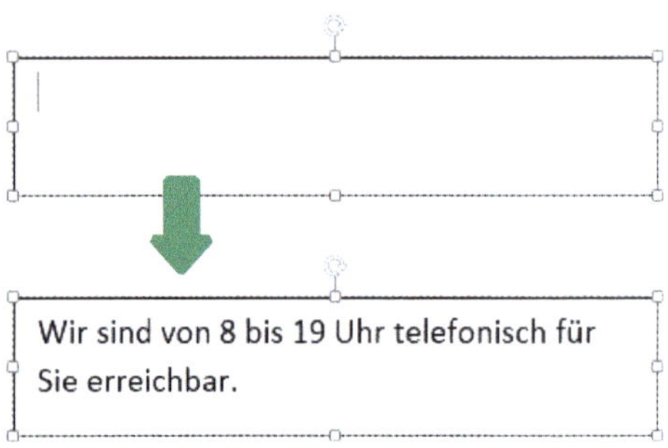

Textfelder gestalten und löschen

Sie möchten ...	
das Textfeld drehen	▶ Verwenden Sie den Drehpunkt.
die Größe ändern	▶ Verwenden Sie die Ziehpunkte ○.
die Gestaltung des Rahmens und den Fülleffekt ändern	▶ Wählen Sie im Register *Format* in der Gruppe *Formenarten* beliebige Einstellungen aus.
die Textrichtung ändern	▶ Klicken Sie im Register *Format*, Gruppe *Text*, auf *Textrichtung* und wählen Sie eine andere Textrichtung.
die Ausrichtung des Textes innerhalb des Textfelds ändern	▶ Klicken Sie im Register *Format*, Gruppe *Text*, auf *Text ausrichten* und wählen Sie eine Textausrichtung.
ein Textfeld löschen	▶ Markieren Sie das Textfeld, indem Sie in das Textfeld klicken. ▶ Klicken Sie auf den Rahmen des Textfeldes und betätigen Sie Entf.

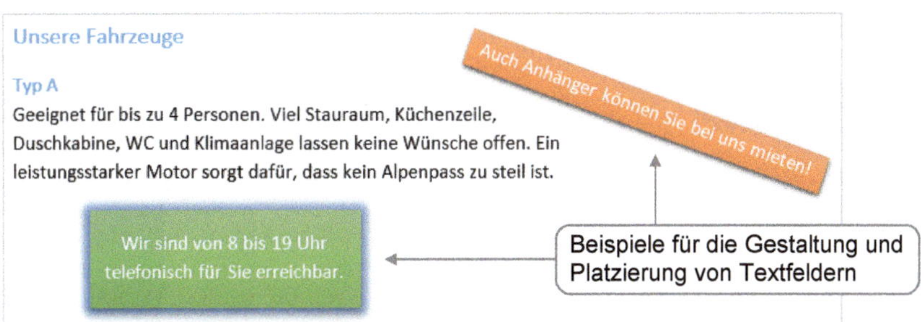

15.3 WordArt

WordArt-Textfeld erzeugen

Zur kreativen Gestaltung einzelner Wörter oder kurzer Textpassagen nutzen Sie WordArt-Textfelder.

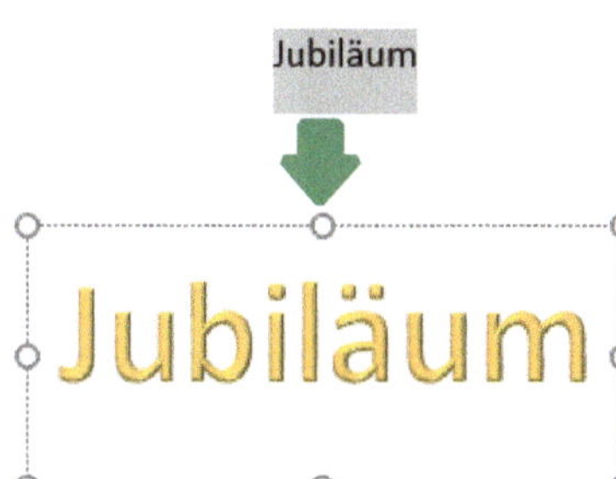

- ▶ Geben Sie den Text ein, aus dem das WordArt-Objekt erzeugt werden soll.
- ▶ Markieren Sie den Text.
- ▶ Klicken Sie im Register *Einfügen* in der Gruppe *Text* auf .
- ▶ Wählen Sie ein Format aus.

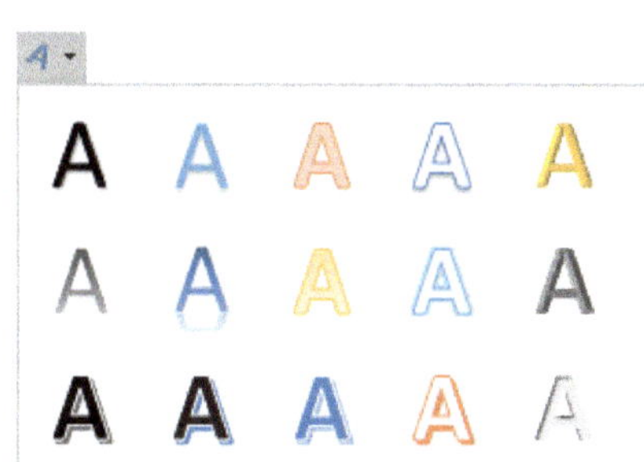

Das WordArt-Textfeld wird mit einem quadratischen Zeilenumbruch in den Text eingefügt.

WordArt-Textfeld bearbeiten

Die Position von WordArt-Objekten bearbeiten Sie wie bei Bildern. Die Schriftgröße ändern Sie z. B. über die Gruppe *Schriftart* im Register *Start*. Weitere Funktionen finden Sie in den Gruppen *WordArt-Formate* und *Text* des Registers *Format*.

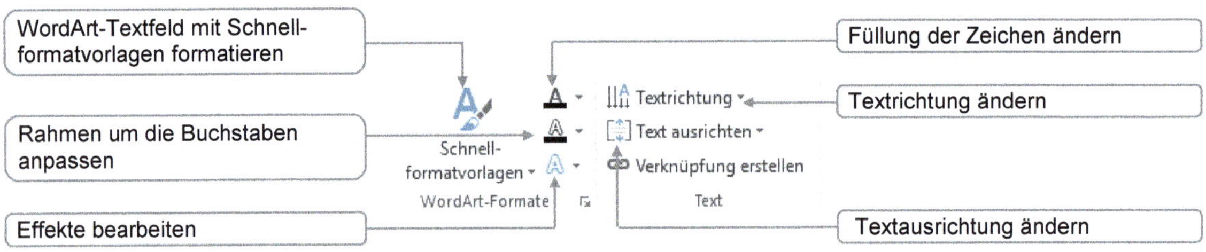

Bei WordArt-Objekten haben Sie die Option, den Text an einem Pfad auszurichten oder das WordArt-Objekt zu verzerren.

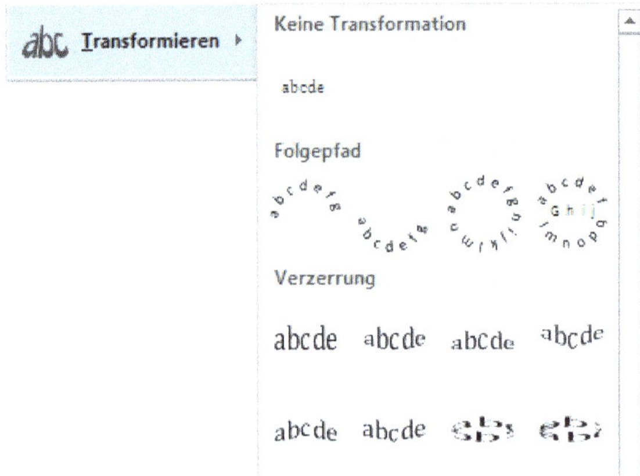

- Klicken Sie im Register *Format*, Gruppe *WordArt-Formate*, auf und wählen Sie *Transformieren*.
- Legen Sie im Untermenü den *Folgepfad* fest, an dem der Text ausgerichtet wird.

  oder Wählen Sie eine *Verzerrung* aus.

15.4 Übung

Zeitschriftenartikel gestalten

Level		Zeit	ca. 10 min
Übungsinhalte	✔ Text in Spalten setzen ✔ Text in Textfelder umwandeln ✔ Text in WordArt-Textfeld umwandeln		
Übungsdatei	*Pangramme.docx*		
Ergebnisdatei	*Pangramme-E.docx*		

1. Öffnen Sie die Übungsdatei *Pangramme*.
2. Setzen Sie den großen Fließtextblock in zwei Spalten.
3. Fügen Sie links vom Wort *Vogel* einen Spaltenumbruch ein.
4. Trennen Sie das Wort *Heizölrückstoßdämpfung* mit einem bedingten Trennstrich.
5. Wandeln Sie den Text *Gut zu wissen* in ein Textfeld um.
6. Weisen Sie dem Textfeld einen dicken blauen Rahmen zu.
7. Wandeln Sie die Überschrift entsprechend der Abbildung in ein WordArt-Textfeld um.
8. Positionieren Sie das Textfeld *Gut zu wissen* rechts von der Überschrift und drehen Sie es geringfügig gegen den Uhrzeigersinn.
9. Speichern Sie das Dokument unter dem Namen *Pangramme-E*.

Was sind Pangramme? Gut zu wissen

Pangramme bezeichnen Sätze, in denen sehr viele oder möglichst sogar alle Buchstaben des Alphabets vorkommen.

Wozu sind Pangramme gut? Nun ja, Pangramme eignen sich beispielsweise zum Üben des Zehnfingerschreibens oder auch zum ersten Kennenlernen der Computertastatur. Auch als Blindtexte, das sind Platzhaltertexte während der Erstellung von Layouts, sind Pangramme beliebt. Es folgen ein paar Beispiele: Zwei flinke Boxer jagen die quirlige Eva und ihren Mops durch Sylt. Franz jagt im komplett verwahrlosten Taxi quer durch Bayern. Zwölf Boxkämpfer jagen Viktor quer über den großen Sylter Deich.

Vogel Quax zwickt Johnys Pferd Bim. Sylvia wagt quick den Jux bei Pforzheim. Polyfon zwitschernd aßen Mäxchens Vögel Rüben, Joghurt und Quark. "Fix, Schwyz!" quäkt Jürgen blöd vom Paß. Victor jagt zwölf Boxkämpfer quer über den großen Sylter Deich. Falsches Üben von Xylophonmusik quält jeden größeren Zwerg. Heizölrück-stoßabdämpfung. Übrigens, wer ein englischsprachiges Pangramm benötigt, kann auf diesen Satz zurückgreifen: The quick brown fox jumps over the lazy dog.

Ergebnisdatei „Pangramme-E“

Plus+ **... noch mehr Übungen:**
Textfelder verwenden.pdf

16

Korrekturhilfen anwenden

16.1 Basiswissen Rechtschreib- und Grammatikprüfung

Plus **Beispieldatei:** *Omas Tipps.docx*

Beim Schreiben von Texten unterlaufen Fehler. Dank der in Word integrierten Korrekturfunktionen können Fehler schnell gefunden und korrigiert werden:

- Korrektur von Rechtschreib- und Grammatikfehlern
- Automatische Korrekturfunktion (AutoKorrektur) während der Texteingabe

Bei der **Rechtschreibprüfung** werden alle Wörter im Text mit den Einträgen in einem Wörterbuch verglichen. Wörter, die nicht im Wörterbuch vorhanden sind, werden mit einer **roten** Wellenlinie markiert. Dabei kann es sich um falsch geschriebene Wörter handeln, aber auch um korrekt geschriebene Wörter, die das Wörterbuch nicht kennt – etwa Namen oder Fachbegriffe.

Die **Grammatikprüfung** prüft das Dokument anhand der üblichen Grammatikregeln. Vermutete Grammatik-, Stil- oder Wortauswahlfehler sind mit einer **blauen** Wellenlinie gekennzeichnet.

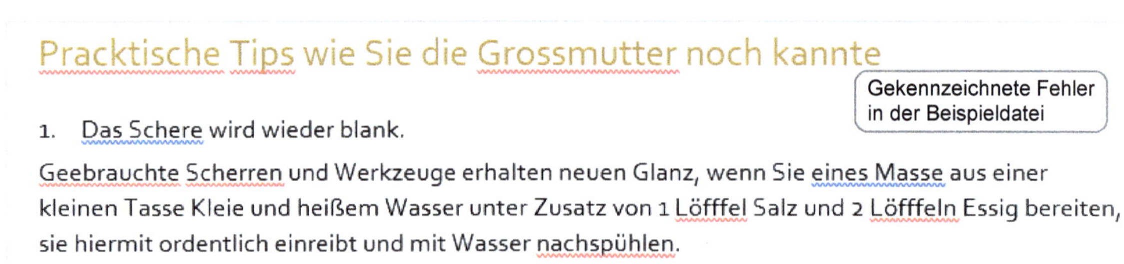
Pracktische Tips wie Sie die Grossmutter noch kannte

1. Das Schere wird wieder blank.

Geebrauchte Scherren und Werkzeuge erhalten neuen Glanz, wenn Sie eines Masse aus einer kleinen Tasse Kleie und heißem Wasser unter Zusatz von 1 Löfffel Salz und 2 Löfffeln Essig bereiten, sie hiermit ordentlich einreibt und mit Wasser nachspühlen.

Die Rechtschreib- und Grammatikprüfung findet keine sinnstörenden Fehler. So bewirkt etwa das Wort *Wiese* (anstelle von *Weise*) im Satz *Auf diese Wiese erstellen Sie ein Dokument* keine Fehlerkennzeichnung.

16.2 Prüfung während der Texterfassung

Die **automatische Rechtschreibprüfung** dient zur Prüfung Ihrer Texte während der Eingabe.

- Klicken Sie mit der rechten Maustaste in das beanstandete Wort. Im Kontextmenü werden, falls vorhanden, Korrekturvorschläge angezeigt.
- Wählen Sie den passenden Begriff aus.

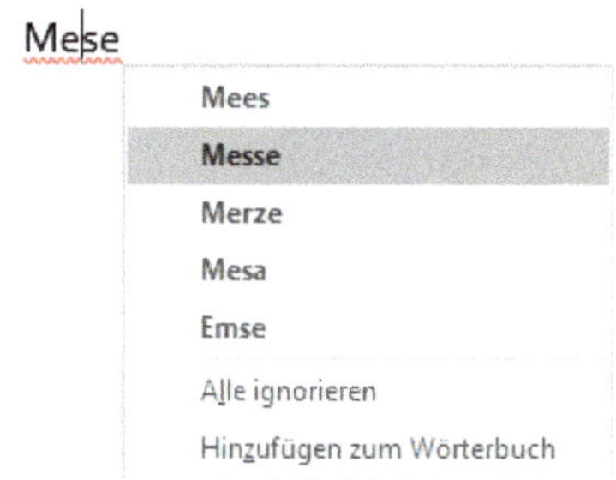

Schreiben Sie ein Wort zweimal direkt hintereinander, wird das doppelte Wort als potenzieller Fehler erkannt und markiert. Es kann über den Kontextmenüpunkt *Wiederholtes Wort löschen* gelöscht werden.

Zu Unrecht bemängelte Wörter sollten Sie in das persönliche Benutzerwörterbuch aufnehmen. Dieses steht zentral für alle Microsoft-Office-Anwendungen zur Verfügung.

- Mit einem Rechtsklick in ein markiertes Wort können Sie dieses dem Benutzerwörterbuch hinzufügen.

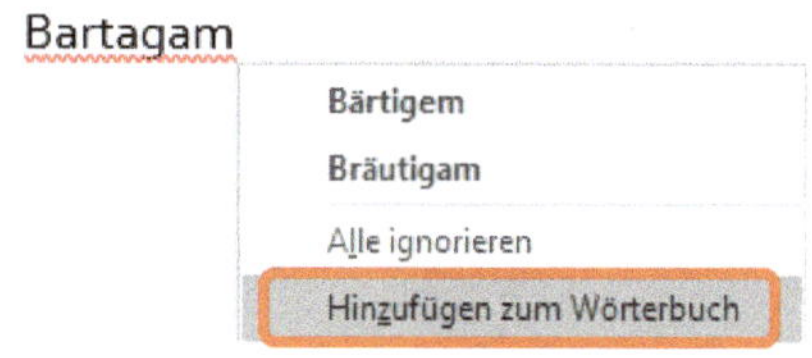

Die **automatische Grammatikprüfung** prüft während der Eingabe Sätze auf grammatikalische Richtigkeit und kennzeichnet das als falsch erkannte Wort.

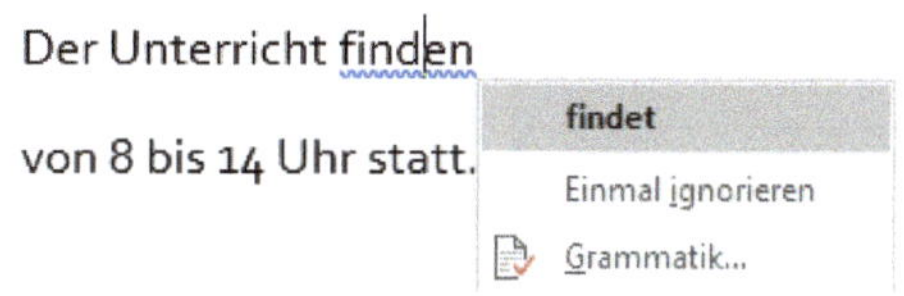

- Klicken Sie mit rechts in das beanstandete Wort und wählen Sie die gewünschte Korrektur aus.

16.3 Gesamtes Dokument prüfen

Neben der Möglichkeit, während der Eingabe zu korrigieren, können Sie auch das gesamte Dokument überprüfen lassen. Dies eignet sich für umfangreiche und bestehende Dokumente, sowie für Inhalte, die aus fremden Quellen stammen.

- Setzen Sie den Cursor an den Dokumentanfang oder markieren Sie den Text.
- Klicken Sie in der Statusleiste auf 📖.

  oder Klicken Sie im Register *Überprüfen*, Gruppe *Rechtschreibung*, auf die Schaltfläche *Rechtschreibung und Grammatik*.

  Alternative: F7

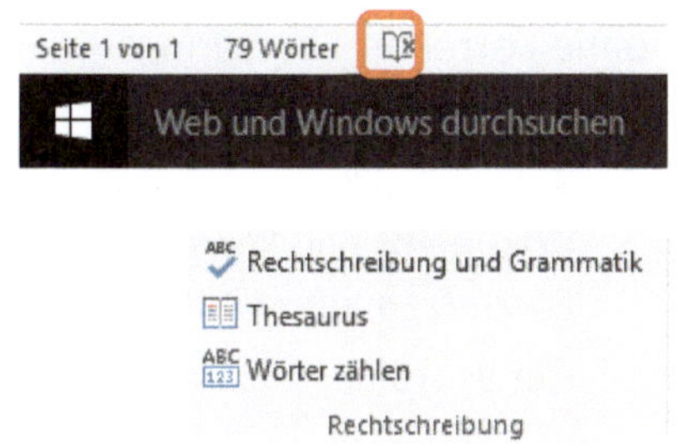

Findet Word Fehler, öffnet sich der Aufgabenbereich *Rechtschreibung* bzw. *Grammatik*:

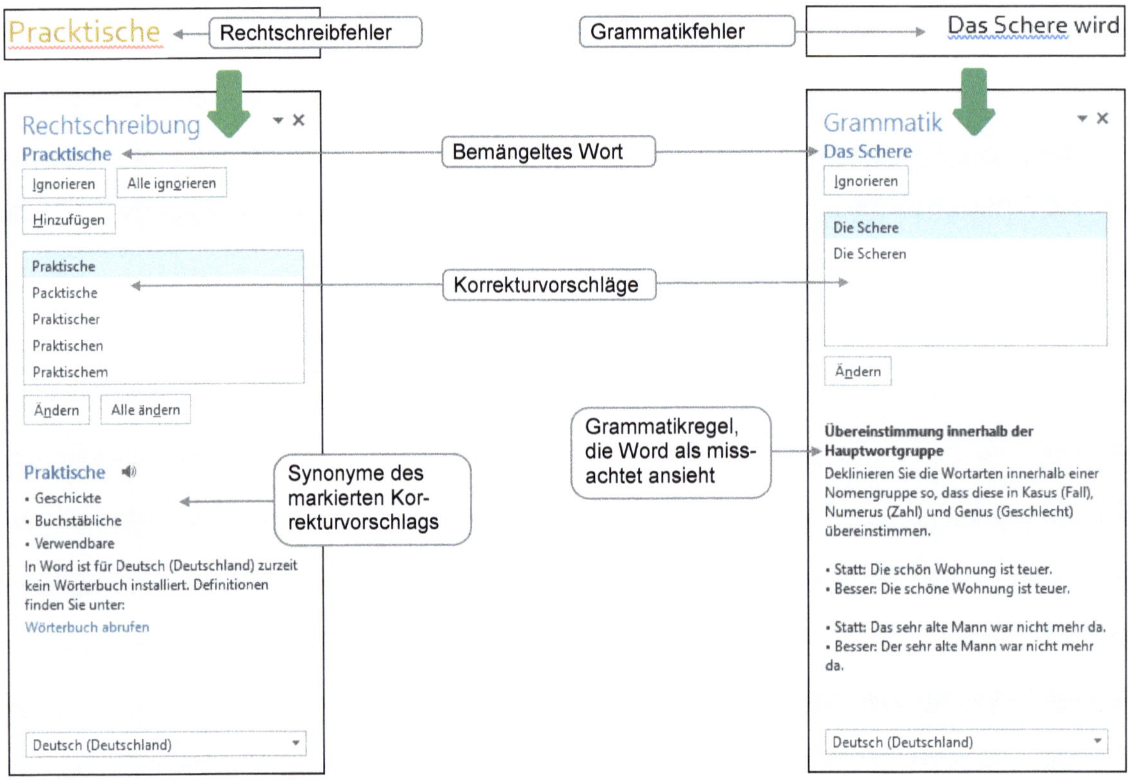

Sie möchten einen markierten Rechtschreibfehler ...	
korrigieren	▶ Klicken Sie doppelt auf den passenden Korrekturvorschlag. *oder* Um das Wort an allen Stellen des Dokuments zu korrigieren, wählen Sie den passenden Korrekturvorschlag aus und klicken auf *Alle ändern*.
ohne Korrektur überspringen	▶ Um ein Wort ohne Korrektur zu überspringen, klicken Sie auf *Ignorieren*. *oder* Kommt das Wort mehrmals vor, klicken Sie auf *Alle ignorieren*, um es an allen Stellen zu überspringen.
ins Wörterbuch aufnehmen	▶ Klicken Sie auf *Hinzufügen*. Der Begriff wird dem Benutzerwörterbuch hinzugefügt und zukünftig nicht mehr bemängelt.

Sie möchten einen markierten Grammatikfehler ...	
korrigieren	▶ Klicken Sie doppelt auf den Korrekturvorschlag.
ohne Korrektur überspringen	▶ Klicken Sie auf *Ignorieren*.

- ✔ Befindet sich bei den Korrekturvorschlägen kein passender Vorschlag, klicken Sie ins Dokument und korrigieren das Wort manuell. Danach klicken Sie im Aufgabenbereich auf *Fortsetzen*, um mit der Prüfung fortzufahren.
- ✔ Hat Word das gesamte Dokument überprüft, erscheint ein Hinweis.

16.4 Korrekturverhalten anpassen

Sie können das Verhalten der Rechtschreib- und Grammatikprüfung einstellen und dadurch beeinflussen, welche Fehler von Word angezeigt werden.

- Klicken Sie im Register *Datei* auf *Optionen* und wählen Sie *Dokumentprüfung*.

Schalten Sie die nachfolgend aufgeführten Optionen ein oder aus. Hierbei ist zu beachten, dass die Einstellungen drei Geltungsbereiche haben.

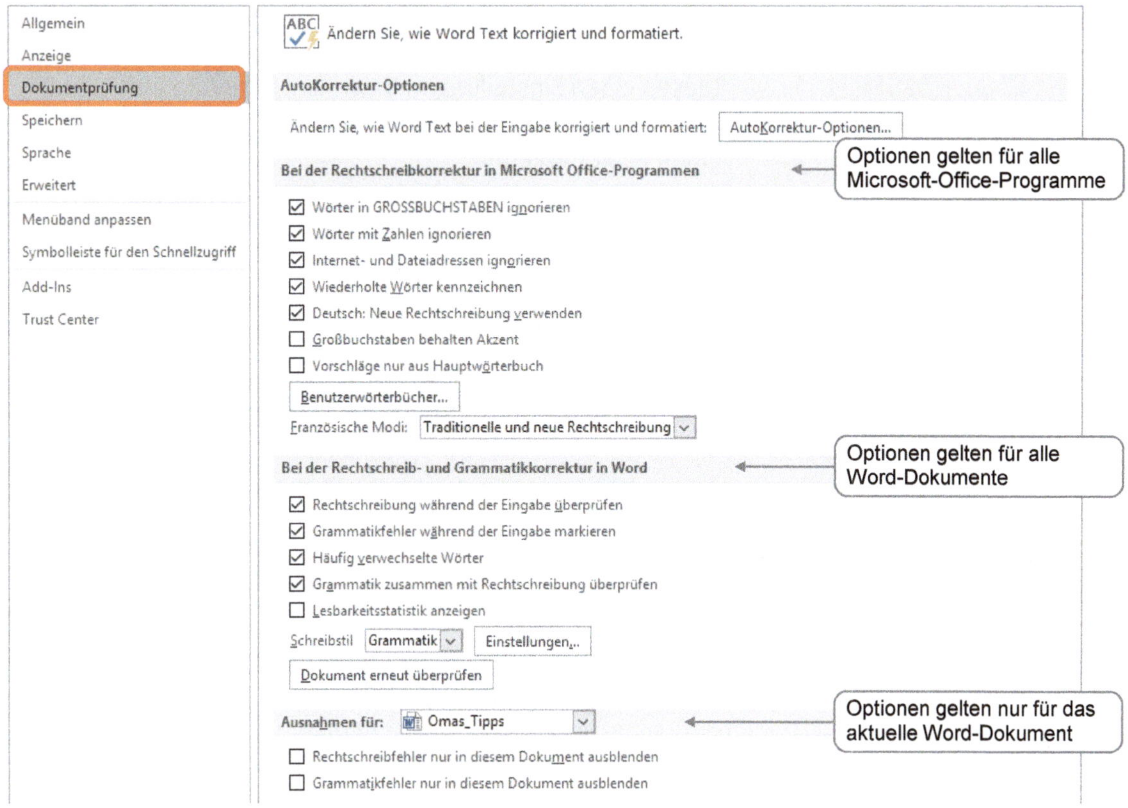

Office-übergreifende Korrektureinstellungen

Wörter in GROSSBUCHSTABEN ignorieren *Wörter mit Zahlen ignorieren* *Internet- und Dateiadressen ignorieren*	Standardmäßig werden Wörter ignoriert, die nur aus Großbuchstaben bestehen (wie *TGW*) oder mit Zahlen kombiniert sind (wie *Artikel103*), sowie Internet- und Dateiadressen (wie *www.herdt.com*).
Wiederholte Wörter kennzeichnen	Kommt ein Wort zweimal hintereinander vor, wie *so so*, wird das zweite Wort als Fehler angezeigt.

Deutsch: Neue Rechtschreibung verwenden	Um nach alter deutscher Rechtschreibung korrigieren zu lassen, schalten Sie diese Option aus.
Großbuchstaben behalten Akzent	Bei französischen Texten kann auf fehlende Akzente bei Großbuchstaben hingewiesen werden.
Vorschläge nur aus Hauptwörterbuch	Standardmäßig wird das Hauptwörterbuch und das Benutzerwörterbuch. Bei aktivierter Option werden nur Korrekturvorschläge aus dem Hauptwörterbuch angezeigt.

Word-spezifische Korrektureinstellungen

Rechtschreibung während der Eingabe überprüfen *Grammatikfehler während der Eingabe markieren*	Diese beiden Einstellungen bewirken, dass rote und blaue Wellenlinien im Dokument angezeigt werden, sobald Word einen Fehler erkennt. Durch Ausschalten der Kontrollfelder erreichen Sie, dass keine Wellenlinien angezeigt werden.
Grammatik zusammen mit Rechtschreibung überprüfen	Standardmäßig wird sowohl die Rechtschreibung als auch die Grammatik geprüft, wenn Sie oder *Rechtschreibung und Grammatik* anklicken bzw. F7 betätigen. Schalten Sie dieses Kontrollfeld aus, wird nur die Rechtschreibung geprüft.

Haben Sie die Rechtschreib- und die Grammatikprüfung für ein Dokument durchgeführt, werden keine Fehler mehr gekennzeichnet. Möchten Sie das Dokument nochmals prüfen, etwa um ignorierte Fehler wieder anzuzeigen, klicken Sie auf *Dokument erneut überprüfen*.

Dokument-spezifische Korrektureinstellungen

- Wenn Sie mehrere Dokumente geöffnet haben, können Sie wählen, für welches Dokument die Einstellungen gelten sollen.

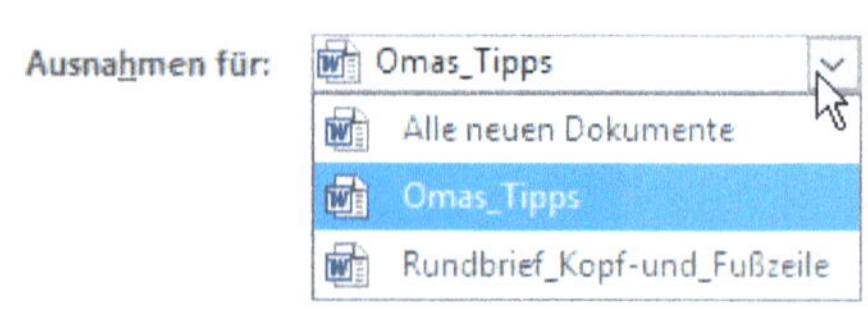

Rechtschreibfehler nur in diesem Dokument ausblenden *Grammatikfehler nur in diesem Dokument ausblenden*	Damit im aktuellen Dokument keine roten oder blauen Wellenlinien angezeigt werden, schalten Sie diese Kontrollfelder ein.

Um die Wellenlinien-Markierungen für alle künftigen Dokumente auszuschalten, wählen Sie im Feld den Eintrag *Alle neuen Dokumente* und aktivieren dann die beiden Kontrollfelder.

16.5 Fremdsprachige Texte

Word enthält neben dem deutschen Wörterbuch auch fremdsprachige Wörterbücher, etwa für die Sprachen Englisch, Französisch und Italienisch (weitere Wörterbücher können nachinstalliert werden). Außerdem können Sie sich fremdsprachige Begriffe übersetzen und vorlesen lassen.

Sprache für die Dokumentprüfung wählen

- Markieren Sie den Text.
- Klicken Sie im Register *Überprüfen,* Gruppe *Sprache,* auf *Sprache*.
- Wählen Sie *Sprache für die Korrekturhilfen festlegen*.
- Wählen Sie eine Sprache und bestätigen Sie mit *OK*.

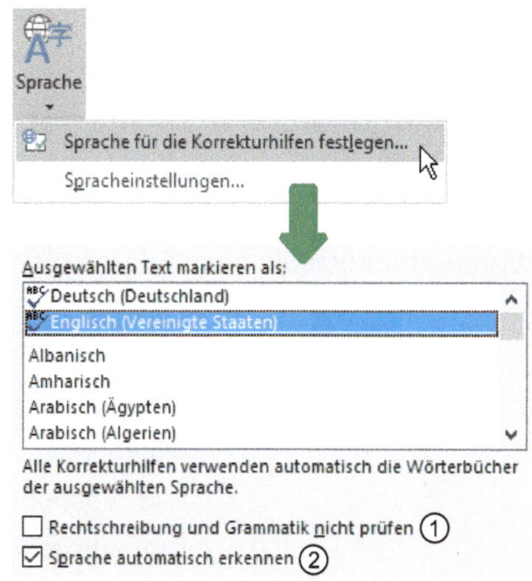

- ✓ Am Symbol erkennen Sie, für welche Sprache ein Hauptwörterbuch installiert ist.
- ✓ Aktivieren Sie das Kontrollfeld ①, erfolgt für die gewählte Sprache keine Prüfung.
- ✓ Schalten Sie das Kontrollfeld ② aus, wird die Erkennung der Sprache deaktiviert.

Sind einem Dokument mehrere Sprachen zugewiesen, werden diese automatisch erkannt und umgestellt, z. B. von Deutsch auf Englisch. Welche Sprache an der Cursorposition eingestellt ist, entnehmen Sie der Statusleiste: 

Fremdsprachige Texte korrigieren

- Klicken Sie mit der rechten Maustaste in ein bemängeltes Wort und wählen Sie einen Korrekturvorschlag.

  oder Starten Sie die Rechtschreibprüfung z. B. mit F7 oder mit .

- Stellen Sie bei Bedarf im Aufgabenbereich die Wörterbuchsprache um.

  Die Umstellung gilt nur für das aktuell bemängelte Wort.

- Führen Sie die Prüfung durch.

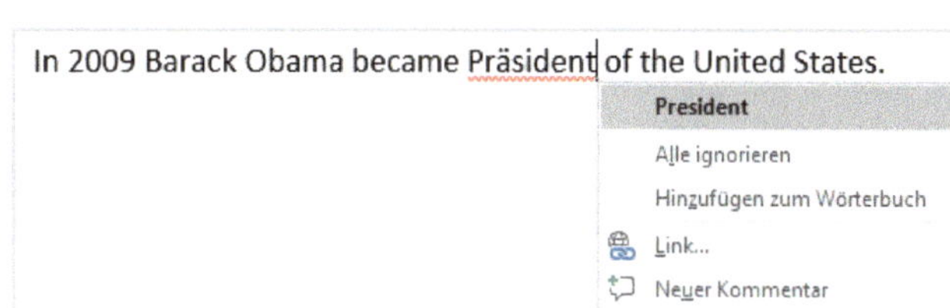

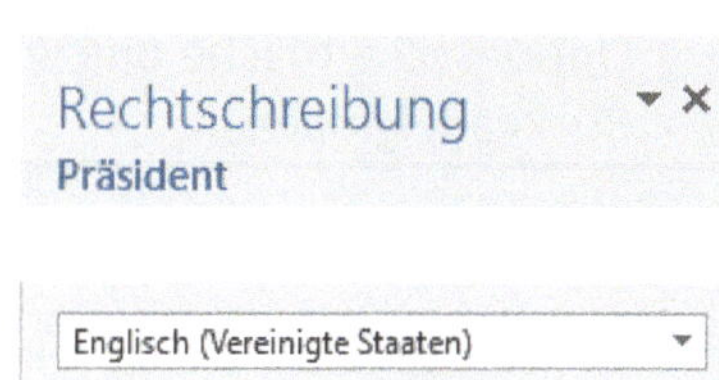

Übersetzungshilfe aufrufen

- Klicken Sie im Register *Überprüfen*, Gruppe *Sprache*, auf *Übersetzen* und stellen Sie sicher, dass *Übersetzungshilfe* aktiviert ist.

- Zeigen Sie zuerst auf das zu übersetzende Wort und dann auf die eingeblendete Übersetzungshilfe ①:

16.6 AutoKorrektur

Word unterstützt Sie beim Erfassen von Text mit der **AutoKorrektur**:

Automatische Korrektur typischer Tippfehler	✔ Zwei aufeinanderfolgende Großbuchstaben am Wortanfang (*TExt*) ✔ Jeden Satz und jede Tabellenzelle mit einem Großbuchstaben beginnen ✔ Alle Wochentage großschreiben ✔ Unbeabsichtigtes Betätigen der Feststelltaste (*tEXT*) ✔ Die AutoKorrektur-Liste enthält häufige Tippfehler und deren korrekte Ersetzung:
Automatisches Einfügen von Symbolen	✔ Nach der Eingabe eines Kürzels werden Symbole automatisch eingefügt.

dei	die
deis	dies
deise	diese
deiser	dieser

(c)	©	:(	☹	<--	←
(e)	€	:-(	☹	<==	←
(r)	®	:)	☺	<=>	⇔
(tm)	™	:-)	☺	==>	→

Um eine unbeabsichtigte AutoKorrektur rückgängig zu machen, gehen Sie so vor:

- Zeigen Sie auf den blauen Anzeiger, klicken Sie auf die Optionsschaltfläche und wählen Sie den Befehl zum Rückgängigmachen.

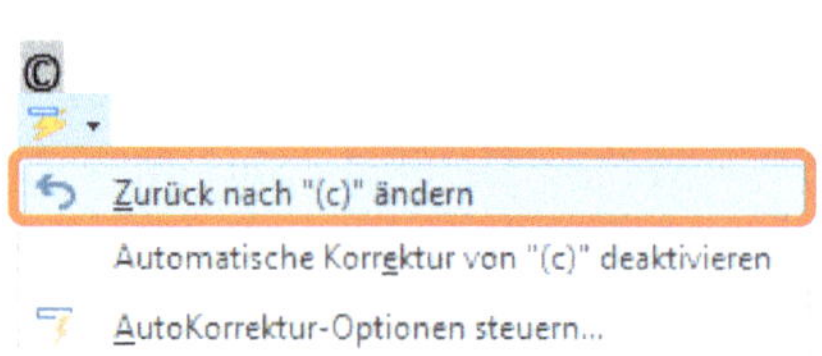

So ergänzen Sie die AutoKorrektur-Liste mit eigenen Einträgen, etwa mit Tippfehlern, die Ihnen oft unterlaufen.

- Klicken Sie im Register *Datei* auf *Optionen.*
- Wechseln Sie zur Kategorie *Dokumentprüfung* und klicken Sie im Bereich *AutoKorrektur-Optionen* auf *AutoKorrektur-Optionen*.

  oder Öffnen Sie das Optionsschaltflächen-Menü und rufen Sie *AutoKorrektur-Optionen steuern* auf.

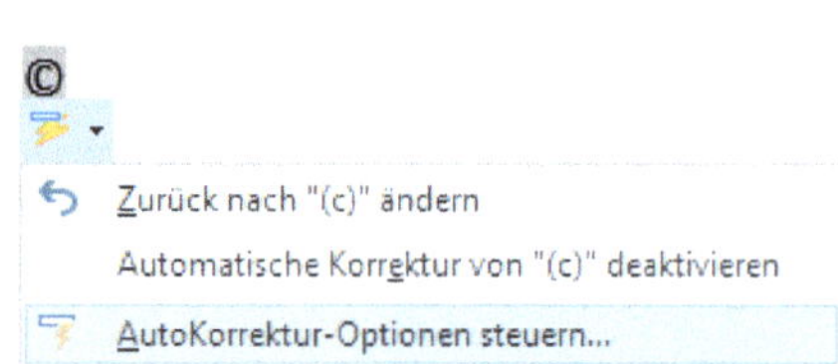

- Tragen Sie im Register *AutoKorrektur* im Feld ① das fehlerhafte Wort bzw. die Abkürzung und im Feld ② die korrekte Schreibweise bzw. das ausgeschriebene Wort ein.
- Klicken Sie auf *Hinzufügen*.

  Die eingegebenen Wörter stehen für alle künftigen Arbeitssitzungen zur Verfügung.

  oder Um ein Wort zu entfernen, markieren Sie es in der Liste ③ und klicken auf *Löschen*.
- Bestätigen Sie mit *OK*.

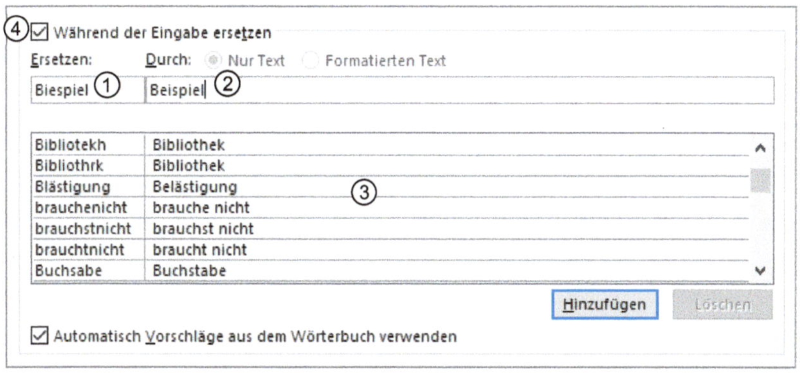

- ✓ Soll die AutoKorrektur-Liste nicht verwendet werden, deaktivieren Sie die Option ④.
- ✓ Wenn Anführungszeichen umgewandelt und bestimmte Brüche (1/2) durch Sonderzeichen (½) ersetzt werden, hängt dies mit der AutoFormat-Funktion zusammen. Um solche Ersetzungen zu unterbinden, wechseln Sie ins Register *AutoFormat während der Eingabe* und deaktivieren Sie die Kontrollfelder.
- ✓ Die AutoKorrektur-Liste steht zentral für alle Microsoft-Office-Anwendungen zur Verfügung.

Sie möchten ...	
zulassen, dass am Wortanfang zwei Großbuchstaben stehen	▶ Um diese Funktion generell auszuschalten, deaktivieren Sie das Kontrollfeld *ZWei GRoßbuchstaben am WOrt-anfang korrigieren*. *oder* Klicken Sie auf *Ausnahmen* und aktivieren Sie das Register *WOrtanfang GRoß*. ▶ Tragen Sie die Ausnahmen im Feld *Nicht korrigieren* ein und klicken Sie auf *Hinzufügen*.
verhindern, dass nach einem Punkt das folgende Wort groß-geschrieben wird	▶ Um diese Funktion generell auszuschalten, deaktivieren Sie das Kontrollfeld *Jeden Satz mit einem Großbuchsta-ben beginnen*. *oder* Klicken Sie auf *Ausnahmen* und aktivieren Sie das Register *Erster Buchstabe*. ▶ Tragen Sie die Ausnahme im Feld *Nicht großschreiben nach* ein und klicken Sie auf *Hinzufügen*.

Erweitern Sie die AutoKorrektur-Liste nicht nur zur Fehlerkorrektur, sondern auch zum schnellen Schreiben von oft benötigten oder komplexen Wörtern bzw. Wortfolgen. So können Sie etwa das Kürzel *mfg* automatisch in *Mit freundlichem Gruß* umwandeln lassen.

16.7 Begriffe und Synonyme nachschlagen

Begriffe online nachschlagen

- Klicken Sie mit der rechten Maustaste in das Wort und wählen Sie *Intelligente Suche*.

Die Ergebnisse werden im Aufgabenbereich angezeigt.

- ✓ Klicken Sie auf *Erkunden* ①, um Informationen rund um den Begriff zu erhalten.
- ✓ Um eine kurze Definition des Begriffes anzuzeigen, klicken Sie auf *Definieren* ②.

Synonyme nachschlagen

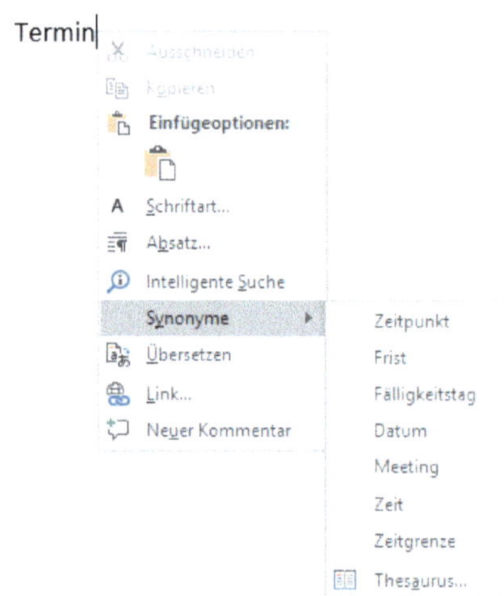

Kommt es beim Schreiben oder Korrekturlesen zu unerwünschten Wortwiederholungen, können Sie über das Kontextmenü Ersatzwörter mit ähnlicher Bedeutung (Synonyme) anzeigen lassen.

- Klicken Sie mit der rechten Maustaste auf das Wort und rufen Sie *Synonyme* auf.

Im Untermenü werden Ersatzwörter vorgeschlagen.

- Klicken Sie auf ein Ersatzwort, um es zu übernehmen.

Thesaurus nutzen

Auch der *Thesaurus* (Synonymwörterbuch) hilft Ihnen bei der Suche nach Synonymen. Auch erhalten Sie Wörter mit entgegengesetzter Bedeutung (Antonyme) aufgelistet und können für ein Ersatzwort wiederum Synonyme anzeigen lassen.

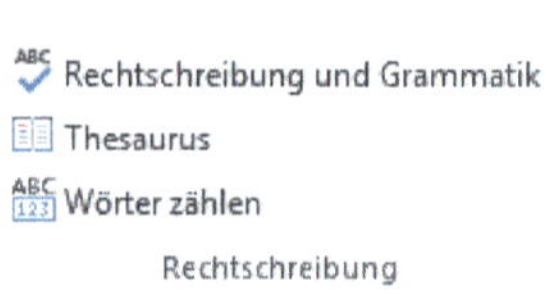

- Setzen Sie den Cursor in das Wort.
- Klicken Sie im Register *Überprüfen*, Gruppe *Rechtschreibung*, auf *Thesaurus*.

  Alternative: ⇧ F7

Der Aufgabenbereich *Thesaurus* wird eingeblendet.

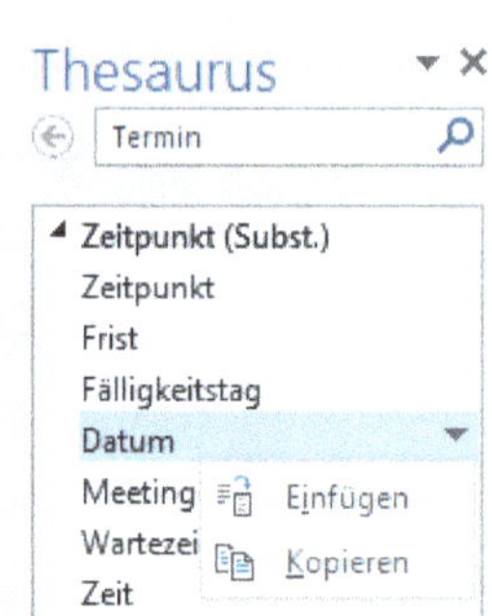

- Klicken Sie mit der rechten Maustaste auf ein Ersatzwort.
- Um das Ersatzwort in den Text zu übernehmen, wählen Sie *Einfügen*.

  oder Um das Ersatzwort in die Zwischenablage zu kopieren, wählen Sie *Kopieren*.

16.8 Übung

Dokument korrigieren

Level		Zeit	ca. 10 min
Übungsinhalte	✔ Rechtschreib- und Grammatikfehler korrigieren ✔ Ersatzwörter nachschlagen		
Übungsdatei	*Kraft.docx*		
Ergebnisdatei	*Kraft-E.docx*		

1. Öffnen Sie die Übungsdatei *Kraft*.
2. Übernehmen Sie den Begriff *Coulombkraft* in das Wörterbuch.
3. Führen Sie die Rechtschreib- und Grammatikprüfung durch und verbessern Sie die Fehler.
4. Prüfen Sie, welche Fehler von der Rechtschreib- und Grammatikprüfung nicht gefunden wurden und verbessern Sie diese Fehler manuell.
5. Lassen Sie sich Ersatzwörter für die Begriffe *Fliehkraft* und *Erforschung* anzeigen.
6. Speichern Sie das Dokument unter dem Namen *Kraft-E*.

Kraft ist eine grundlegender Begriff der Physik.

In der klassischen Physik versteht man darunter eine äußere Einwirkung, die die einen festgehaltenen Körper verformen und einen beweglihcen Körper beschleunigen kann. Kräfte sind zum Beispiel erforderlich, um Arbeit zu verrichten, wodurch die Energie eines Körpers oder eines physikalischen Systems verändert wird.

Die Kraft ist ein gerichtete physikalische Größe, die durch einen Vektr dargestellt werden kann. Kräfte haben verschiedene Ursachen oder Wirkungen, nach nach denen sie teilweise benannt werdem, etwa die Reibungskraft, die Fliehkraft und die Gewichtskraft.

Manche Arten von Kräften werden auch nach Person benannt, die wesentlich an ihrer Erforschung mitgewirkt haben, wie die Coulombkraft oder die Lorentzkraft.

Übungsdatei „Kraft"

Plus+ **... noch mehr Übungen:**

Rechtschreib- und Grammatikfehler korrigieren.pdf
Infotext korrigieren.pdf
Werbetext korrigieren.pdf
Ersatzwörter einfügen.pdf

17

Silbentrennung, AutoTexte, besondere Textelemente

17.1 Basiswissen Silbentrennung

Plus⁺ **Beispieldatei:** *Wohnmobil_Silbentrennung.docx*

Mit Silbentrennung vermeiden Sie unschöne Lücken am Seiten- bzw. Spaltenrand:

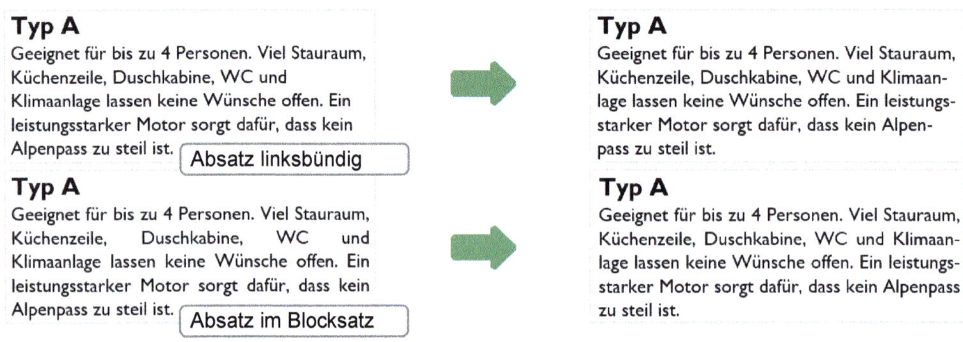

Was ist zu tun, wenn ...	Beispiel	Lösung
ein Wort getrennt werden soll, das in die nächste Zeile übernommen wurde?	Dieses Beispielwortungetüm soll getrennt werden.	▶ Fügen Sie an der Trennstelle mit [Strg] [-] einen **bedingten Trennstrich** ein.
zwei Wörter nicht durch den Zeilenumbruch getrennt werden sollen?	Hennings KG	▶ Fügen Sie statt des normalen Leerzeichens mit [Strg] [⇧] [Leertaste] ein **geschütztes Leerzeichen** ein.
zwei mit Bindestrich verbundene Wörter nicht durch den Zeilenumbruch getrennt werden sollen?	Müller-Lüdenscheidt	▶ Fügen Sie statt eines normalen Bindestrichs mit [Strg] [⇧] [-] einen **geschützten Trennstrich** ein.

! Drücken Sie für eine manuelle Worttrennung niemals [-]. Dieses Zeichen bleibt nämlich erhalten, falls das Wort nach einer Textänderung wieder vollständig in einer Zeile steht:

Plus **Lernvideo:** *Wörter richtig trennen.mp4*

17.2 Silbentrennung durch Word

Automatische Silbentrennung

Alternativ zu den gerade beschriebenen Möglichkeiten können Sie die Silbentrennung auch von Word erledigen lassen. Word fügt dabei für jede Trennstelle einen bedingten Trennstrich ein.

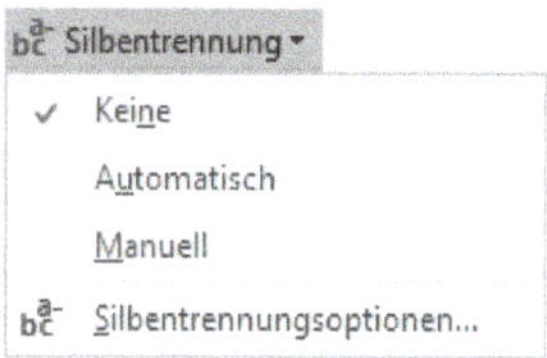

- Klicken Sie im Register *Layout*, Gruppe *Seite einrichten*, auf *Silbentrennung*.
- Wählen Sie *Automatisch*.

Die automatische Silbentrennung wird immer für das gesamte Dokument durchgeführt. Um die automatische Silbentrennung zu deaktivieren, wählen Sie *Keine*.

Manuelle Silbentrennung

Bei der manuellen Silbentrennung können Sie jede Trennung kontrollieren. Sie können so z. B. einen Trennvorschlag überspringen oder Trennungen wie *au-tomatisch* vermeiden. Die manuelle Silbentrennung beginnt ab der aktuellen Cursorposition und bearbeitet entweder das gesamte Dokument oder einen markierten Abschnitt.

- Klicken Sie auf *Silbentrennung* und wählen Sie *Manuell*.
  Das erste trennbare Wort wird angezeigt.

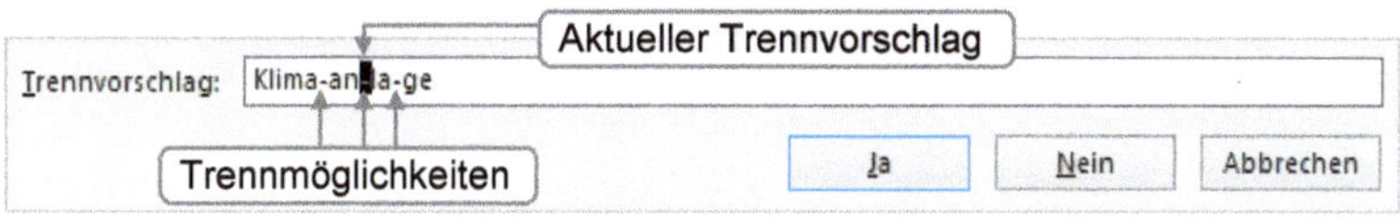

- Wählen Sie bei Bedarf eine andere Trennstelle und klicken Sie auf *Ja*, um zu trennen.
  oder Um nicht zu trennen, sondern zum nächsten Wort zu springen, klicken Sie auf *Nein*.

Um einen Textabschnitt von der Silbentrennung auszuschließen, gehen Sie so vor:

- Markieren Sie den Text.
- Klicken Sie im Register *Start*, Gruppe *Absatz*, auf ⧉.
- Aktivieren Sie im Register *Zeilen- und Seitenumbruch* die Option *Keine Silbentrennung*.
- Bestätigen Sie mit *OK*.

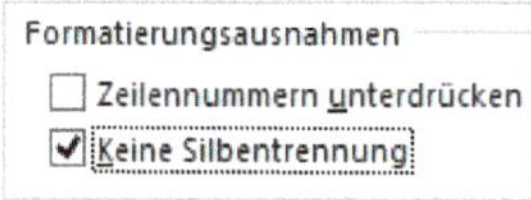

Einstellungen rund um die Silbentrennung

- Klicken Sie im Register *Layout*, Gruppe *Seite einrichten*, auf *Silbentrennung* und wählen Sie *Silbentrennungsoptionen*.
- Schalten Sie das Kontrollfeld ① aus, falls Wörter in Großbuchstaben nicht getrennt werden sollen.
- Legen Sie im Feld ② die Anzahl aufeinanderfolgender Zeilen fest, in denen ein Trennstrich stehen darf.
- Bestätigen Sie mit *OK*.

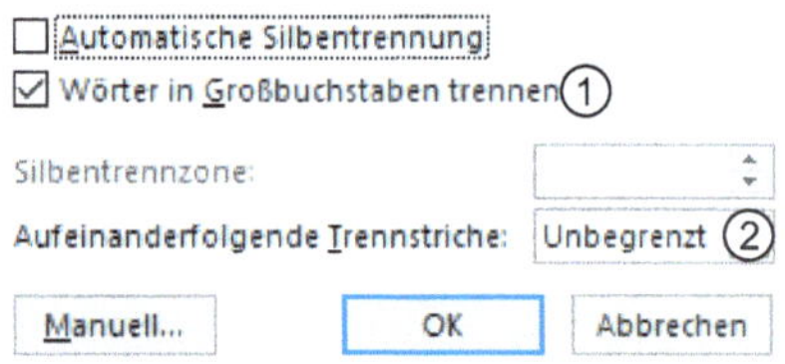

17.3 Basiswissen AutoTexte

Ein **AutoText** ist ein Baustein, der einmal erstellt wird und dann in allen Dokumenten bereit steht. AutoTexte werden unter einem Kürzel gespeichert. Wann immer Sie den Inhalt eines AutoTextes einfügen möchten, geben Sie lediglich das Kürzel ein. In einem AutoText können Sie beliebige Inhalte inklusive Formatierung speichern:

- einzelne Wörter, Textpassagen oder ganze Absätze
- Tabellen
- Illustrationen

In der Beispieldatei *Wohnmobil.dotx* befindet sich das Unternehmensprofil der *Wohnmobil GmbH*. Einzelne Wörter sowie ganze Textpassagen daraus möchten Sie als AutoTexte speichern, um diese als Bausteine künftig in beliebigen Kundenbriefen verwenden zu können.

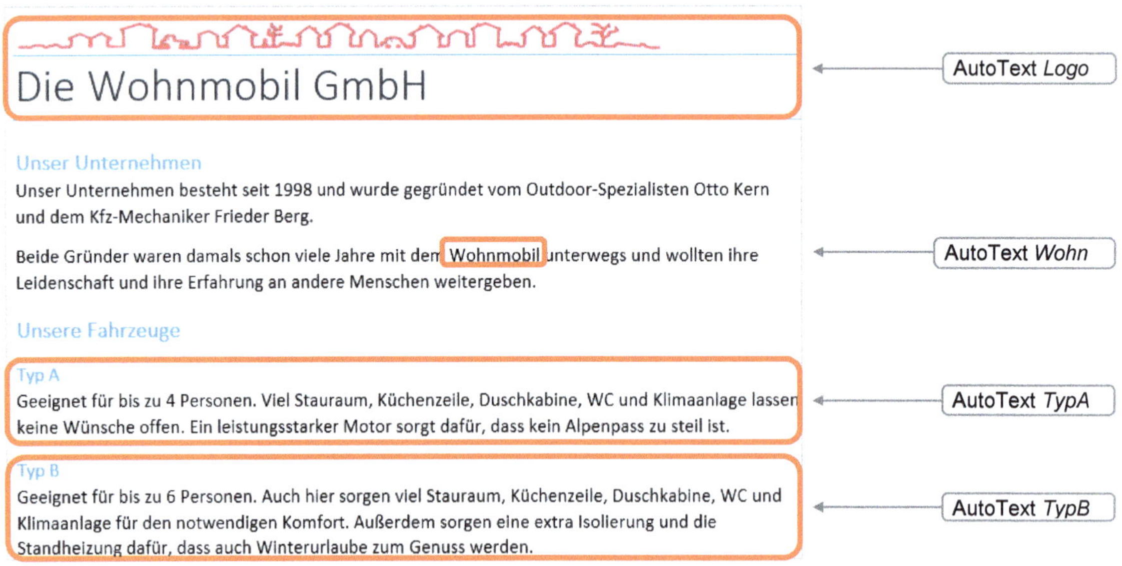

Zu den Bausteinen gehören neben den AutoTexten auch Textfelder, Seitenzahlen, Kopf- und Fußzeilen sowie viele andere Elemente, die Word zur Verfügung stellt.

17.4 AutoTexte anwenden

AutoText erstellen

- Markieren Sie das Wort oder den Bereich und klicken Sie im Register *Einfügen* in der Gruppe *Text* auf .
- Wählen Sie *AutoText* und dann *Auswahl im AutoText-Katalog speichern*.
  Sind bereits AutoTexte vorhanden, erscheinen diese in einer Liste oberhalb des Eintrags.
- Geben Sie in das Feld *Name* ein Kürzel für den AutoText ein.
  Word unterscheidet beim AutoText-Namen nicht zwischen Groß- und Kleinschreibung.
- Bei Bedarf können Sie eine *Beschreibung* hinzufügen.
  Diese wird dann als QuickInfo für den AutoText angezeigt.
- Klicken Sie auf *OK*.

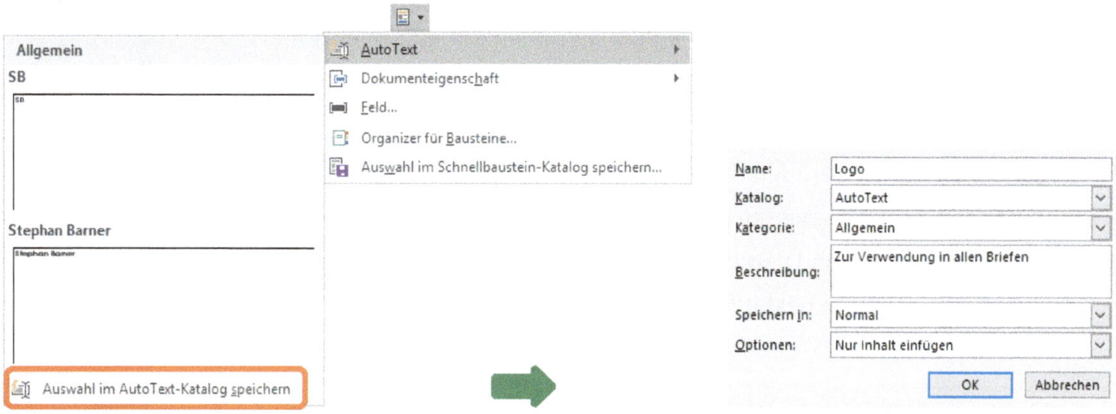

- ✔ Im Feld *Speichern in* erkennen Sie anhand der Auswahl *Normal*, dass der AutoText in der Dokumentvorlage *Normal* gespeichert wird. Diese liegt allen Dokumenten zugrunde. Somit steht ein darin gespeicherter AutoText künftig allen Dokumenten zur Verfügung.
- ✔ Auch in eigenen Dokumentvorlagen können Sie AutoTexte speichern. Öffnen Sie die Vorlage oder ein Dokument, das mit der Vorlage erstellt wurde, und wählen Sie beim Erstellen des AutoTextes im Feld *Speichern in* die eigene Dokumentvorlage aus.

AutoTexte können Sie auch erstellen, indem Sie einen Bereich markieren und Alt F3 drücken.

AutoText einfügen

- Setzen Sie den Cursor an die Einfügeposition.
- Geben Sie das Kürzel des AutoTextes ein und drücken Sie ↵.

  oder Klicken Sie im Register *Einfügen*, Gruppe *Text*, auf *Schnellbausteine*.

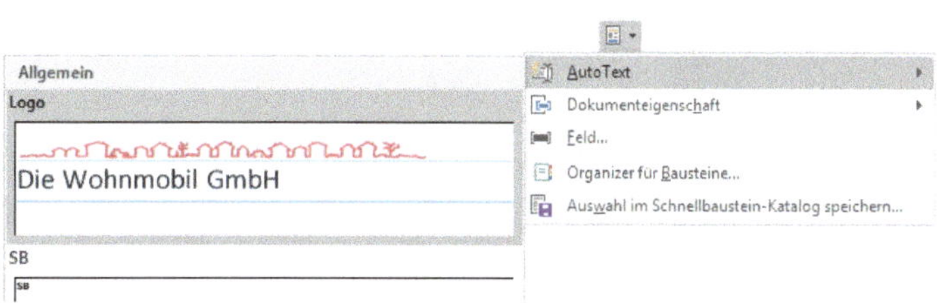

- Zeigen Sie auf *AutoText* und wählen Sie einen Eintrag per Mausklick aus.

- **Einfügeposition wählen:** Wenn Sie in der Liste einen AutoText mit der rechten Maustaste anklicken, können im Bereich ① wählen, an welcher Position Sie der Inhalt eingefügt wird.
- **Schneller Zugriff über die Symbolleiste:** Wenn Sie im Kontextmenü ② anklicken, wird der Symbolleiste für den Schnellzugriff die Schaltfläche hinzugefügt. Hiermit können Sie die Liste mit den AutoTexten einblenden.

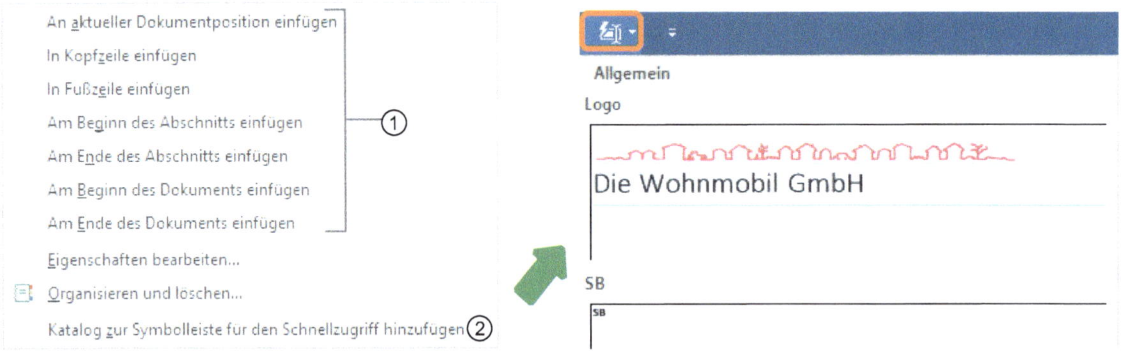

AutoText ändern

- Fügen Sie den zu ändernden AutoText in das Dokument ein.
- Nehmen Sie die gewünschten Änderungen vor und markieren Sie den Text.
- Drücken Sie Alt F3 und vergeben Sie für den AutoText den gleichen Namen wie zuvor.
- Klicken Sie auf *OK* und bestätigen Sie die Rückfrage mit *Ja*.

AutoText löschen

- Klicken Sie im Register *Einfügen*, Gruppe *Text,* auf *Schnellbausteine.*
- Zeigen Sie auf *AutoText,* klicken Sie den zu löschenden AutoText mit der rechten Maustaste an und wählen Sie *Organisieren und löschen*.

  Im Fenster werden alle Bausteine aufgelistet. Der gewählte AutoText ist markiert und wird in der Vorschau angezeigt.
- Klicken Sie auf *Löschen* und bestätigen Sie die Rückfrage mit einem Klick auf *Ja*.

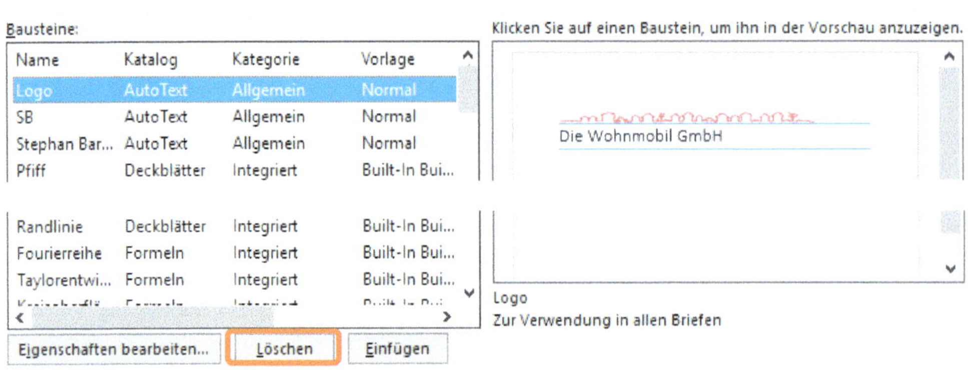

- Über *Eigenschaften bearbeiten* ändern Sie den Namen oder den Speicherort des AutoTextes.
- Sie können das Fenster *Organizer für Bausteine* auch aufrufen, indem Sie über *Schnellbausteine* den Eintrag *Organizer für Bausteine* wählen.

17.5 Datum und Uhrzeit einfügen

- Klicken Sie im Register *Einfügen*, Gruppe *Text*, auf .
- Wählen Sie ein Format in der Liste.
- Aktivieren Sie Option *Automatisch aktualisieren*, falls das Datum / die Uhrzeit aktualisiert werden soll, wenn Sie das Dokument öffnen oder drucken.
- Bestätigen Sie mit *OK*.

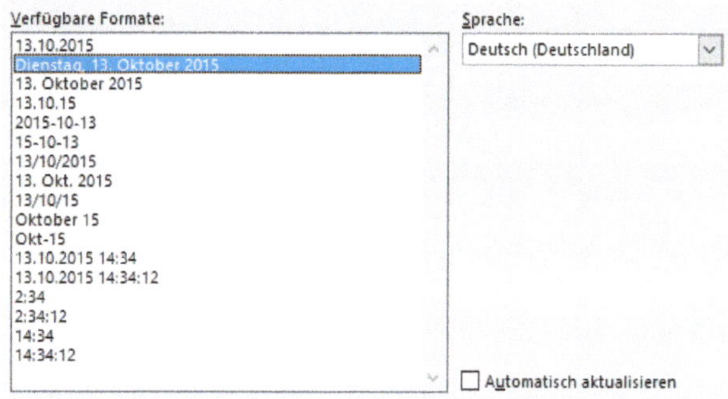

✓ Das Datum und die Uhrzeit lassen sich auch manuell aktualisieren, indem Sie den Cursor im Feld platzieren und F9 betätigen.

✓ Ist die Option *Automatisch aktualisieren* beim Einfügen **nicht** aktiviert, wird das Datum bzw. die Uhrzeit als normaler Text eingefügt.

17.6 Symbole einfügen

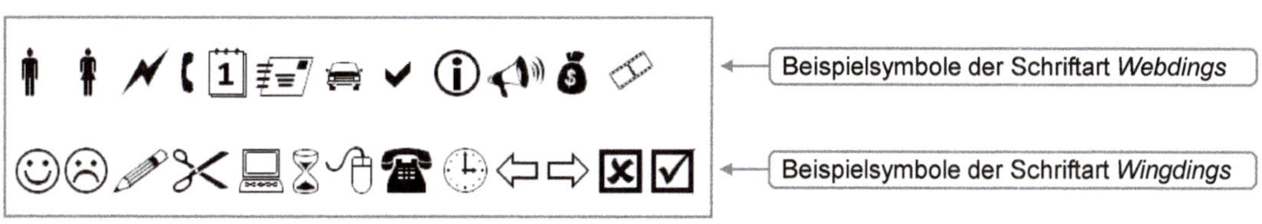

- Klicken Sie im Register *Einfügen* in der Gruppe *Symbole* auf *Symbol*.
- Klicken Sie auf *Weitere Symbole*.
- Wählen Sie im Feld *Schriftart* eine Schriftart, die Symbole enthält, z. B. *Webdings*.
- Um ein Symbol zu übernehmen, klicken Sie es doppelt an.

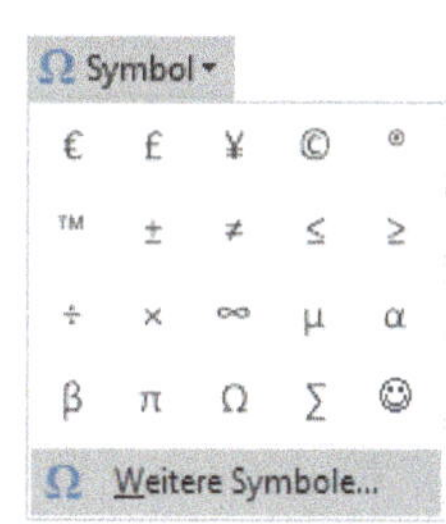

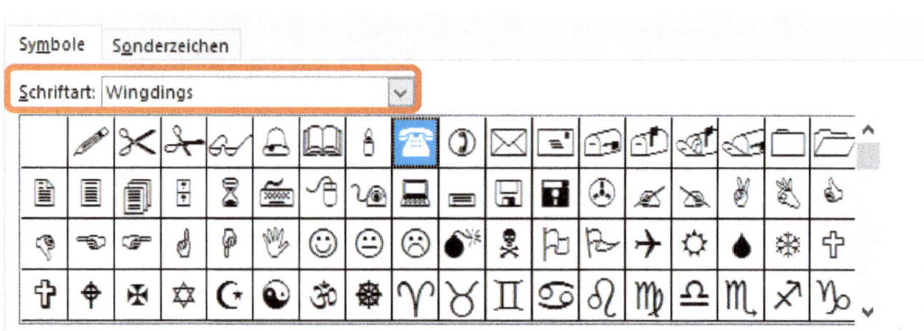

Ein Symbol wird wie jedes andere Zeichen behandelt und kann z. B. über Schriftgrad und -farbe formatiert werden.

17.7 Übungen

Übung 1: AutoTexte in der Praxis

Level		Zeit	ca. 10 min
Übungsinhalte	✔ AutoTexte erstellen ✔ AutoText eingeben		
Übungsdatei	*Kosmetik.dotx*		
Ergebnisdatei	*Kosmetik-E.dotx*		

1. Öffnen Sie die Übungsdatei *Kosmetik.dotx*, indem Sie die entsprechende Datei im Windows-Explorer mit der rechten Maustaste anklicken und *Öffnen* wählen.
2. Speichern Sie die Dokumentvorlage unter dem Namen *Kosmetik-E.dotx*.
3. Erstellen Sie für die Überschrift inklusive der horizontalen Linie einen AutoText namens *Kosmetik* und speichern Sie ihn in der Vorlage *Kosmetik-E*.
4. Erstellen Sie für folgende Absätze je einen AutoText und benennen Sie sie mit *Lippenstifte*, *Eyeliner*, *Lidschatten* und *Hautcremes*. Wählen Sie als Speicherort die Vorlage *Kosmetik-E*.

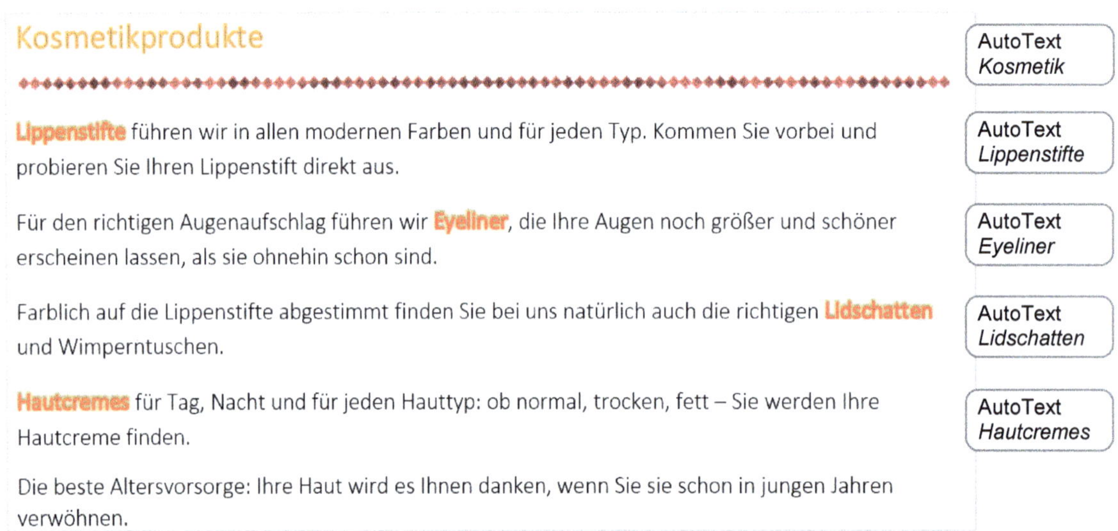

Kosmetikprodukte

Lippenstifte führen wir in allen modernen Farben und für jeden Typ. Kommen Sie vorbei und probieren Sie Ihren Lippenstift direkt aus.

Für den richtigen Augenaufschlag führen wir **Eyeliner**, die Ihre Augen noch größer und schöner erscheinen lassen, als sie ohnehin schon sind.

Farblich auf die Lippenstifte abgestimmt finden Sie bei uns natürlich auch die richtigen **Lidschatten** und Wimperntuschen.

Hautcremes für Tag, Nacht und für jeden Hauttyp: ob normal, trocken, fett – Sie werden Ihre Hautcreme finden.

Die beste Altersvorsorge: Ihre Haut wird es Ihnen danken, wenn Sie sie schon in jungen Jahren verwöhnen.

Ergebnisdatei „Kosmetik-E"

5. Testen Sie die AutoTexte und löschen Sie die eingefügten AutoTexte im Anschluss.
6. Speichern Sie die Dokumentvorlage erneut.

Übung 2: Silbentrennung im Spaltentext

Level		Zeit	ca. 5 min
Übungsinhalte	✔ Automatische Silbentrennung durchführen		
Übungsdatei	*Werkzeug.docx*		
Ergebnisdatei	*Werkzeug-E.docx*		

1. Öffnen Sie die Übungsdatei *Werkzeug*.
2. Lassen Sie im gesamten Dokument die automatische Silbentrennung durchführen.
3. Speichern Sie das Dokument unter dem Namen *Werkzeug-E*.

Die Werkzeug AG – Ihr Ansprechpartner, wenn es knifflig wird

Die Werkzeug AG verfügt über einen Erfahrungsschatz von bald vierzig Jahren. Diesen Schatz haben wir für Sie aufgehoben, 1. weil Sie mit Ihren Wünschen zu seinem Aufbau beigetragen haben und 2. weil wir Ihnen diesen Schatz wieder zurückgeben wollen in Form von zuverlässi-gen und qualitativ hochwertigen Produkten

Produktion

Mit modernsten computer-gesteuerten Werkzeugma-schinen produzieren wir Fein-mechanik vom Feinsten, die an Präzision nicht zu übertref-fen ist. Die Vielzahl der Ma-schinen, die uns zur Verfü-gung steht, macht auch sehr spezielle Kundenwünsche re-alisierbar.

Vertrieb

Unser Vertrieb ist zweigeteilt: während wir den Markt von unten über unzählige mittel-ständische Unternehmen an-gehen, haben wir zugleich hervorragende Kontakte zu großen und namhaften In-dustrieunternehmen. Beste Referenzen von unseren Kun-den zeigen, dass wir auf dem richtigen Weg sind.

Entwicklung

Um immer alle aktuellen Wünsche unserer Kunden befriedigen zu können, ha-ben wir einen Kader von In-genieuren zusammenge-stellt, der sehr effizient neue Techniken und Maschinen entwickelt. Dabei haben die Vertriebsingenieure immer das Ohr beim Kunden, um je-den Trend bereits im Ansatz erkennen zu können.

Ergebnisdatei „Werkzeug-E"

Plus+ **... noch mehr Übungen:**

AutoTexte erstellen.pdf

Hotelrechnung erstellen.pdf

Silbentrennung durchführen.pdf

18

Optionen für mehrseitige Dokumente

18.1 Deckblätter

Deckblatt einfügen

Deckblätter finden bei mehrseitigen Dokumenten ihren Einsatz. Word stellt fertige Deckblatt-Bausteine bereit, die Sie nach dem Einfügen mit Ihren eigenen Angaben versehen.

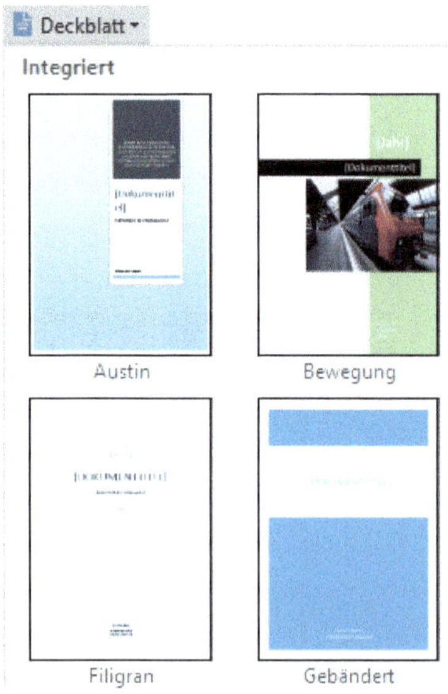

- Klicken Sie im Register *Einfügen*, Gruppe *Seiten*, auf *Deckblatt*.
- Wählen Sie durch Anklicken ein Deckblatt aus.

Word fügt eine neue erste Seite mit dem Deckblatt ein. Da das Deckblatt keine Kopf- und Fußzeile enthält, ist das Kontrollfeld *Erste Seite anders* für die Kopf- und Fußzeilen (im Register *Entwurf* der *Kopf- und Fußzeilentools*, Gruppe *Optionen*) automatisch aktiviert.

Deckblatt gestalten

Sie möchten ein Inhaltssteuerelement ...	
ändern oder formatieren	▶ Klicken Sie auf das Steuerelement und nehmen Sie die Eingaben bzw. Formatierungen vor.
mit weiterem Text ergänzen	▶ Enthält das Steuerelement bereits Inhalte, klicken Sie es mit der rechten Maustaste an und wählen Sie *Inhaltssteuerelement entfernen*. ▶ Ergänzen Sie den Text.
löschen	▶ Klicken Sie das leere Steuerelement mit der rechten Maustaste an und wählen Sie *Inhaltssteuerelement entfernen*.

Plus **Beispieldatei:** *Rundbrief_Deckblatt.docx*

- Um weiteren Text einzufügen, erzeugen Sie ein Textfeld (Register *Einfügen*, Gruppe *Text*, Schaltfläche *Textfeld*, Eintrag *Textfeld erstellen)*.
- Einige Deckblätter (z. B. *Bewegung*) sind mit Formen erstellt, die über die gesamte Seite reichen. Passt ein Deckblatt nicht auf die Seite, verkleinern Sie die äußere Form durch Ziehen der Eckziehpunkte bei gedrückter ⇧-Taste.

Deckblatt löschen

- Klicken Sie im Register *Einfügen*, Gruppe *Seiten*, auf *Deckblatt* und wählen Sie *Aktuelles Deckblatt entfernen*.

18.2 Inhaltsverzeichnisse

Inhaltsverzeichnis einfügen

Plus **Beispieldatei:** *Rundbrief_Inhalt.docx*

Damit ein Inhaltsverzeichnis automatisch erzeugt wird, muss jeder Überschrift im Dokument eine Überschriftformatvorlage zugewiesen sein.

- Setzen Sie den Cursor an die Stelle, an der Sie das Inhaltsverzeichnis einfügen möchten.
- Klicken Sie im Register *Verweise*, Gruppe *Inhaltsverzeichnis,* auf *Inhaltsverzeichnis*.
- Wählen Sie *Automatische Tabelle* 1 oder *Automatische Tabelle* 2.

Word erzeugt ein Inhaltsverzeichnis mit allen Überschriften des Dokuments. Bei jedem Öffnen des Dokuments werden die Einträge des Verzeichnisses und die Seitenzahlen aktualisiert.

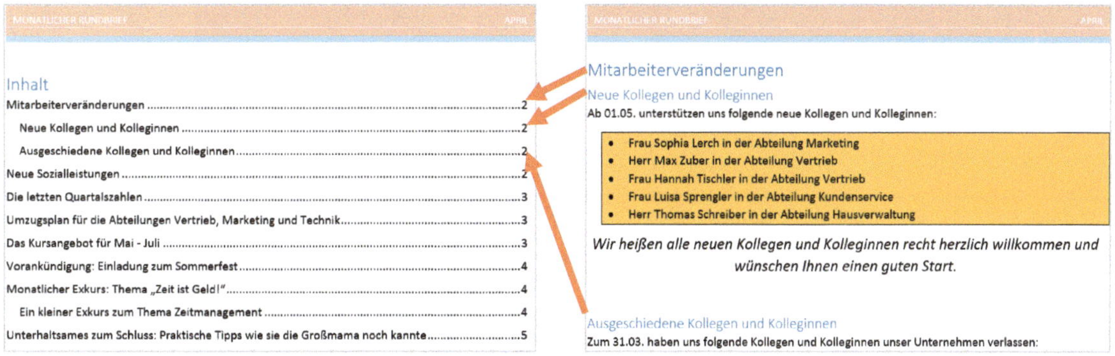

Um den Dokumenttext auf einer neuen Seite zu beginnen, setzen Sie den Cursor vor die erste Überschrift und erzeugen einen Seitenumbruch.

Inhaltsverzeichnis aktualisieren

- Klicken Sie in das Verzeichnis.

  Die Verzeichniseinträge erscheinen grau hinterlegt, da es sich um Felder handelt, die aktualisiert werden können.
- Wählen Sie *Inhaltsverzeichnis aktualisieren* bzw. drücken Sie [F9].
- Bestimmen Sie, ob nur die Seitenzahlen oder das gesamte Verzeichnis (falls sich die Überschriften geändert haben) aktualisiert werden soll.

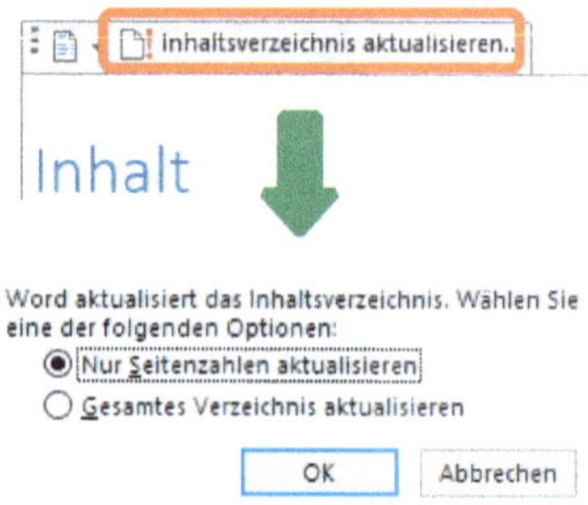

- ✓ Sie können das Verzeichnis wie gewohnt formatieren.
- ✓ Wenn Sie [Strg] drücken und auf einen Eintrag zeigen, verwandelt sich der Mauszeiger in eine Hand. Durch Anklicken des Eintrags gelangen Sie zu der Seite.

Inhaltsverzeichnis löschen

- Klicken Sie im Register *VERWEISE*, Gruppe *Inhaltsverzeichnis*, auf *Inhaltsverzeichnis* und wählen Sie *Inhaltsverzeichnis entfernen*.

18.3 Übung

Handbuch mit Deckblatt und Inhaltsverzeichnis versehen

Level		Zeit	ca. 10 min
Übungsinhalte	✔ Inhaltsverzeichnis erstellen ✔ Deckblatt einfügen		
Übungsdatei	*Betriebsanleitung.docx*		
Ergebnisdatei	*Betriebsanleitung-E.docx*		

1. Öffnen Sie das Dokument *Betriebsanleitung*.
2. Setzen Sie den Cursor vor die erste Überschrift im Dokument und erstellen Sie ein Inhaltsverzeichnis mit der Vorlage *Automatische Tabelle 1*.
3. Fügen Sie vor der ersten Überschrift im Text einen Seitenumbruch ein.
4. Fügen Sie dem Dokument das Deckblatt *Segment (hell)* hinzu.
5. Entfernen Sie die Inhaltssteuerelemente im unteren Bereich des Deckblatts.
6. Setzen Sie den Cursor ins Inhaltsverzeichnis und aktualisieren Sie die Seitenzahlen.
7. Speichern Sie das Dokument unter dem Namen *Betriebsanleitung-E*.

BETRIEBSANLEITUNG
Festplatten-DVD-Receiver

Inhalt

Erste Inbetriebnahme 2
Lieferumfang 2
Aufstellen und anschließen 2
Einschalten 2
Der SAT-Receiver 3
Sender zuweisen 3
Sender auswählen 3
Programme aufzeichnen 3
Aufgezeichnete Programme abspielen 3
Der DVD-Brenner 4
DVDs brennen 4
DVDs abspielen 4
Technische Daten 5
Ausstattung 5
Anschlüsse 5
Ausgänge 5
Eingänge 5

Ergebnisdatei „Betriebsanleitung-E"

Plus **... noch mehr Übungen:**
Kopfzeilen und Inhaltsverzeichnis einfügen.pdf

19

Dokumente drucken

19.1 Druckvorschau verwenden

Plus **Beispieldatei:** *Referenzen.docx*

Die Druckvorschau zeigt Ihnen, wie sich Ihr Dokument auf den Druckseiten verteilt. Nutzen Sie die Druckvorschau, um z. B. Fehldrucke zu vermeiden.

- Klicken Sie auf das Register *Datei* und dann auf *Drucken*.
  Alternative: Strg P

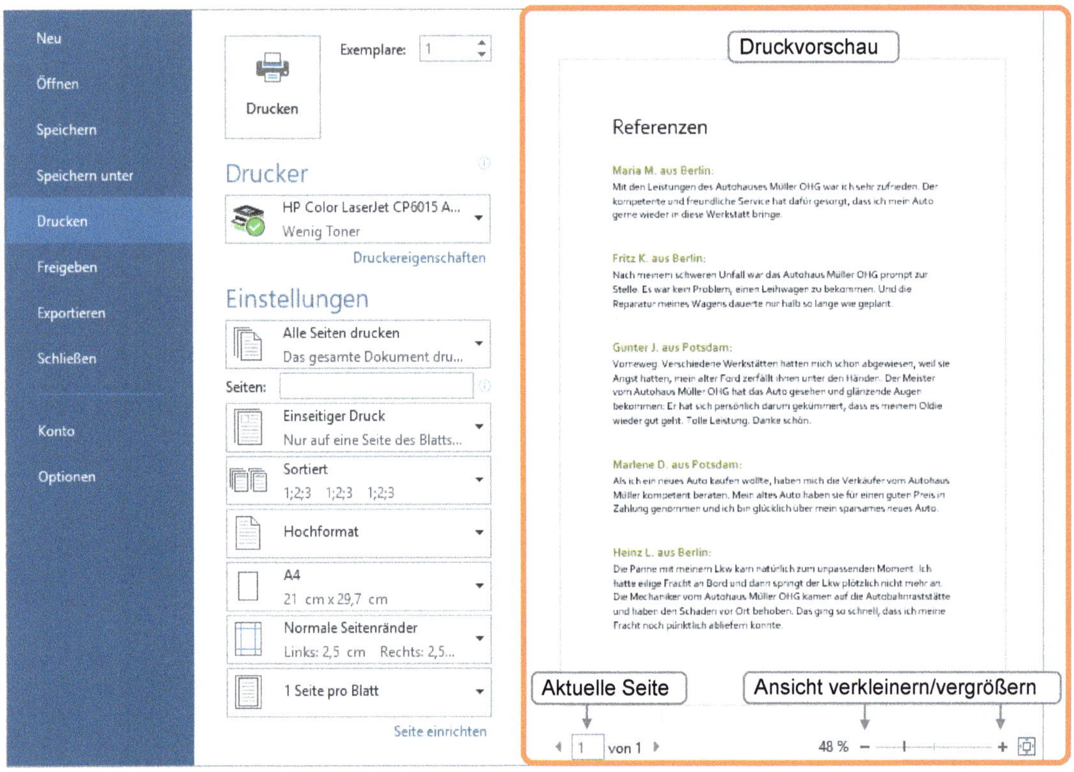

Innerhalb der Druckvorschau können Sie sich bei mehrseitigen Dokumenten eine bestimmte Seite anzeigen lassen oder die Ansichtsgröße ändern, etwa um Details zu kontrollieren. Unterhalb einer bestimmten Ansichtsgröße zeigt die Druckvorschau bei mehrseitigen Dokumenten mehrere Seiten gleichzeitig an.

Sie möchten ...	
zu einer bestimmten Seite wechseln	▶ Blättern Sie mit den Pfeilschaltflächen ◂ 1 von 1 ▸ zur Seite. *oder* Geben Sie die Seitenzahl ins Feld *Aktuelle Seite* ein und drücken Sie ↵.
die Seite kleiner oder mehrere Seiten anzeigen	▶ Klicken Sie auf –, um die Ansicht schrittweise zu verkleinern. *oder* Verwenden Sie den Schieberegler.
wieder eine Seite anzeigen	▶ Klicken Sie auf , um wieder die aktuelle Seite anzuzeigen.

Wenn die Druckvorschau des Dokumentes Ihren Vorstellungen entspricht, starten Sie den **Druckvorgang**:

▶ Klicken Sie auf die Schaltfläche *Drucken*.

Mit der Schaltfläche können Sie ein Dokument ohne weitere Rückfrage mit nur einem Klick drucken. Falls die Schaltfläche nicht angezeigt wird, klicken Sie neben der Symbolleiste auf und wählen *Schnelldruck*. Wenn Sie hier zusätzlich *Seitenansicht und Drucken* auswählen, lässt sich die Druckvorschau zukünftig mit einem Klick auf schnell öffnen.

19.2 Druckeinstellungen anpassen

Entspricht die Druckvorschau nicht Ihren Vorstellungen oder möchten Sie beispielsweise mehrere Exemplare von Ihrem Dokument drucken, passen Sie die **Druckeinstellungen** an.

▶ Wechseln Sie in das Register *Datei* und wählen Sie *Drucken*.

Änderungen an jenen Druckeinstellungen, die sich auf das Aussehen des gedruckten Dokumentes auswirken, können Sie direkt in der Druckvorschau kontrollieren.

Anzahl der Exemplare und Drucker auswählen

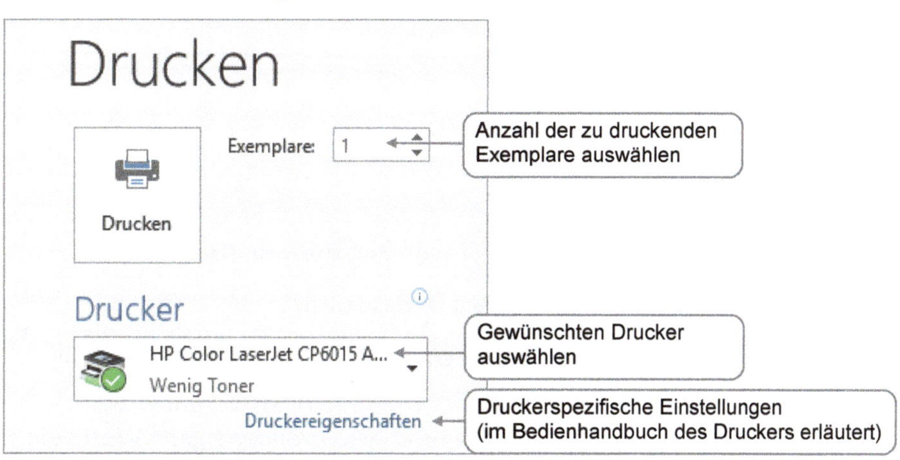

Bestimmte Seiten drucken

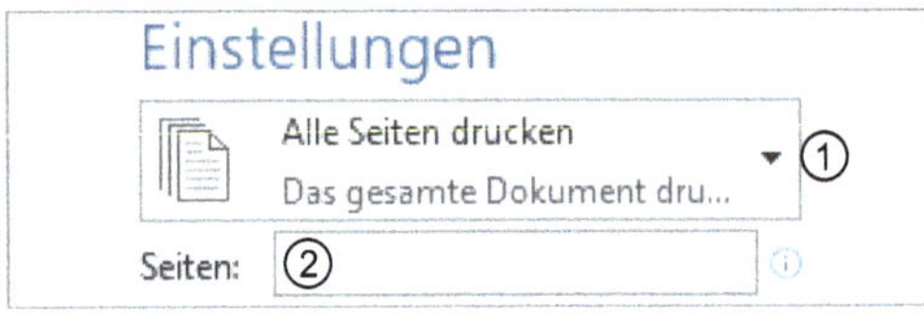

Sie möchten ...	
bestimmte Seiten oder Bereiche drucken	▶ Wählen Sie im Feld ① den Eintrag *Aktuelle Seite drucken*, um jene Seite zu drucken, die im Feld *Aktuelle Seite* angezeigt wird. *oder* Geben Sie die Seitenzahlen der zu druckenden Seiten in das Feld ② ein (z. B. *1;4* oder *2-7*). *oder* Wählen Sie im Feld ① den Eintrag *Auswahl drucken*, um einen zuvor im Dokument markierten Bereich zu drucken.
das gesamte Dokument drucken	▶ Wählen Sie im Feld ① den Eintrag *Alle Seiten drucken*.

Sparen Sie Papier, indem Sie mehrere Seiten auf einem Blatt drucken:

Wenn Sie mit dem Eintrag *An Papiergröße anpassen* ein Papierformat wählen, passt Word die Größe von Schrift, Grafiken und anderen Objekten automatisch an.

Drucklayout anpassen

Entsprechen die Druckseiten nicht Ihren Vorstellungen, passen Sie das Seitenlayout an.
Im Gegensatz zu den anderen Druckeinstellungen, werden die Einstellungen zum Seitenlayout mit dem Dokument gespeichert.

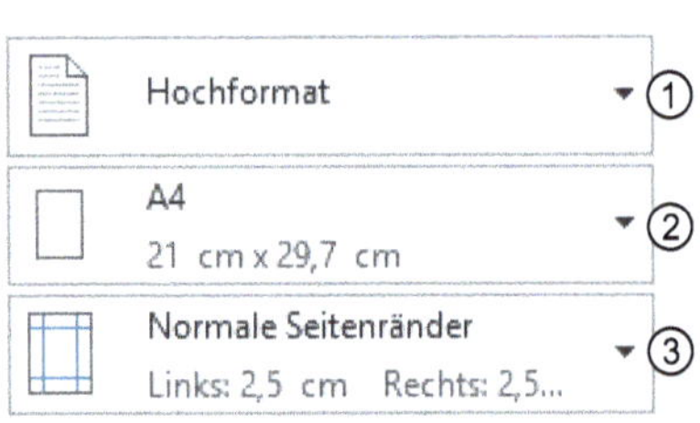

Sie möchten ...	
die Ausrichtung ändern	▶ Wählen Sie im Feld ① zwischen Hoch- und Querformat.
das Papierformat ändern	▶ Bestimmen Sie im Feld ② das Format.
die Seitenränder anpassen	▶ Wählen Sie im Feld ③ eine vordefinierte Randeinstellung. *oder* Wählen Sie *Benutzerdefinierte Seitenränder* und tragen Sie im Register *Seitenränder* eigene Werte ein.

Beispiel:

Hier sehen Sie die Auswirkung in der mehrseitigen Beispieldatei *Referenzen*, wenn das Seitenlayout wie folgt geändert wird.

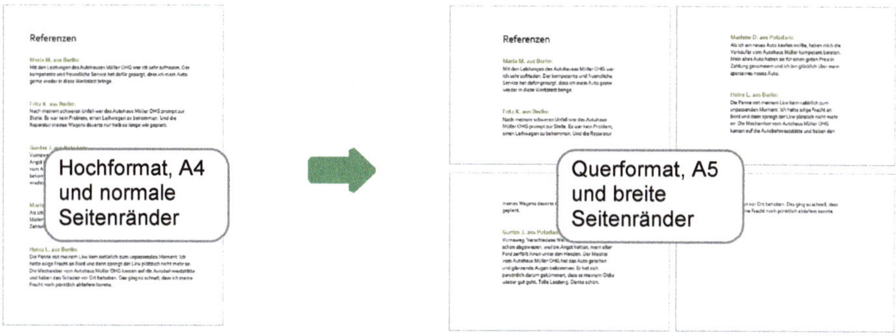

Papier beidseitig bedrucken

Bei mehrseitigen Dokumenten sparen Sie Papier, indem Sie es beidseitig bedrucken.

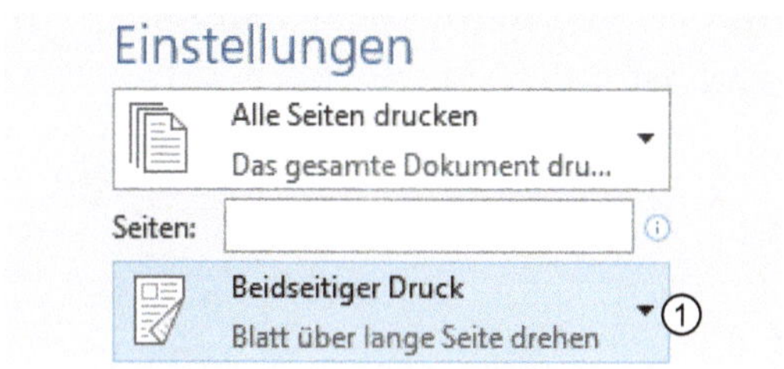

- Wählen Sie im Feld ① *Beidseitiger Druck* aus.

Ihr Druckermodell unterstützt keinen beidseitigen Druck?

Sie können doppelseitige Ausdrucke manuell herstellen, indem die Vorderseite bedruckt, das Papier erneut eingelegt und dann die Rückseite bedruckt wird.

- Wählen Sie im Feld ① *Beidseitiger manueller Druck* aus.
- Starten Sie den Ausdruck mit *Drucken*.
- Legen Sie die bedruckten Seiten erneut ein. Achten Sie auf die Reihenfolge und Platzierung.
- Bestätigen Sie den Hinweis mit *OK*, um den Ausdruck fortzusetzen.

Fertigen Sie sich einen Probeausdruck an, um herauszufinden, wie die bedruckten Seiten in den Drucker eingelegt werden müssen und notieren Sie sich Ihr Vorgehen.

19.3 Übung

Dokument in der Druckvorschau kontrollieren

Level		Zeit	ca. 5 min
Übungsinhalte	✔ Druckvorschau verwenden ✔ Druckeinstellungen ändern		
Übungsdatei	*Treuebrief.docx*		
Ergebnisdatei	*Treuebrief-E.docx*		

1. Öffnen Sie das Dokument *Treuebrief* und lassen Sie die Druckvorschau anzeigen.
2. Ändern Sie das Seitenlayout, indem Sie Querformat wählen und breite Seitenränder verwenden.
3. Lassen Sie in der Druckvorschau beide Dokumentseiten anzeigen.
4. Legen Sie fest, dass zwei Seiten pro Blatt gedruckt werden und starten Sie den Druck.
5. Speichern Sie das Dokument unter dem Namen *Treuebrief-E*.

Plus+ **... noch mehr Übungen:**

Ausdrucke kontrollieren und bearbeiten.pdf

Seitenlayout in der Druckvorschau ändern.pdf

20

Seriendruck, Umschläge und Etiketten

20.1 Basiswissen Seriendruck

Plus **Beispieldateien:** *Lieferservice.docx Lieferservice.mdb*

Einen Seriendruck erstellen Sie dann, wenn Sie ein Dokument personalisiert an verschiedene Personen schicken möchten – etwa, wenn Sie Ihre Kunden bei einem Rundschreiben persönlich anreden möchten. Nutzen Sie die Seriendruckfunktion von Word, um schnell und komfortabel einen **Serienbrief** zu erstellen.

- Das **Hauptdokument** enthält den Text, der für alle Seriendrucke gleich ist. Dort, wo die variablen (personalisierten) Daten erscheinen sollen, werden Seriendruckfelder (Platzhalter) eingefügt. Diese sind durch doppelte Spitzklammern gekennzeichnet.
- In der **Datenquelle** sind die variablen Daten wie z. B. Adressen und Kundennummern gespeichert. In jedem Seriendokument werden die Platzhalter durch die Daten aus der Datenquelle ersetzt.

Arbeitsschritte beim Seriendruck

Schritt 1	Hauptdokument einrichten	Als Erstes erzeugen oder öffnen Sie das Dokument, das Sie als Hauptdokument nutzen möchten: Aktuelles Dokument, Dokumentvorlage oder vorhandenes Dokument verwenden?
Schritt 2	Dokumenttyp wählen	Wählen Sie, welche Art von Seriendruck erstellt wird: Briefe, E-Mail-Nachrichten, Umschläge, Etiketten oder Verzeichnis erstellen?
Schritt 3	Datenquelle wählen	Sie verbinden das Hauptdokument mit der Datenquelle, die die Daten für die Personalisierung enthält: Neue Liste erstellen, vorhandene Liste oder Outlook-Kontakte verwenden?
Schritt 4	Seriendruckfelder einfügen	Sie fügen die Seriendruckfelder (Platzhalter) in das Hauptdokument ein: Name, Adresse, Grußzeile einfügen?
Schritt 5	Seriendruck-Vorschau	Anschließend zeigen Sie die Seriendokumente als Vorschau an und prüfen sie auf Fehler: Seriendokumente fehlerfrei?
Schritt 6	Seriendruck durchführen	Wenn keine Fehler aufgetreten sind, drucken Sie die Seriendokumente oder geben sie in eine Datei aus.

Alle Funktionen zur Erstellung eines Seriendrucks finden Sie im Register *Sendungen*.

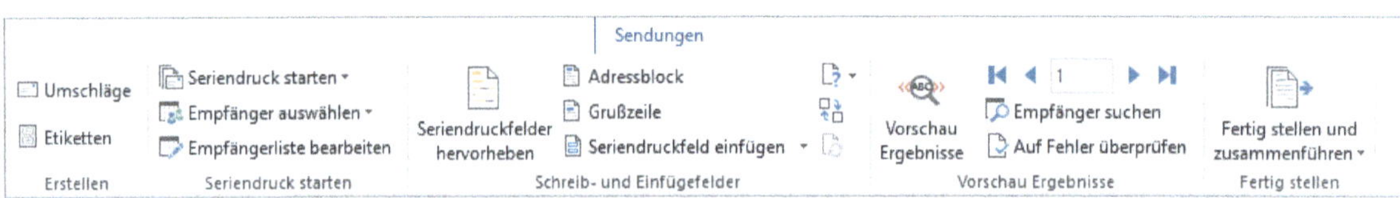

20.2 Seriendruck beginnen

Schritt 1: Hauptdokument wählen

- Erstellen Sie ein Dokument mit dem Inhalt, der in allen Seriendokumenten gleich sein soll.
  oder Öffnen Sie ein bestehendes Dokument, etwa die Beispieldatei *Lieferservice*.

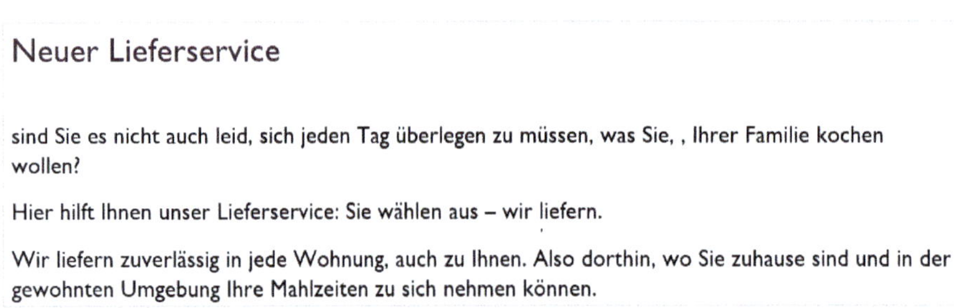
Neuer Lieferservice

sind Sie es nicht auch leid, sich jeden Tag überlegen zu müssen, was Sie, , Ihrer Familie kochen wollen?

Hier hilft Ihnen unser Lieferservice: Sie wählen aus – wir liefern.

Wir liefern zuverlässig in jede Wohnung, auch zu Ihnen. Also dorthin, wo Sie zuhause sind und in der gewohnten Umgebung Ihre Mahlzeiten zu sich nehmen können.

Schritt 2: Dokumenttyp wählen

- Klicken Sie im Register *Sendungen*, Gruppe *Seriendruck starten,* auf *Seriendruck starten*.
- Um einen konventionellen Serienbrief zu erstellen, wählen Sie *Briefe*.

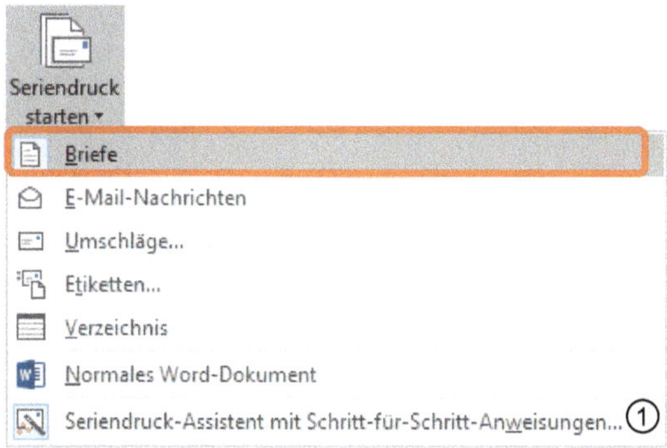

Möchten Sie sich die Arbeitsschritte zum Erstellen eines Seriendrucks vom Seriendruck-Assistenten vorgeben lassen, wählen Sie den Eintrag ①. Dies entspricht den nachfolgend beschriebenen Schritten.

20.3 Datenquelle verbinden

Schritt 3: Datenquelle wählen

- Um die Datenquelle auszuwählen, klicken Sie in der Gruppe *Seriendruck starten* auf *Empfänger auswählen*.
- Wählen Sie eine der nachfolgend beschriebenen Optionen.

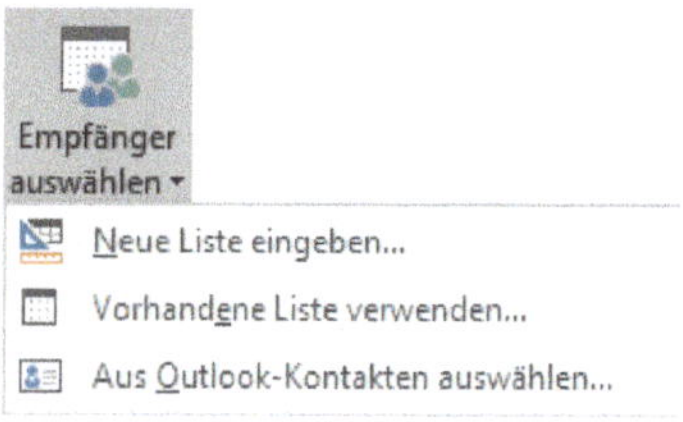

Die Adressen sind noch nicht in einer Datenquelle erfasst?

Über *Neue Liste eingeben* erstellen Sie eine neue Datenquelle. Diese Datenquelle wird als Microsoft-Office-Adressliste im MDB-Format abgelegt. Speicherort ist der Ordner *Meine Datenquellen*, der beim Speichern automatisch im Ordner *Dokumente* angelegt wird.

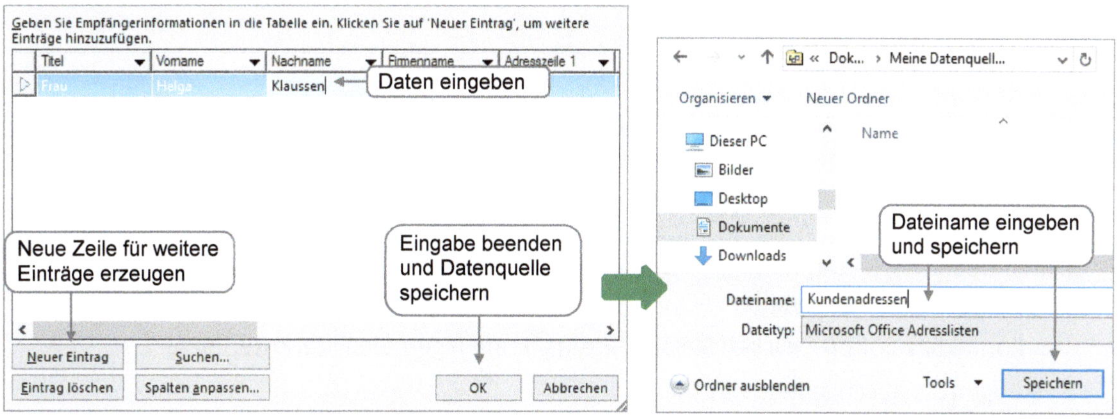

Sie möchten eine bestehende Adressliste verwenden?

Wenn Sie bereits eine Microsoft-Office-Adressliste über *Neue Liste eingeben* erstellt bzw. Sie Zugriff auf eine andere Datenquelle haben (z. B. eine Excel-Arbeitsmappe), gehen Sie so vor:

- Klicken Sie auf *Vorhandene Liste verwenden*.

Sind die Adressen in Outlook als Kontakte gespeichert?

- Klicken Sie auf *Aus Outlook-Kontakten auswählen*.
- Wählen Sie das Outlook-Profil aus und bestätigen Sie mit *OK*.
- Wählen Sie dann den Kontakteordner aus, der die Daten enthält und klicken Sie auf *OK*.

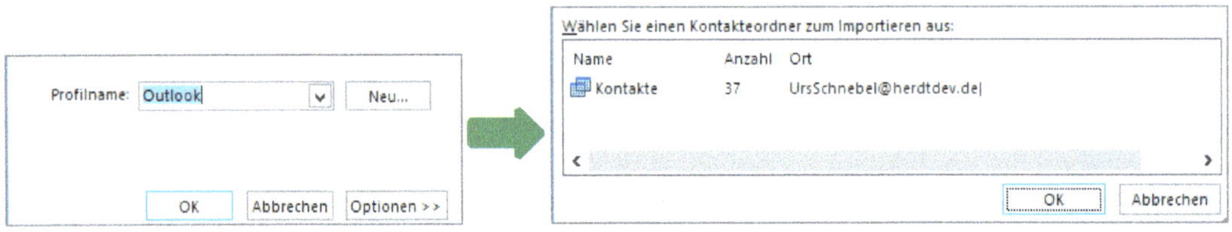

Seriendruckempfänger bestimmen

Wenn Sie Outlook-Kontakte als Datenquelle wählen, haben Sie nach dem Importieren der Kontaktdaten die Option, die Liste der Seriendruckempfänger zu sortieren oder zu filtern. Durch das Filtern können Sie beispielsweise erreichen, dass nur Kunden aus einer bestimmten Stadt einen Brief erhalten.

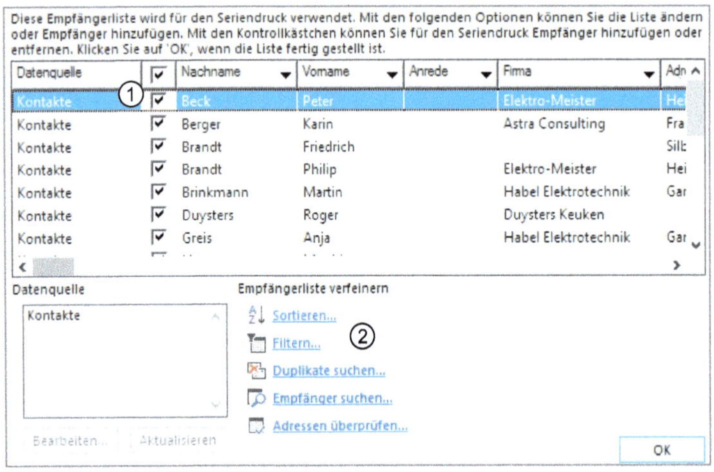

- Möchten Sie die Kontakte sortieren, klicken Sie auf den Pfeil ▾ einer Spalte und wählen ein Sortierkriterium.
- Durch Deaktivieren des Kontrollfelds in der Spalte ① können Sie einzelne Empfänger vom Seriendruck ausschließen.
- Um Kontakte zu filtern, klicken Sie auf *Filtern* ② und legen die Filterkriterien fest.
- Bestätigen Sie abschließend mit *OK*.

Verwenden Sie eine Microsoft-Office-Adressliste, können Sie dieses Fenster einblenden, indem Sie in der Gruppe *Seriendruck starten* auf *Empfängerliste bearbeiten* klicken.

20.4 Seriendruckfelder

Nachdem Sie das Hauptdokument mit einer Datenquelle verbunden haben, fügen Sie die Seriendruckfelder ein. Welche Seriendruckfelder Word zum Einfügen anbietet, hängt von der Datenquelle ab: Die Namen der Seriendruckfelder entsprechen den Feldnamen bzw. Spaltenüberschriften in der Datenquelle.

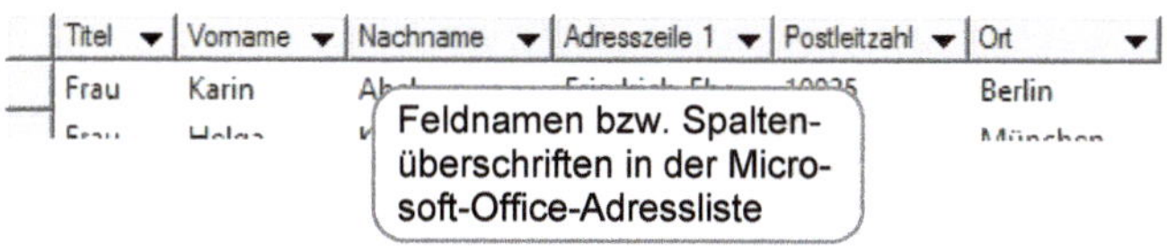

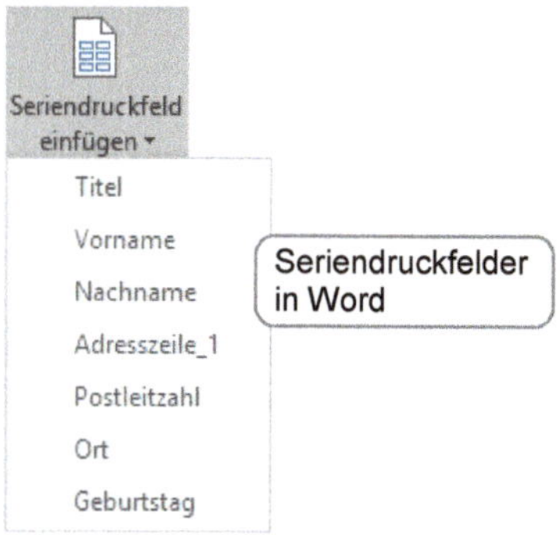

Zur komfortablen Erstellung von Seriendrucken stehen zusammengesetzte Felder bereit:

- Das Seriendruckfeld *Adressblock* kann z. B. die Felder *Titel*, *Vor-* und *Nachname*, *Adresse*, *Postleitzahl* und *Ort* enthalten.
- Das Seriendruckfeld *Grußzeile* ist eine Zusammensetzung aus den Feldern *Titel* und *Nachname*.

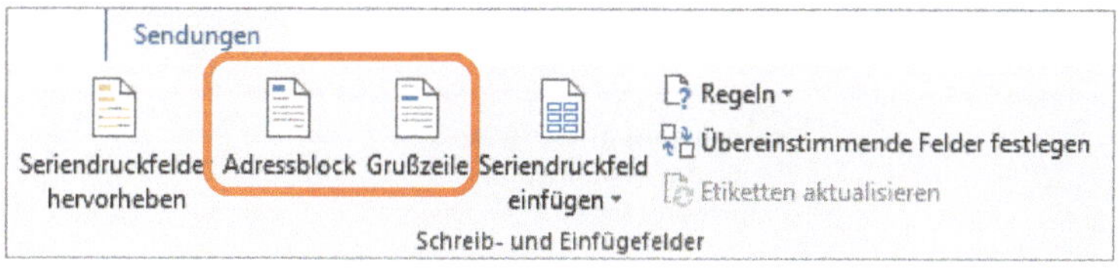

Schritt 4: Seriendruckfelder einfügen

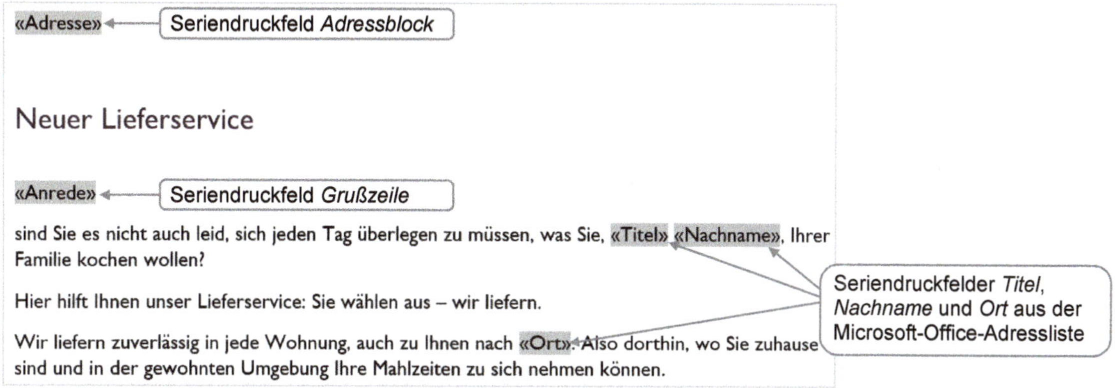

- Platzieren Sie den Cursor am Dokumentanfang.
- Um die komplette Anschrift einzufügen, klicken Sie in der Gruppe *Schreib- und Einfügefelder* auf *Adressblock*.
- Legen Sie fest, ob und wie die einzelnen Adresselemente eingefügt werden, und bestätigen Sie mit *OK*.

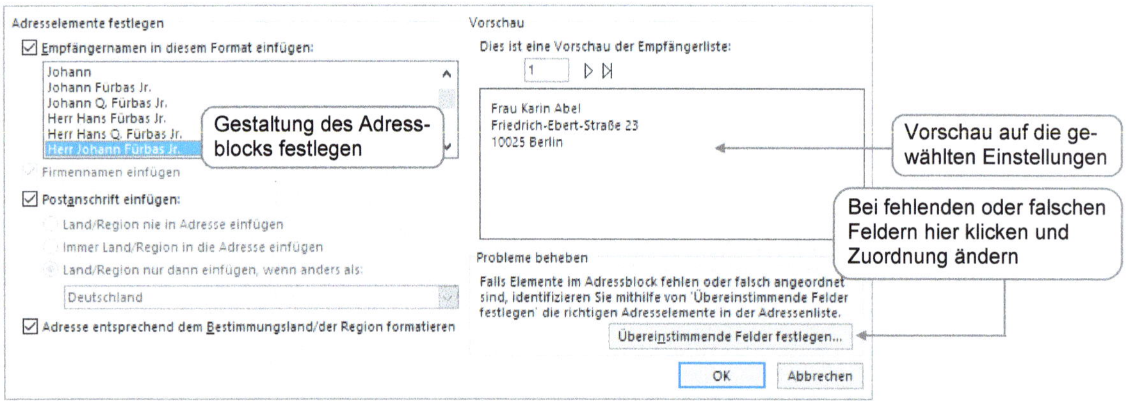

Aktivieren Sie in der Gruppe *Schreib- und Einfügefelder* die Schaltfläche *Seriendruckfelder hervorheben*, um alle Seriendruckfelder am Bildschirm deutlich hervorzuheben.

- Wechseln Sie zu der Stelle, an der Sie die Anrede einfügen möchten, klicken Sie in der Gruppe *Schreib- und Einfügefelder* auf *Grußzeile* und bestimmen Sie, wie die Anrede lauten soll.

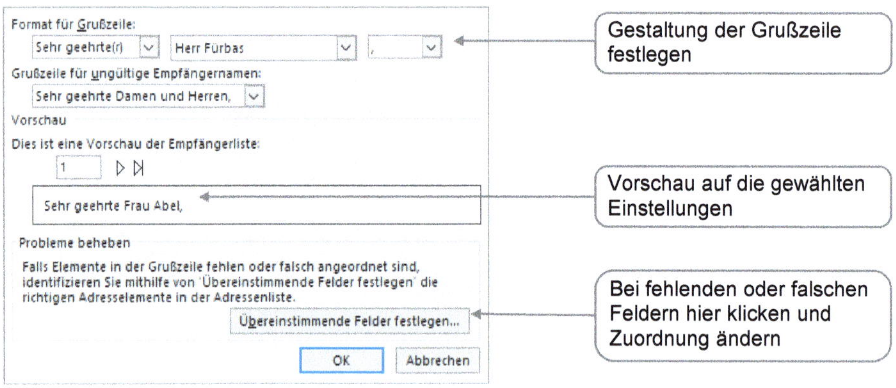

- Um einzelne Seriendruckfelder einzufügen, platzieren Sie den Cursor, klicken in der Gruppe *Schreib- und Einfügefelder* auf den Pfeil der Schaltfläche *Seriendruckfeld einfügen* und wählen das Seriendruckfeld.

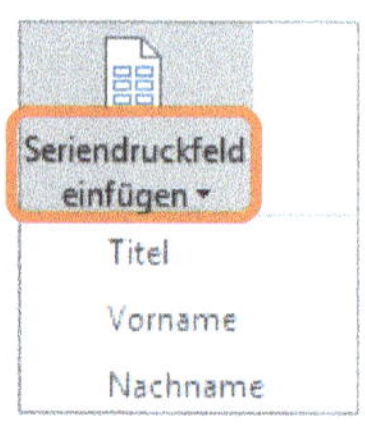

- Wiederholen Sie diese Schritte für weitere benötigte Felder.

  oder Um mehrere Felder hintereinander einzufügen, klicken Sie auf den oberen Teil der Schaltfläche *Seriendruckfeld einfügen*. Sie können dann die Seriendruckfelder über ein Dialogfenster einfügen.

Seriendruckfelder formatieren

Den Seriendruckfeldern wird zunächst die Formatierung zugewiesen, die der Einfügeposition eingestellt ist.

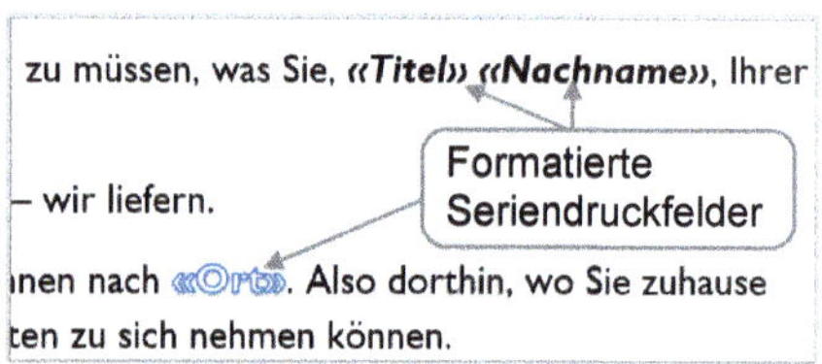

- Markieren Sie das komplette Seriendruckfeld, inklusive der doppelten Spitzklammern.
- Nehmen Sie die Formatierungen vor.

20.5 Seriendruck prüfen und fertigstellen

Schritt 5: Seriendruck-Vorschau

Bevor Sie den Seriendruck durchführen, lassen Sie sich eine Vorschau auf die Seriendruckergebnisse anzeigen. Die Platzhalter werden dabei durch die Inhalte der Datenquelle ersetzt.

- Aktivieren Sie im Register *Sendungen* in der Gruppe *Vorschau Ergebnisse* die Schaltfläche *Vorschau Ergebnisse*.
- Um durch die Seriendokumente zu blättern, klicken Sie auf ▶ bzw. ◀.

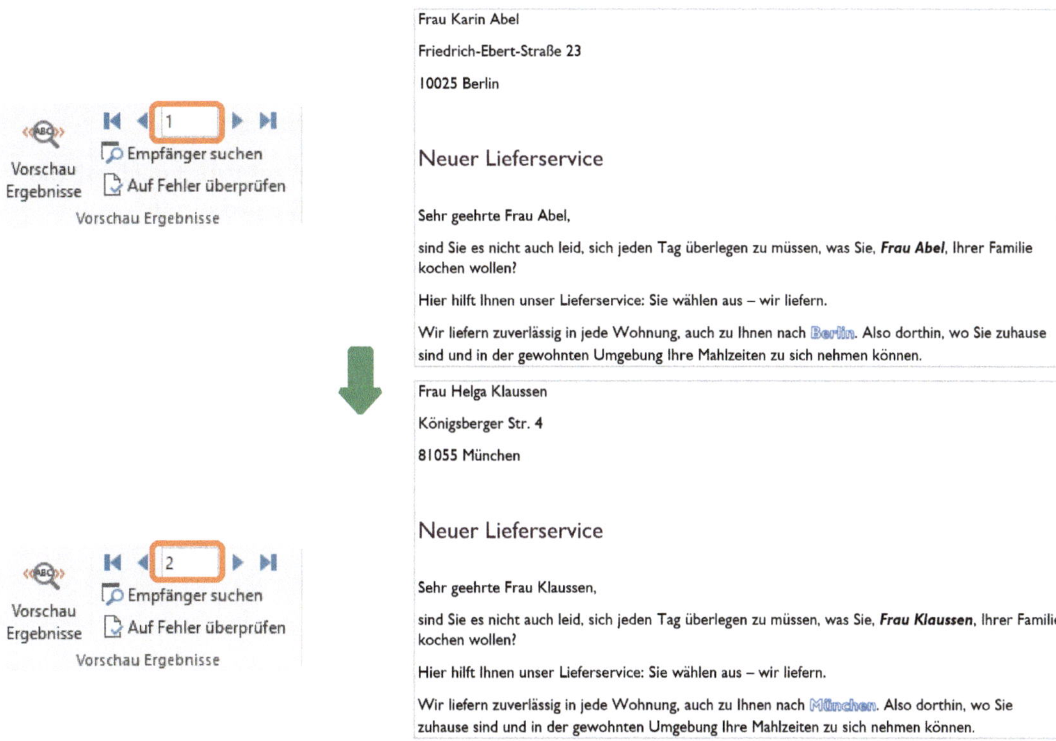

- ✔ Über *Empfänger suchen* (Gruppe *Vorschau Ergebnisse)* können Sie nach einem bestimmten Dokument suchen.
- ✔ Über *Auf Fehler überprüfen* (Gruppe *Vorschau Ergebnisse)* können Sie den Seriendruck simulieren bzw. festlegen, wie beim Auftreten von Fehlern verfahren werden soll.

Schritt 6: Seriendruck durchführen

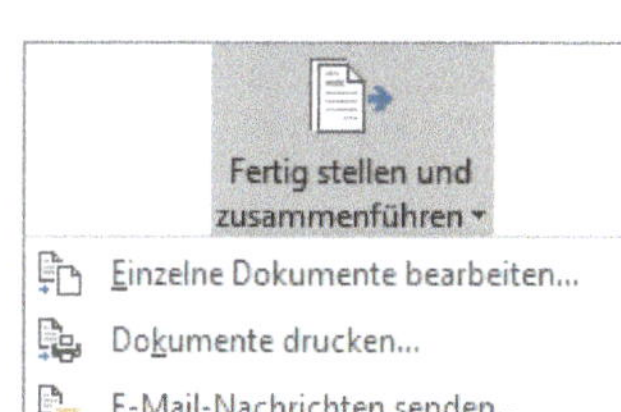

- Klicken Sie in der Gruppe *Fertig stellen* auf *Fertig stellen und zusammenführen*.
- Wenn Sie die Seriendokumente in einer separaten Datei zusammenführen möchten, wählen Sie *Einzelne Dokumente bearbeiten*.

  Word fügt dann alle Dokumente, jeweils getrennt durch einen Seitenumbruch, in eine neue Datei ein.

  oder Um die Seriendokumente direkt zu drucken, wählen Sie *Dokumente drucken.*

Bevor die Ausgabe in das neue Dokument erfolgt bzw. der Druckdialog eingeblendet wird, können Sie wählen, welche Datensätze ausgegeben werden sollen.

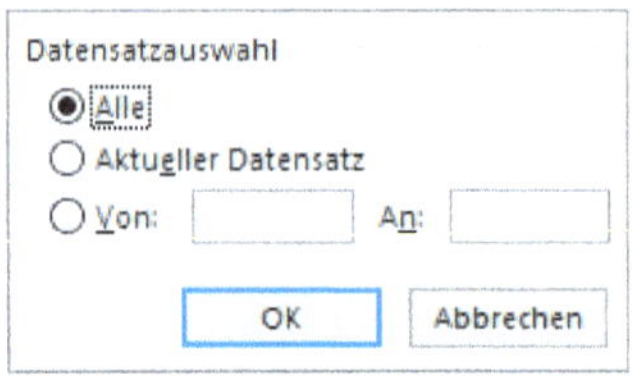

Hauptdokument speichern und öffnen

Haben Sie die Seriendokumente in eine Datei zusammengeführt, können Sie diese separat vom Hauptdokument speichern. Möchten Sie das Hauptdokument für weitere Seriendrucke verwenden, speichern Sie es ebenfalls. Die Verknüpfung zur Datenquelle wird beibehalten.

Sie möchten ...	
das Hauptdokument speichern	▶ Klicken Sie in der Symbolleiste für den Schnellzugriff auf  und vergeben Sie einen aussagekräftigen Namen.
das Hauptdokument wieder öffnen	Wenn Sie das Hauptdokument wieder öffnen, fragt Word nach, ob die Verknüpfung zur Datenquelle wiederhergestellt werden soll. ▶ Klicken Sie auf *Ja*, um die Verbindung beizubehalten. *oder* Möchten Sie die Verbindung zur Datenquelle löschen, klicken Sie auf *Nein*. 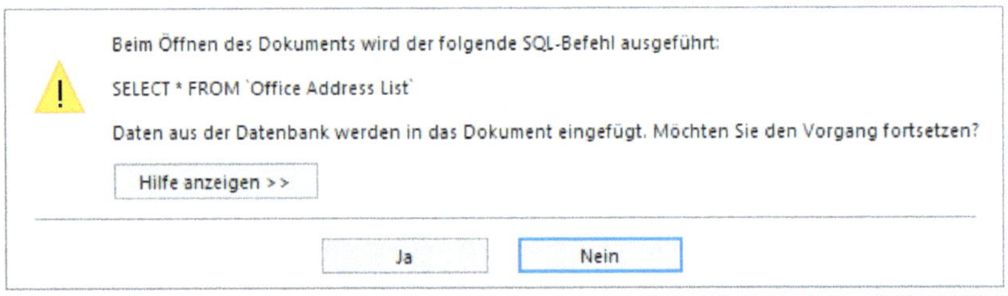

20.6 Verzeichnisse und Adressetiketten

Verzeichnis erzeugen

Die Seriendruckfunktion eignet sich auch dazu, Verzeichnisse zu erstellen, etwa eine Telefon- oder Geburtstagsliste.

- ▶ Erzeugen Sie ein neues Dokument, klicken Sie im Register *Sendungen* auf *Seriendruck starten* und wählen Sie *Verzeichnis*.
- ▶ Verbinden Sie über *Empfänger auswählen* (Gruppe *Seriendruck starten)* die Datenquelle.
- ▶ Fügen Sie über *Seriendruckfeld einfügen* (Gruppe *Schreib- und Einfügefelder)* die Platzhalter in einer Zeile ein. Verwenden Sie zur Positionierung Tabstopps und fügen Sie am Zeilenende eine Absatzschaltung ein.

- Prüfen Sie über *Vorschau Ergebnisse (*Gruppe *Vorschau Ergebnisse)*, ob die Seriendruckfelder richtig angeordnet sind. Word zeigt dabei jeden Datensatz einzeln an, wenn Sie über die dortigen Pfeilschaltflächen durch die Seriendokumente blättern.
- Um das Verzeichnis zu erstellen, klicken Sie in der Gruppe *Fertig stellen* auf *Fertig stellen und zusammenführen* und wählen Sie *Einzelne Dokumente bearbeiten*.

  Es wird ein neues Dokument erzeugt und für jeden Datensatz eine neue Zeile angelegt.

Adressetiketten drucken

Benötigen Sie z. B. zum Adressieren von Umschlägen oder Paketen Adressetiketten, nutzen Sie die Seriendruckfunktion, um einen Etikettenbogen mit unterschiedlichen Adressen zu bedrucken.

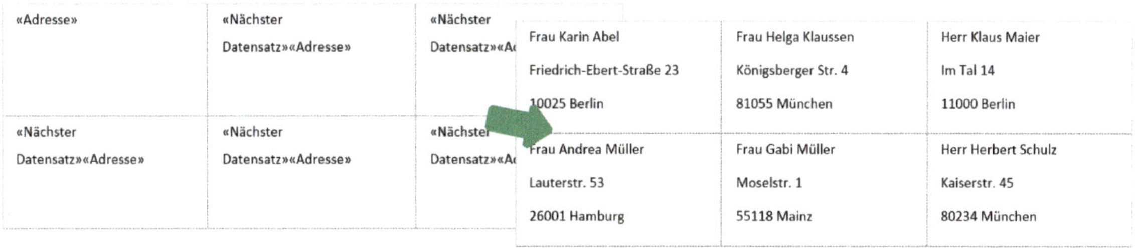

- Erzeugen Sie ein neues Dokument, klicken Sie im Register *Sendungen* in der Gruppe *Seriendruck starten* auf *Seriendruck starten* und wählen Sie *Etiketten*.
- Wählen Sie den Etikettenhersteller und Etikettentyp aus und bestätigen Sie mit *OK*.

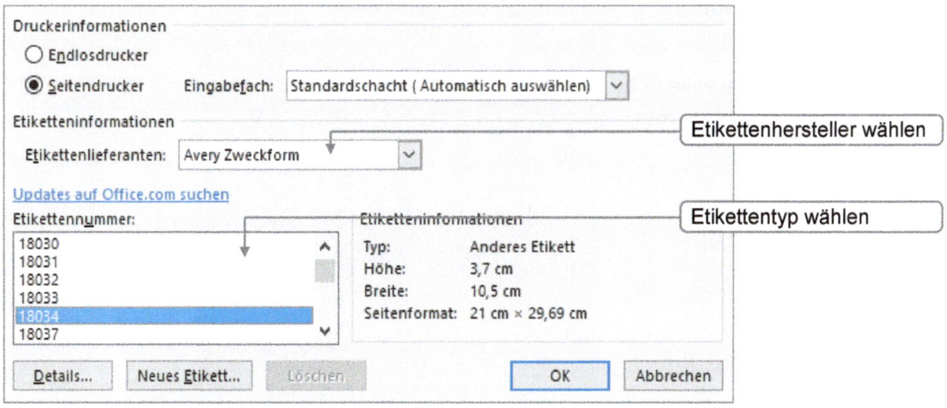

Word erzeugt eine rahmenlose Tabelle, die den Etikettenbogen darstellt.

- Um die einzelnen Tabellenzellen sehen zu können, stellen Sie sicher, dass im Register *Layout* in der Gruppe *Tabelle* die Schaltfläche *Gitternetzlinien anzeigen* aktiviert ist.
- Wechseln Sie wieder zum Register *Sendungen* und wählen Sie über *Empfänger auswählen* (Gruppe *Seriendruck starten*) die Datenquelle aus.

  Auf allen Etiketten (außer dem ersten) erscheint *<<Nächster Datensatz>>*.
- Fügen Sie auf dem ersten Etikett die Seriendruckfelder ein, z. B. den Adressblock, und formatieren Sie das erste Etikett nach Ihren Wünschen.
- Um das Layout des ersten Etiketts auf die übrigen zu übertragen, klicken Sie im Register *Sendungen* in der Gruppe *Schreib- und Einfügefelder* auf *Etiketten aktualisieren*.
- Prüfen Sie die Etiketten über *Vorschau Ergebnisse (*Gruppe *Vorschau Ergebnisse).*
- Führen Sie die Etiketten in einem neuen Dokument zusammen oder drucken Sie sie aus.

20.7 Briefumschläge und Etiketten manuell drucken

Briefumschläge drucken

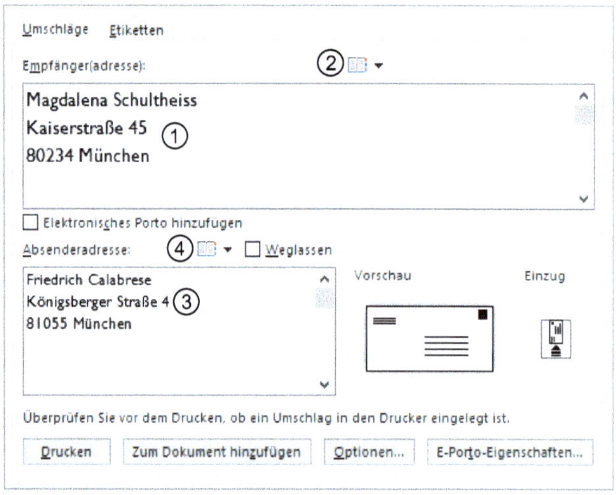

- Klicken Sie im Register *Sendungen*, Gruppe *Erstellen*, auf *Umschläge*.
- Tragen Sie im Register *Umschläge* die Adresse des Empfängers ① ein oder wählen Sie eine Adresse über ② aus.
- Geben Sie Ihre Adresse ③ ein oder wählen Sie sie über ④ aus.
- Klicken Sie auf *Optionen*, wählen Sie im Feld *Umschlagformat* die Umschlaggröße aus und bestätigen Sie mit *OK*.
- Mit *Drucken* starten Sie den Druck.

  oder Klicken Sie auf *Zum Dokument hinzufügen*, um den Briefumschlag mit dem Dokument zu speichern.

Etikettenbögen drucken

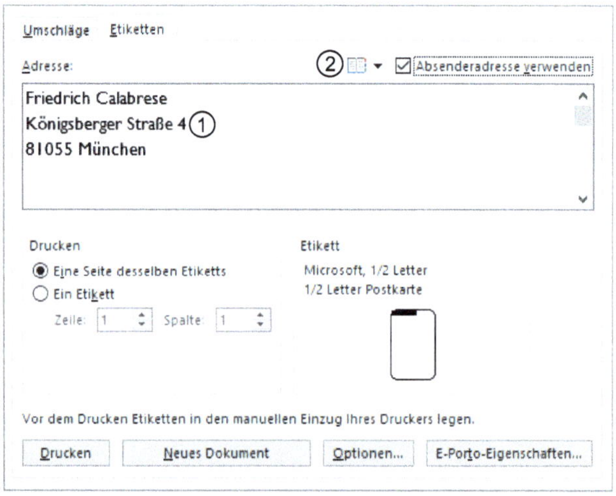

- Klicken Sie im Register *Sendungen*, Gruppe *Erstellen*, auf *Etiketten*.
- Tragen Sie die gewünschte Adresse ① ein oder wählen Sie eine Adresse über ②.
- Wählen Sie über *Optionen* die Etikettenmarke und -nummer aus und bestätigen Sie mit *OK*.
- Klicken Sie auf *Drucken*.

  oder Klicken Sie auf *Neues Dokument*, um die Etiketten als Tabelle in ein neues Dokument einzufügen.

20.8 Übung

Angebot als Serienbrief erstellen

Level		Zeit	ca. 15 min
Übungsinhalte	✔ Hauptdokument mit Seriendruckfeldern erstellen ✔ Seriendokument erzeugen		
Übungsdateien	*Frühlingsangebot.docx, Kundenadressen.mdb*		
Ergebnisdatei	*Frühlingsangebot-E.docx*		

1. Öffnen Sie die Datei *Frühlingsangebot*. Diese Datei dient als Hauptdokument.
2. Starten Sie den Seriendruck und legen Sie fest, dass Sie Serienbriefe erstellen möchten.
3. Verbinden Sie das Hauptdokument mit der Datenquelle. Als Datenquelle dient die Übungsdatei *Kundenadressen.mdb*.
4. Um die Datenquelle zu verbinden, wählen Sie den Ordner aus, in dem die Datei abgelegt ist.
5. Fügen Sie die Seriendruckfelder *Adressblock*, *Grußzeile*, *Titel*, *Nachname* und *Ort* ein.

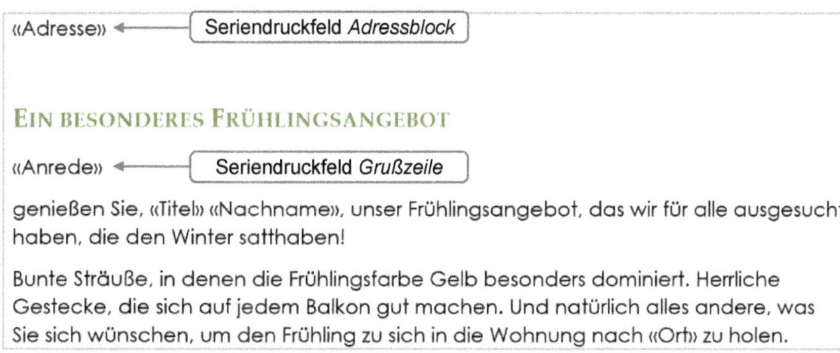

6. Prüfen Sie mithilfe der Vorschau, ob die Serienbriefe korrekt erzeugt werden.
7. Führen Sie die Serienbriefe in einem Dokument zusammen.
8. Speichern Sie das Dokument mit den Serienbriefen unter dem Namen *Frühlingsangebot-E*.

Plus+ **... noch mehr Übungen:**

Namensschilder drucken.pdf

Messeeinladungen drucken.pdf

21

Dokumente exportieren, importieren, weiterleiten

21.1 Dokumente exportieren

Wenn Sie Ihre Dokumente in anderen Dateiformaten speichern, lassen sie sich auch auf Rechnern lesen bzw. bearbeiten, auf denen Word nicht installiert ist.

- Öffnen Sie das Dokument, das Sie in einem anderen Format speichern möchten.
- Wechseln Sie ins Register *Datei* und klicken Sie links auf *Exportieren*.
- Klicken Sie im Bereich *Dateityp ändern* doppelt auf das Dateiformat.

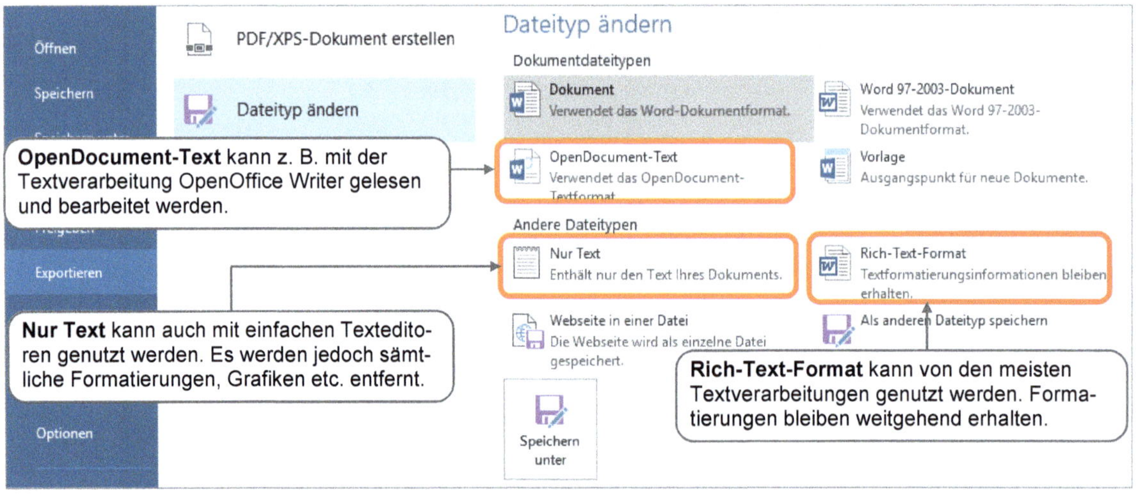

- Ändern Sie Dialogfenster *Speichern unter* bei Bedarf den Dateinamen und Speicherort.
- Bestätigen Sie mit *Speichern*.
- Je nach Dateityp erhalten Sie einen Hinweis, dass nicht alle im Dokument genutzten Gestaltungselemente mit dem gewählten Format kompatibel sind.
- Bestätigen Sie mit *OK*, um den Speichervorgang fortzusetzen.

Das umgewandelte Dokument wird angezeigt und das ursprüngliche Word-2013-Dokument automatisch geschlossen – es bleibt jedoch unverändert erhalten.

Dokumente im PDF-Format speichern

Oft ist es erforderlich, ein Dokument so zu speichern, dass es unter Beibehaltung der vollständigen Formatierung auch ohne Word gelesen werden kann. Hierfür bietet sich das **PDF-Format** an. PDF-Dateien können auf praktisch jedem Computer und Mobilgerät originalgetreu anzeigt und gedruckt werden. Gegebenenfalls wird das Programm **Adobe Reader** benötigt, das Sie von *get.adobe.com/de/reader/otherversions* kostenlos herunterladen können.

- Öffnen Sie das Word-Dokument.
- Wechseln Sie zum Register *Datei* und wählen Sie *Exportieren*.
- Stellen Sie sicher, dass im mittleren Fensterbereich *PDF/XPS-Dokument erstellen* aktiviert ist, und klicken Sie auf *PDF/XPS-Dokument erstellen*.

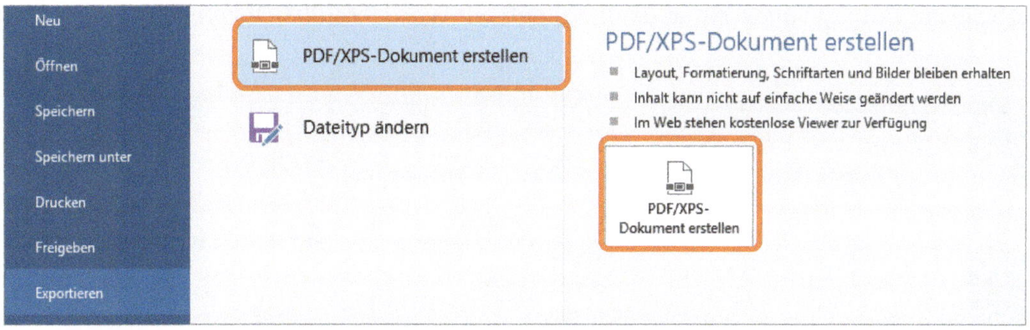

- Prüfen Sie im Dialogfenster *Als PDF oder XPS veröffentlichen* den Dateinamen und Speicherort und bestätigen Sie mit *Veröffentlichen*.

! Beachten Sie, dass Dokumente im PDF-Format nicht oder nur eingeschränkt bearbeitet werden können – es dient in erster Linie zum Lesen von Dokumenten.

Sie können auch in anderen Formaten speichern, indem Sie im Register *Datei* auf *Speichern unter* klicken und im Feld *Dateityp* das Format wählen.

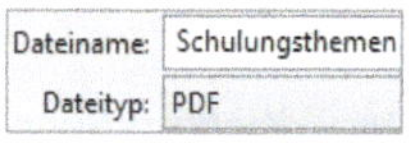

Plus **Ergänzende Lerninhalte:** *Dokumente in Word Online bearbeiten.pdf*
Hier erfahren Sie, wie Sie Word-Dokumente mit der Online-Version von Word im Browser öffnen und bearbeiten können.

21.2 Dokumente in Fremdformaten öffnen

- Wechseln Sie zum Register *Datei*, wählen Sie *Öffnen* und klicken Sie auf *Durchsuchen*.
- Damit die Datei im Dialogfenster *Öffnen* angezeigt wird, wählen Sie über die Schaltfläche ① ein Format oder *Alle Dateien* aus.
- Klicken Sie doppelt auf die gewünschte Datei.

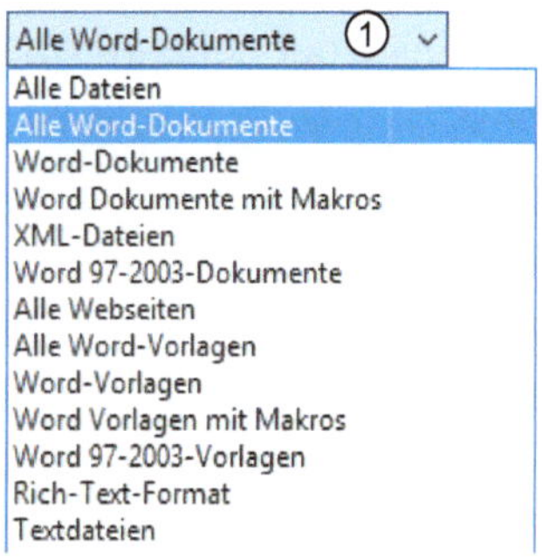

Dokumente, die in anderen Textverarbeitungen erstellt wurden, weisen unter Umständen abweichende Formatierungen auf.

21.3 Kompatibilität zu früheren Word-Versionen

Dokumente für frühere Word-Versionen speichern

Dokumente, die mit Word 2016 erstellt wurden, können auch in den Word-Versionen 97 - 2003 verwendet werden. Voraussetzung hierfür ist, dass die Dateien im Dateiformat *.doc* gespeichert wurden oder ein Dateikonverter installiert wurde.

In Dokumenten, die das *.doc*-Dateiformat besitzen, lassen sich jedoch die meisten der neueren App-Funktionalitäten **nicht** nutzen. Hierzu gehören z. B. Texteffekte, Designs und SmartArts.

- Wechseln Sie zum Register *Datei* und wählen Sie links *Exportieren*.
- Klicken Sie auf *Dateityp ändern* und dann doppelt auf *Word 97-2003-Dokument*.

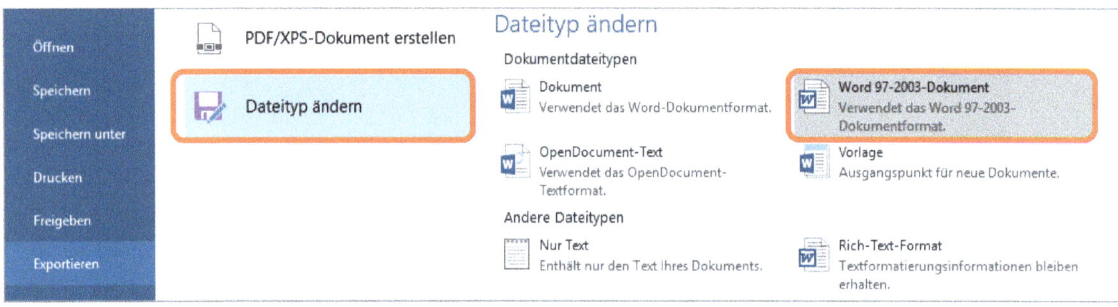

- Prüfen Sie den Dateinamen und Speicherort und bestätigen Sie mit *Speichern*.

Word führt eine Kompatibilitätsprüfung durch. Falls im Dokument Elemente enthalten sind, die in früheren Word-Versionen nicht genutzt werden können, werden diese in einem Dialogfenster aufgelistet.

- Klicken Sie auf *Abbrechen* und ersetzen Sie die beanstandeten Elemente durch solche, die in älteren Versionen genutzt werden können.

  oder Klicken Sie auf *Weiter*, um die Elemente zu entfernen und zu speichern.

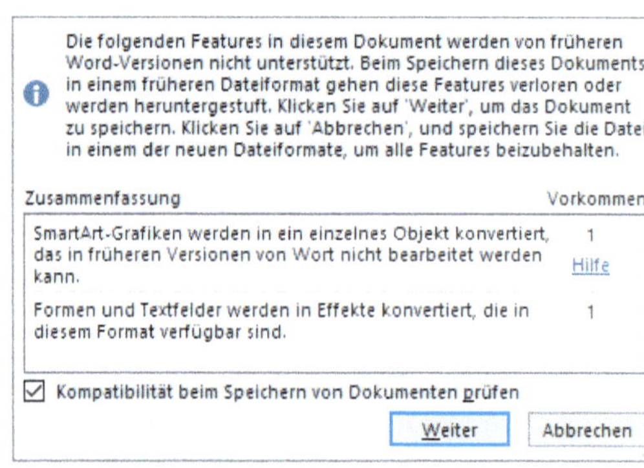

Dokumente von früheren Word-Versionen öffnen

Dokumente, die in den Word-Versionen 97 - 2003 erstellt wurden, werden im Kompatibilitätsmodus geöffnet. Sie erkennen dies am Hinweis [*Kompatibilitätsmodus*]. In diesem Modus können Sie einige der neueren Funktionen nicht nutzen, z. B. Designs.

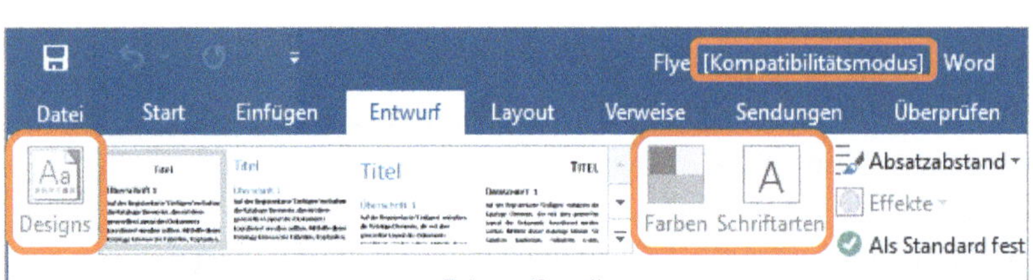

Dokument in das neue Format konvertieren, alte Version überschreiben

- Wechseln Sie zum Register *Datei* und wählen Sie *Informationen*.
- Klicken Sie auf *Konvertieren* und bestätigen Sie den Hinweis mit *OK*.
- Speichern Sie das Dokument z. B. mit .

Dokument im neuen Format speichern, alte Version beibehalten

- Wechseln Sie in das Register *Datei,* klicken Sie auf *Speichern unter* und auf *Durchsuchen.*
- Prüfen Sie den Speicherort, wählen Sie im Feld *Dateityp* das Dateiformat *Word-Dokument* aus und klicken Sie auf *Speichern*.
- Bestätigen Sie mit *OK*.

21.4 Dokumenteigenschaften

Den Dokumenteigenschaften entnehmen Sie, wann bzw. von wem ein Dokument gespeichert wurde. Auch lassen sich Dokumente schnell wiederfinden, da nach vielen Dokumenteigenschaften gesucht werden kann. Die Dokumenteigenschaften werden beim Speichern automatisch erstellt. Einige Eigenschaften können Sie selbst eintragen.

Dokumenteigenschaften anzeigen

- Wechseln Sie in das Register *Datei* und klicken Sie links auf *Informationen*.

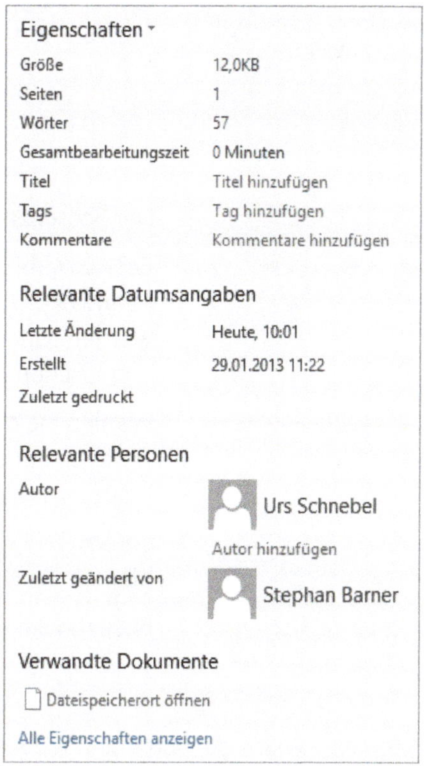

Im rechten Bereich sehen Sie u. a. folgende Angaben:

- ✓ Dateigröße,
- ✓ Erstelldatum,
- ✓ Datum, an dem die Datei zuletzt gespeichert wurde,
- ✓ Anwender, der die Datei zuletzt gespeichert hat.

Die automatisch generierten Dokumenteigenschaften lassen sich **nicht** bearbeiten.

- Um weitere Eigenschaften einzublenden, klicken Sie unterhalb der Dokumenteigenschaften auf *Alle Eigenschaften anzeigen*.

Als Autor wird jener Nutzer eingetragen, der die Datei zuerst gespeichert hat. Möchten Sie, dass **zukünftig** für den Autor ein anderer Name eingetragen wird, klicken Sie im Register *Datei* auf *Optionen.* Tragen Sie im Dialogfenster in der Kategorie *Allgemein* den Namen ins Feld *Benutzername* ein und bestätigen Sie mit *OK.*

Dokumenteigenschaften bearbeiten

- Klicken Sie auf den zu bearbeitenden Eintrag.
- Geben Sie die Informationen ein bzw. ändern Sie sie.
- Klicken Sie außerhalb des Feldes, um die Eingabe abzuschließen.

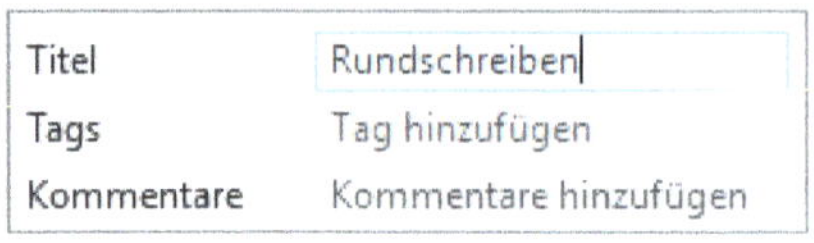

21.5 Dokumente schützen

- Öffnen Sie das zu schützende Dokument.
- Wechseln Sie in das Register *Datei* und klicken Sie auf *Informationen*.
- Klicken Sie auf *Dokument schützen* und wählen Sie eine der folgenden Optionen:

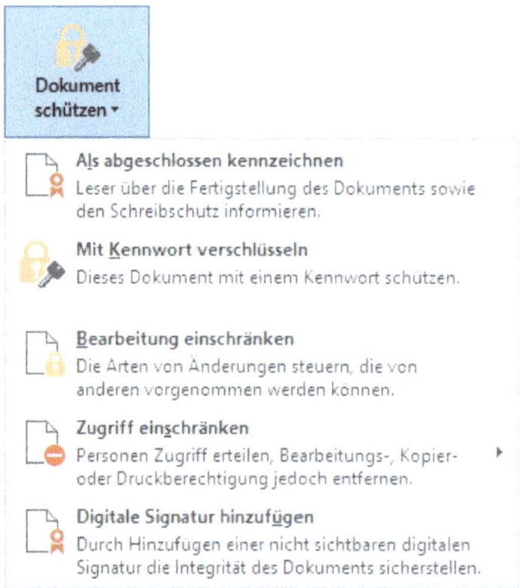

Als abgeschlossen kennzeichnen	Die Datei erhält einen Schreibschutz. Auch wird dem Dokument der Status *Endgültig* zugewiesen. Wird das Dokument geöffnet, erscheint ein Hinweis und in der Statusleiste das Symbol. 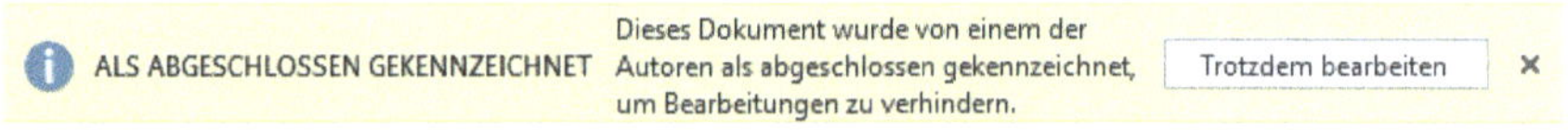 Der Schreibschutz kann jedoch wieder entfernt werden.
Mit Kennwort verschlüsseln	Bei Auswahl dieser Option schützen Sie das Dokument mit einem Kennwort. Um das Dokument zu öffnen, muss das Kennwort eingegeben werden. Um ein Kennwort zu entfernen, rufen Sie die Option erneut auf und löschen im Feld *Kennwort* das Kennwort.
Bearbeitung einschränken	Wählen Sie diese Option, um auszuwählen, welche Änderungen von welchen Benutzern zugelassen sind. Auch besteht die Möglichkeit, die Bearbeitung mit einem Kennwort zu schützen.
Zugriff einschränken	Sofern Sie Zugriff auf einen Rechteverwaltungsserver haben, können Sie hier Sie die Möglichkeiten anderer Nutzer einschränken.
Digitale Signatur hinzufügen	Besitzen Sie eine digitale Signatur, können Sie sie hier einfügen.

Merken Sie sich die von Ihnen vergebenen Kennwörter. Möchten Sie das Dokument zukünftig öffnen, müssen Sie das Kennwort exakt eingeben – einschließlich Groß- und Kleinschreibung.

21.6 Dokumente versenden

Dokument vorbereiten

Vor einer Weiterleitung an andere Personen empfiehlt es sich, Dokumenteigenschaften, ausgeblendeten Text und andere sensible Informationen aus dem Dokument entfernen.

- Speichern Sie das Dokument.
- Wechseln Sie zum Register *Datei,* Kategorie *Informationen*.
- Klicken Sie auf *Auf Probleme überprüfen* und dann auf *Dokument prüfen*.

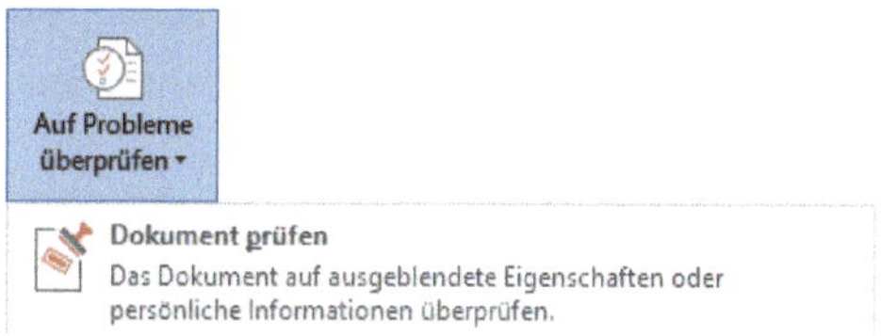

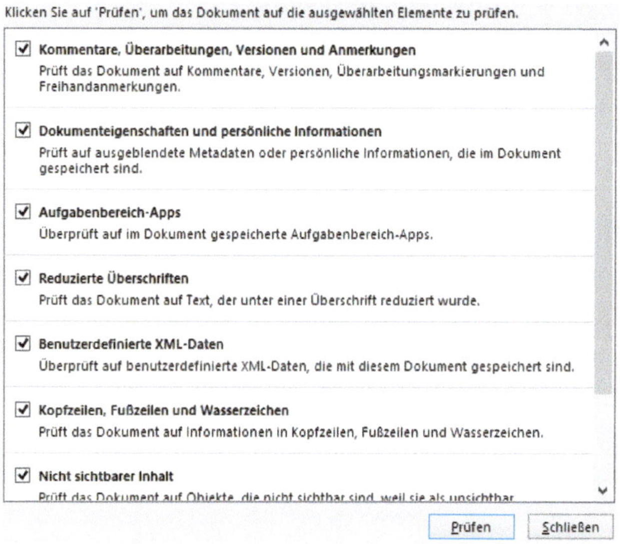

- Lassen Sie im Dialogfenster alle Kontrollfelder aktiviert und klicken Sie auf *Prüfen*.

Nach Abschluss der Prüfung erhalten Sie zu jeder geprüften Kategorie Informationen darüber, ob im Dokument entsprechende Inhalte gefunden wurden.

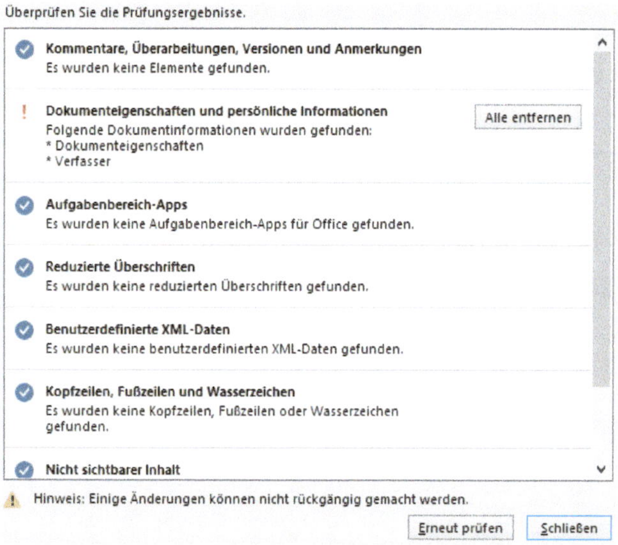

- Entfernen Sie die Informationen bzw. Daten aus dem Dokument, indem Sie im entsprechenden Bereich auf *Alle entfernen* klicken.
- Klicken Sie auf *Schließen*.

Dokument per E-Mail versenden

Sie können ein Dokument direkt von Word aus als Anlage einer E-Mail versenden. Wurde das Dokument an einem freigegebenen Speicherort gespeichert, kann alternativ auch ein Link verschickt werden.

- Klicken Sie im Register *Datei* auf *Freigeben*.
- Wählen Sie *E-Mail*.
- Bestimmen Sie, auf welche Weise das Dokument versendet werden soll:

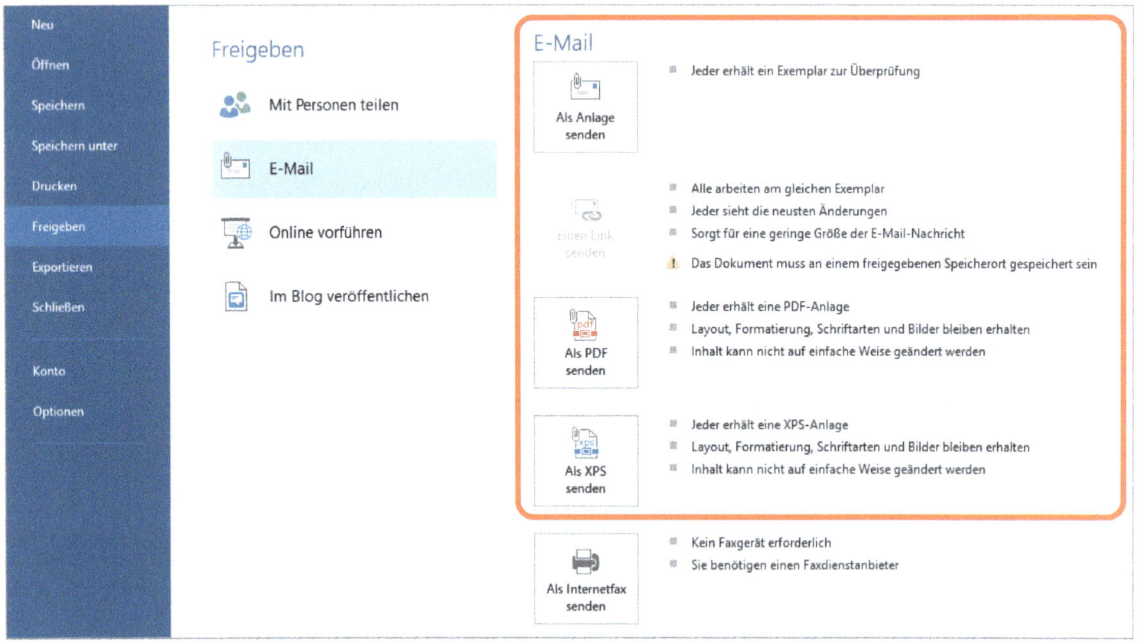

- Nachdem Sie eine Auswahl getroffen haben, startet automatisch Ihr Standard-E-Mail-Programm, z. B. Outlook.
- Tragen Sie in Ihrem E-Mail-Programm den bzw. die Empfänger ein, füllen Sie die Betreffzeile aus, schreiben Sie einen Begleittext und versenden Sie die E-Mail.

Plus+ **... noch mehr Übungen:**

Dokument prüfen.pdf

Dokument schützen und speichern.pdf

Dokument im früheren Word-Format speichern.pdf

22

Dokumente wiederherstellen

22.1 Basiswissen AutoWiederherstellen

Die Funktion **AutoWiederherstellen** speichert automatisch alle 10 Minuten für jedes geöffnete Dokument eine Entwurfsversion. Wenn Sie ein Dokument schließen, ohne es zuvor zu speichern, steht die zuletzt angelegte Entwurfsversion vier Tage lang zur Verfügung.

! Das Dokument muss jedoch mindestens 10 Minuten lang geöffnet gewesen sein, da sonst noch keine Entwurfsversion angelegt wurde.

- Sie können während der Arbeit an einem Dokument jederzeit eine Entwurfsversion laden, etwa um den aktuellen Inhalt durch einen älteren Bearbeitungsstand zu ersetzen.
- Falls Sie versehentlich ein Dokument ohne Speichern geschlossen haben, können Sie die zuletzt erstellte Entwurfsversion des Dokuments öffnen und diese speichern.

So ändern Sie das Zeitintervall, in dem die Entwurfsversionen automatisch erstellt werden:

- Öffnen Sie das Register *Datei* und wählen Sie *Optionen*.
- Klicken Sie im Dialogfenster auf *Speichern* und ändern Sie den Wert:

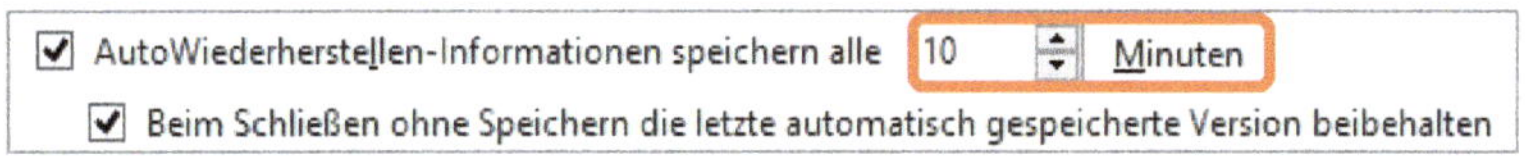

22.2 Frühere Versionen wiederherstellen

Haben Sie an einem Dokument größere Änderungen vorgenommen, die Sie nicht in die Datei übernehmen möchten, können Sie wie folgt einen früheren Bearbeitungsstand laden:

- Klicken Sie im Register *Datei* auf *Informationen*.
- Klicken Sie unter *Dokument verwalten* auf eine der dort aufgelisteten Entwurfsversionen.

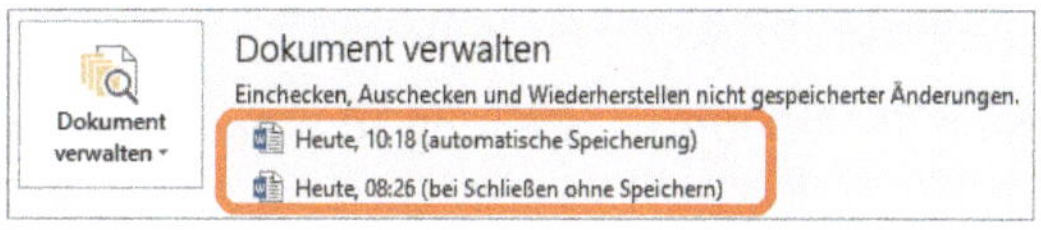

Das Dokument wird nun in der Ansicht *Lesemodus* geöffnet und die Dokumentationsleiste wird eingeblendet:

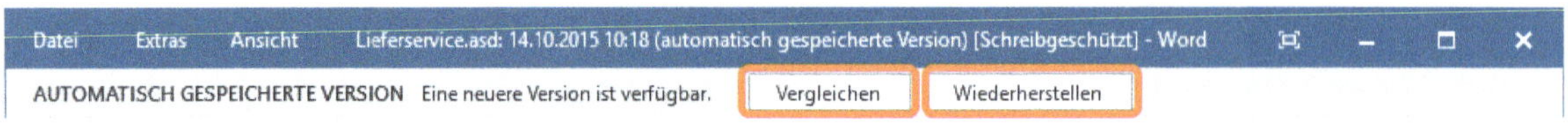

- Um die Entwurfsversion mit dem aktuellen Dokument zu vergleichen, klicken Sie auf *Vergleichen*. Die Änderungen werden in einem neuen Dokument dargestellt.

  oder Um den aktuellen Inhalt des Dokuments durch den Inhalt der Entwurfsversion zu ersetzen, klicken Sie auf *Wiederherstellen* und bestätigen Sie die Rückfrage mit *OK*.

! Das Ersetzen des Dokumentinhalts durch einen älteren Bearbeitungsstand lässt sich nicht rückgängig machen.

22.3 Ungespeicherte Dokumente wiederherstellen

Wenn Sie in einem neu erstellten Dokument Text eingegeben haben, dieses aber vor dem ersten Speichern irrtümlich oder durch ein Problem mit dem Computer geschlossen wurde, können Sie die zuletzt erstellte Entwurfsversion folgendermaßen wiederherstellen:

- Wechseln Sie in das Register *Datei*.
- Stellen Sie sicher, dass die Kategorie *Informationen* angezeigt wird.
- Klicken Sie auf *Dokument verwalten* und wählen Sie *Nicht gespeicherte Dokumente wiederherstellen*.

  oder Klicken Sie auf *Zuletzt verwendet* und danach auf *Nicht gespeicherte Dokumente wiederherstellen*.

- Klicken Sie im Dialogfenster doppelt auf die gewünschte Entwurfsversion.

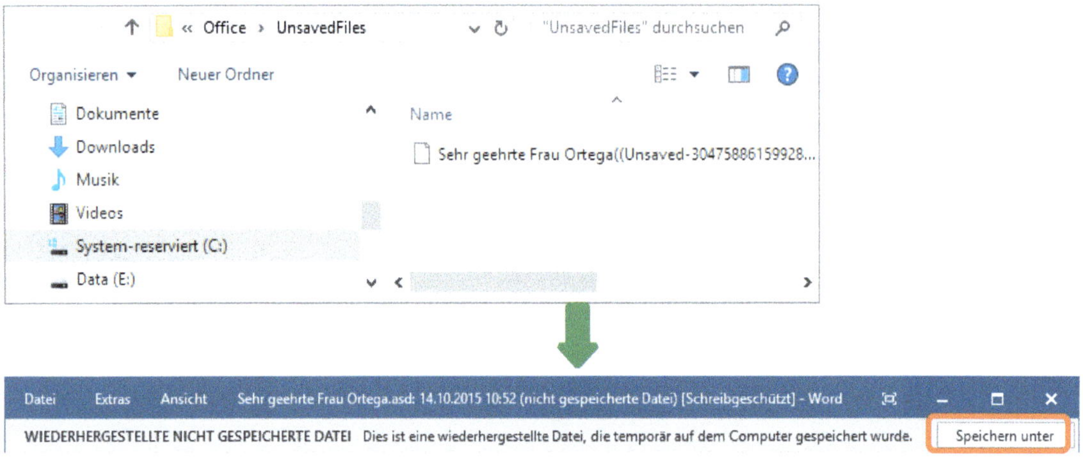

Nach der Wiederherstellung können Sie die Datei wie gewohnt speichern.

22.4 Geänderte Dokumente wiederherstellen

Falls Sie ein bestehendes Dokument bearbeitet und versehentlich geschlossen haben, können Sie so die letzte Entwurfsversion des Dokuments wiederherstellen:

- Öffnen Sie das Dokument, das Sie irrtümlich geschlossen haben.
- Wechseln Sie in das Register *Datei* und wählen Sie die Kategorie *Informationen*.
- Klicken Sie im Bereich *Dokument verwalten* auf die Entwurfsversion mit dem Zusatz *(bei Schließen ohne Speichern)*.

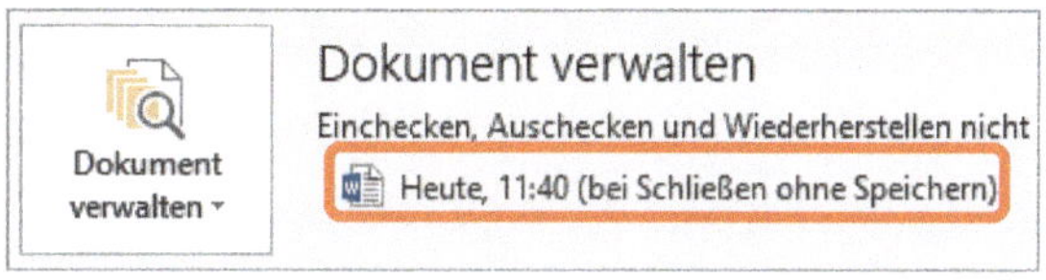

- Um die Entwurfsversion mit der zuletzt gespeicherten Version zu vergleichen, klicken Sie in der Dokumentationsleiste auf *Vergleichen*.

  oder Möchten Sie das Originaldokument durch den Inhalt der Entwurfsversion ersetzen, klicken Sie auf *Wiederherstellen* und bestätigen Sie die Rückfrage mit *OK*.

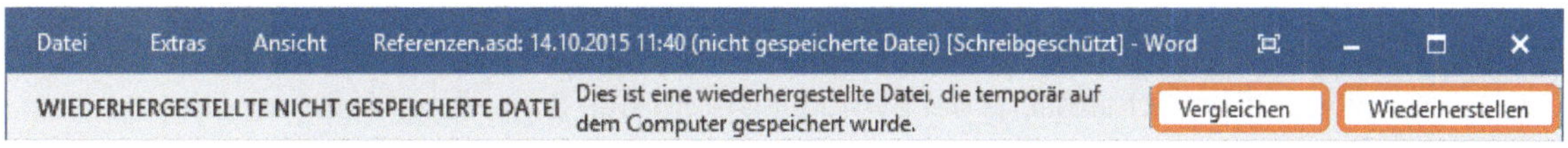

! Das Ersetzen des Dokumentinhalts durch den Inhalt der Entwurfsversion lässt sich nicht rückgängig machen.

22.5 Entwurfsversionen löschen

Nach und nach können sich sehr viele Entwurfsversionen auf Ihrem Computer ansammeln. Um Speicherplatz zu sparen, können Sie nicht benötigte Entwurfsversionen löschen.

- Wechseln Sie in das Register *Datei* und wählen Sie die Kategorie *Informationen*.
- Klicken Sie auf *Dokument verwalten*.
- Wählen Sie *Alle nicht gespeicherten Dokumente löschen*.
- Bestätigen Sie die Rückfrage mit *Ja*.

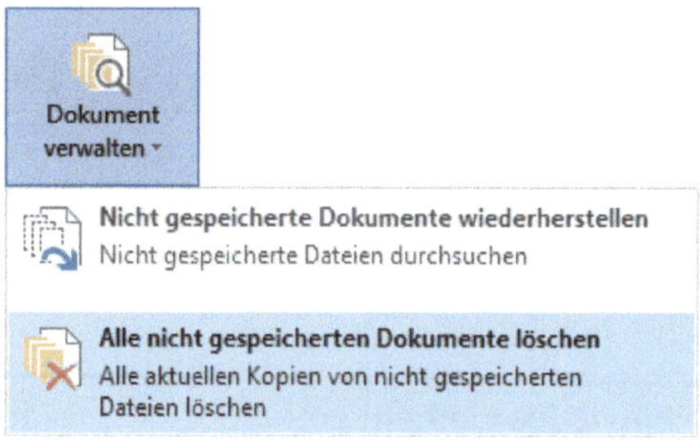

23

Word individualisieren

23.1 Symbolleiste für den Schnellzugriff anpassen

Mit der Schaltfläche lässt sich mit nur einem Klick ein leeres Dokument erzeugen. So fügen Sie beispielsweise diese Schaltfläche der Symbolleiste für den Schnellzugriff hinzu:

- Klicken Sie auf und wählen Sie *Neu*.

Zusätzlich zu den Vorschlägen in der Liste stehen Ihnen weitere Befehle zur Verfügung:

- Klicken Sie neben der Symbolleiste auf und wählen Sie *Weitere Befehle*.

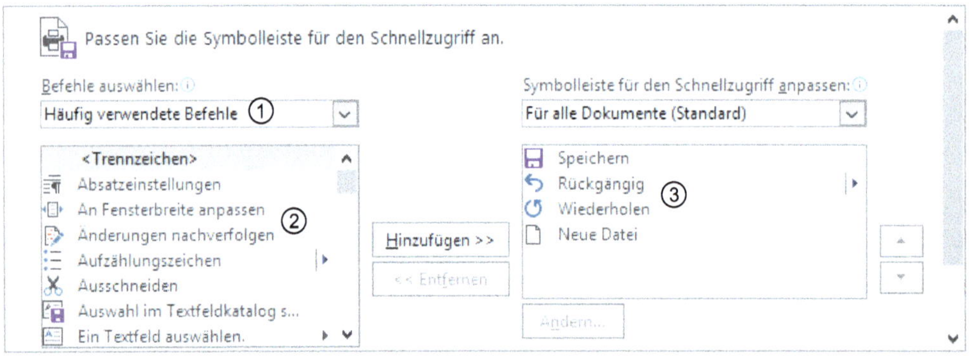

Sie möchten ...	
ein neues Element einfügen	▶ Wählen Sie im Feld ① eine Kategorie. ▶ Markieren Sie im Bereich ② ein Element und klicken Sie auf *Hinzufügen*.
ein Element verschieben	▶ Markieren Sie im Bereich ③ das betreffende Element. ▶ Verschieben Sie das Element mit ▲ bzw. ▼ in der Symbolleiste.

- Bestätigen Sie Ihre Änderungen mit *OK*.

Oft benötigte Befehle, die im Menüband untergebracht sind, können Sie zusätzlich in die Symbolleiste für den Schnellzugriff übernehmen:

- Klicken Sie im Menüband mit der rechten Maustaste auf das Element, das Sie in die Symbolleiste aufnehmen möchten.
- Wählen Sie *Zu Symbolleiste für den Schnellzugriff hinzufügen*.

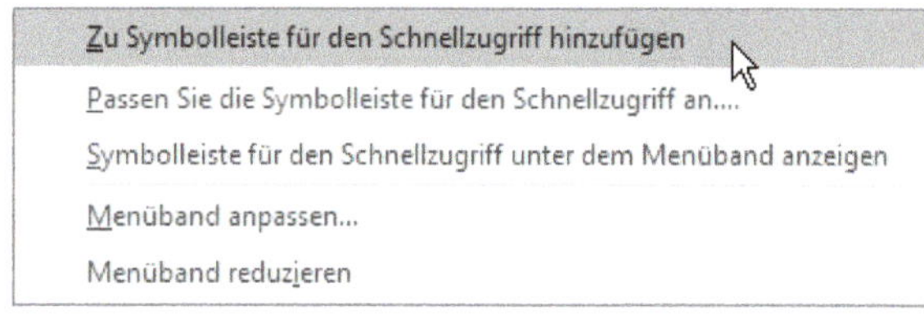

23.2 Menüband anpassen

Bei kleinen Bildschirmen (z. B. bei Notebooks) oder um mehr Raum für die Bearbeitung eines Dokumentes zu erhalten, können Sie die Menüleiste teilweise oder vollständig ausblenden.

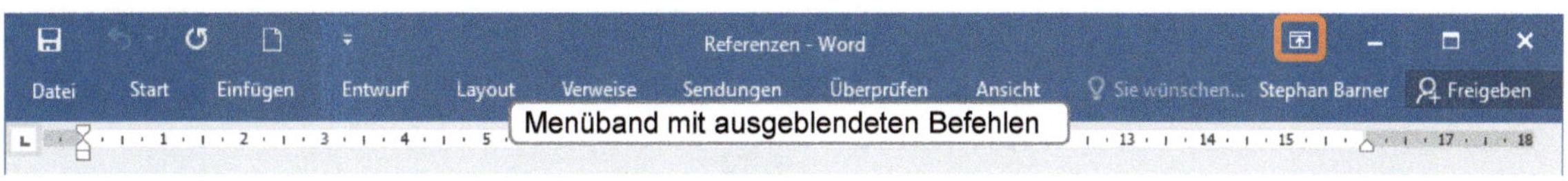

- Klicken Sie rechts in der Titelleiste auf .

Sie möchten, dass ...	
das Menüband standardmäßig ausgeblendet ist	▶ Klicken Sie auf *Menüband automatisch ausblenden*. Wenn Sie am oberen rechten Fensterrand auf ··· klicken, wird das Menüband vorübergehend eingeblendet.
nur die Register des Menübands angezeigt werden	▶ Wählen Sie *Registerkarten anzeigen*. Die Befehle werden ausgeblendet.
immer das vollständige Menüband angezeigt wird	▶ Klicken Sie auf *Registerkarten und Befehle anzeigen*.

23.3 Word-Optionen anpassen

Allgemeine Einstellungen von Word, beispielsweise den Standardspeicherort Ihrer Dokumente, nehmen Sie im Fenster *Word-Optionen* vor. Die meisten der darin enthaltenen Einstellungen gelten für alle künftigen Arbeitssitzungen mit Word.

Word-Optionen anzeigen und bearbeiten

- Wechseln Sie in das Register *Datei*.
- Klicken Sie links unten in der Backstage-Ansicht auf *Optionen*.

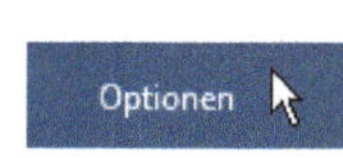

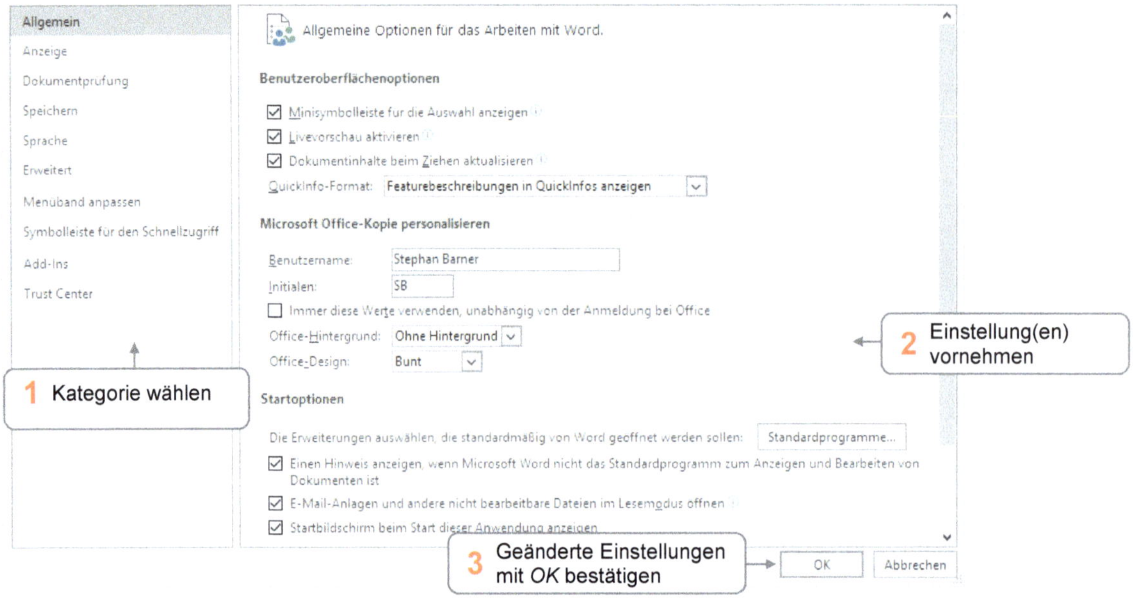

Wissenswerte Einstellungen

Sie möchten im Fenster *Word-Optionen* ...	
den Benutzernamen ändern	▶ Wählen Sie die Kategorie *Allgemein*. ▶ Nehmen Sie die Änderung im Feld *Benutzername* vor. ▶ Passen Sie das Feld *Initialen* entsprechend an.
bestimmte Formatierungs- zeichen ständig anzeigen lassen	▶ Wählen Sie die Kategorie *Anzeige*. ▶ Schalten Sie im Bereich *Diese Formatierungszeichen immer auf dem Bildschirm anzeigen* die gewünschten Zeichen ein.
die Rechtschreibung während der Eingabe ungeprüft lassen	▶ Wählen Sie die Kategorie *Dokumentprüfung*. ▶ Deaktivieren Sie die Option *Rechtschreibung während der Eingabe prüfen*.
den Standardspeicherort Ihrer Dokumente ändern	▶ Wählen Sie die Kategorie *Speichern*. ▶ Klicken Sie bei *Lokaler Speicherort für Datei* auf *Durchsuchen* und wählen Sie den Ordner aus, der beim Speichern oder Öffnen von Dokumenten vorgeschlagen werden soll.
ein Dokument weitergeben, das Schriftarten nutzt, die beim Empfänger nicht vorhanden sind	▶ Wählen Sie die Kategorie *Speichern*. ▶ Aktivieren Sie die Option *Schriftarten in der Datei einbetten*. ▶ Speichern Sie das Dokument, nachdem Sie die Word-Optionen mit *OK* verlassen haben.
verhindern, dass mit der Maus zunächst nur ganze Wörter markiert werden	▶ Wählen Sie die Kategorie *Erweitert*. ▶ Deaktivieren Sie unter *Bearbeitungsoptionen* das Kontroll-feld *Automatisch ganze Wörter markieren*.

Plus+ **Ergänzende Lerninhalte:** *Add-Ins für Office verwenden.pdf*
Hier erfahren Sie, wie Sie Word um spezielle Funktionen individuell erweitern können.

A

B

C

D

E

F

G

Impressum

Matchcode: WW2016

Autoren: Thomas Alker, Charlotte von Braunschweig

Produziert im HERDT-Digitaldruck

1. Ausgabe, 2. Aktualisierung, August 2017

HERDT-Verlag für Bildungsmedien GmbH
Am Kümmerling 21-25
55294 Bodenheim
Internet: www.herdt.com
E-Mail: info@herdt.com

Dieses Buch wurde mit großer Sorgfalt erstellt und geprüft. Trotzdem können Fehler nicht vollkommen ausgeschlossen werden. Verlag, Herausgeber und Autoren können für fehlerhafte Angaben und deren Folgen weder eine juristische Verantwortung noch irgendeine Haftung übernehmen.

Wenn nicht explizit an anderer Stelle des Werkes aufgeführt, liegen die Copyrights an allen Screenshots beim HERDT-Verlag. Sollte es trotz intensiver Recherche nicht gelungen sein, alle weiteren Rechteinhaber der verwendeten Quellen und Abbildungen zu finden, bitten wir um kurze Nachricht an die Redaktion.

Die in diesem Buch und in den abgebildeten bzw. zum Download angebotenen Dateien genannten Personen und Organisationen, Adress- und Telekommunikationsangaben, Bankverbindungen etc. sind frei erfunden. Eventuelle Übereinstimmungen oder Ähnlichkeiten sind unbeabsichtigt und rein zufällig.

Die Bildungsmedien des HERDT-Verlags enthalten Verweise auf Webseiten Dritter. Diese Webseiten unterliegen der Haftung der jeweiligen Betreiber, wir haben keinerlei Einfluss auf die Gestaltung und die Inhalte dieser Webseiten. Bei der Bucherstellung haben wir die fremden Inhalte daraufhin überprüft, ob etwaige Rechtsverstöße bestehen. Zu diesem Zeitpunkt waren keine Rechtsverstöße ersichtlich. Wir werden bei Kenntnis von Rechtsverstößen jedoch umgehend die entsprechenden Internetadressen aus dem Buch entfernen.

Die in den Bildungsmedien des HERDT-Verlags vorhandenen Internetadressen, Screenshots, Bezeichnungen bzw. Beschreibungen und Funktionen waren zum Zeitpunkt der Erstellung der jeweiligen Produkte aktuell und gültig. Sollten Sie die Webseiten nicht mehr unter den angegebenen Adressen finden, sind diese eventuell inzwischen komplett aus dem Internet genommen worden oder unter einer neuen Adresse zu finden. Sollten im vorliegenden Produkt vorhandene Screenshots, Bezeichnungen bzw. Beschreibungen und Funktionen nicht mehr der beschriebenen Software entsprechen, hat der Hersteller der jeweiligen Software nach Drucklegung Änderungen vorgenommen oder vorhandene Funktionen geändert oder entfernt.